国家社会科学基金“十二五”规划2011年度教育学重点课题
“中小学生学科能力表现研究”（AHA110005）

学科核心素养丛书

国家出版基金项目
NATIONAL PUBLICATION FOUNDATION

丛书主编：王 磊

基于学生核心素养的历史学科能力研究

JIYU XUESHENG HEXIN SUYANG DE LISHI XUEKE NENGLI YANJIU

郑 林 等著

北京师范大学未来教育高精尖创新中心成果

历史

北京师范大学出版集团
BEIJING NORMAL UNIVERSITY PUBLISHING GROUP
北京师范大学出版社

图书在版编目(CIP)数据

基于学生核心素养的历史学科能力研究 / 郑林等著. —北京：北京师范大学出版社，2017.11(2025.8 重印)
(学科核心素养丛书 / 王磊主编)
ISBN 978-7-303-22546-0

Ⅰ. ①基… Ⅱ. ①郑… Ⅲ. ①中学历史课—教学研究 Ⅳ. ①G633.512

中国版本图书馆 CIP 数据核字(2017)第 147525 号

出版发行：北京师范大学出版社 https://www.bnupg.com
北京市西城区新街口外大街 12-3 号
邮政编码：100088
印　　刷：北京盛通印刷股份有限公司
经　　销：全国新华书店
开　　本：710 mm×1000 mm　1/16
印　　张：21.75
字　　数：328 千字
版　　次：2017 年 11 月第 1 版
印　　次：2025 年 8 月第 5 次印刷
定　　价：46.00 元

策划编辑：邓丽平　　责任编辑：刘东明
美术编辑：王　蕊　　装帧设计：楠竹文化
责任校对：陈　民　　责任印制：孙文凯

序

学生发展核心素养在学科领域中具体化为学科核心素养，学科核心素养是指学科教育给予学生未来发展所需要的关键能力和必备品格。其实质是学生顺利完成学习理解、应用实践和迁移创新的学科认识活动和问题解决活动的稳定的心理调节机制，即学生的学科能力。由此可以看到，基于学习理解、应用实践和迁移创新的学科能力既是学生发展核心素养和学科核心素养的共同要求，也是贯通不同学科领域核心素养的关键能力要求。

国内近20年的基础教育课程改革，通过学科课程标准和中高考考试大纲等重要文件提出了新课程背景下的学科核心素养和关键能力培养的要求。2010年颁布的《国家中长期教育改革和发展规划纲要(2010—2020年)》中指出基础教育阶段要提高基础教育的质量，要求着力培养学生的学习能力、创新能力和实践能力。而国际上，以美国为例，自20世纪90年代初期出台了一系列旨在提高学生基本读写能力和科学素养的重要文件之后，这20年更多地聚焦在学科核心概念发展、核心学科能力表现的标准和评价方面，如《美国中小学生学科能力表现标准》(*Performance Standards*)《美国统一州核心课程标准(草案)》(*Common Core Standards*)，以及"国际数学与科学教育成就趋势调查"(The Trends in International Mathematics and Science Study，TIMSS)和"国际学生能力评估项目"(Program for International Student Assessment，PISA)等大型国际测评都对包括数学、英语和科学等核心学科领域的能力表现提出了系统的标准和要求。中小学生目前在核心学科能力，特别是学习、实践和创新导向的学科能力方面的发展状况是怎样的？存在哪些重要问题？面对这些问题应该采取什么对策？这些都迫切需要开展对于学生学科能力表现的研究。

学科教育是实现上述培养目标的基本途径，学科教育的核心宗旨是培养中小学生的人文和科学素养，而相应的学科能力则是人文和科学素养的核心构成，所以对中小学生学科能力表现进行深入系统的研究是基础教育素质教育改革的需要。国内外的正规教育体系都是基于学科课程教学的。学科课程的目标、内容、水平要求的设定，教材内容选取、组织及其呈现表达的设计，学科课堂教学的教学内容和教学过程方法的设计，以及学业水平考试评价设计等，都与我们对中小学生学科能力的构成、形成阶段、发展水平及其影响因素等的研究和认识程度密切相关。长期以来，一方面学术界比较强调学生发展，但是到底应该发展学生什么，经常与学科课程教学体系相脱节，所以无法真正转化为有效地促进学生发展的学科课程及教学实践；另一方面实践界早期比较依赖具体学科知识技能的传授，后来虽然强调培养能力，但缺少对学科能力的系统深入认识；再者，学科学业水平的考试评价近年来十分重视能力立意，但是始终缺少对学科能力的构成及其表现的系统刻画。因此，针对中小学生的学科能力表现进行系统研究有助于将以促进学生发展为核心的教育理念落实到具体课程、教学和考试评价实践中。

综上所述，学生学科能力表现的研究具有非常重要的课程论、教学论、学习论和评价理论的学术研究价值和全面实施素质教育、促进课程教材教学及评价改革实践的重要应用价值。

2011 年，我们主持申报并成功获批了国家社科基金教育科学“十二五”规划重点课题“中小学生学科能力表现研究”，组建北京师范大学的语文、数学、英语、政治、历史、地理、物理、化学、生物 9 大学科教育团队，协同首都师范大学和北京市海淀区、朝阳区、丰台区的骨干教师和教研员，开始了持续 6 年的研究与实践。

我们从学科能力的经验基础、思维机制、作用对象及其心智水平属性几个维度对各个学科能力的内涵构成、类型特征和外部表现进行了整体的研究；进而开发相应的测试工具评价不同学段、不同年级的学生在学习理解、应用实践和迁移创新等共通学科能力维度上的表现，以及在不同知识内容主题上的学科能力表现及其表现水平；并从学校(课程、管理)，教学(教学取向、教学策略、教学活动)，个人(性别、动机情感、认知活动、学习策略)等维度来研究影响学生学科能力表现的相关因素；进而，在以上基础理论研究和发展测评研究的成果基础之上，开展了基于人才培养模式、学校制度创新、学科课堂教学改进以及考试评价改革的促进学生学科能力发展的实践探索。

(一)基于核心素养的学科能力的系统构成和表现的理论研究

2011—2013 年，我们首先做的是学科能力的基础理论研究。我们试图基于学习理解、应用实践和迁移创新的学科能力活动，建立知识经验与能力表现的实质性联系，寻找可测评和可调控的能力要素，以贯通关联不同学科领域的学科能力，构建学习理解、应用实践和迁移创新导向的学科能力活动表现、内涵构成及其发展水平的多维整合模型①(见图 1)。我们提出一系列非常重要的观点。

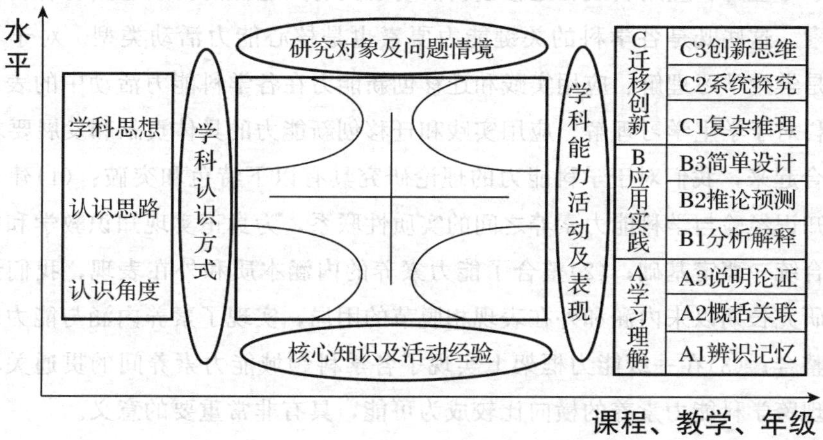

图 1　学科能力构成及其表现的理论模型(A1—C3 以化学学科二阶能力要素为例)

第一，基于能力的类化经验理论。我们提出学科能力是指个体能够顺利地完成特定的学科认识活动和问题解决任务的稳定的心理调节机制，具体包括定向调节机制和执行调节机制，明确知识经验在能力素养中的基础地位。

第二，我们提出学科认识方式是知识转化为能力素养的核心机制。我们认为光有知识和活动经验是不足以转化成能力和素养的，学科知识是学科能力素养的必要基础，但是不充分。学科知识需要经过从陈述性知识，到程序性知识，再到观念化的自觉主动认识方式，才可能变成学科核心素养的外在能力表现。

第三，我们认为学科能力活动是知识转化为能力素养的重要途径。学科素养是学生经过学科学习逐渐形成的面对陌生不确定问题情境所表现出来的关键能力

① 王磊．学科能力构成及其表现研究——基于学习理解、应用实践与迁移创新导向的多维整合模型[J]．教育研究，2016(9)：83-92.

和必备品格。对应于知识经验的迁移创新能力表现水平，学科知识经过学习和理解，应用和实践，迁移和创新等关键能力活动，才能完成从具体知识到认识方式，从外部定向到独立操作再到自觉内化的转化过程。这是我们提出来的知识与学科能力和素养的重要理论关系。

北京师范大学各学科教育团队深入分析各学科学习理解、应用实践和迁移创新能力活动的特质和要素，综合归纳国内外课程标准、重要考试评价中的能力要素，概括出各自学科的学科能力二阶要素模型，也是学科能力活动表现框架。不同学科领域的学习理解、应用实践和迁移创新活动既具有共通性的要素也具有各自的学科特质要素。这些既是各学科的关键能力要素也是核心能力活动类型。对于学生而言，这是学生学习理解、应用实践和迁移创新能力在各学科能力活动中的表现，也是各学科对于学生学习理解、应用实践和迁移创新能力的具体贡献和发展要求。

综合起来，我们对于学科能力的理论研究具有以下特色和突破：(1)建立了学科核心知识经验与学科能力素养之间的实质性联系，为真正实现知识教学和能力培养的融合统一奠定基础；(2)整合了能力素养的内涵本质和外在表现，我们试图解决能力研究长期以来内涵和外在表现相脱节的困局，实现了素养内涵与能力表现的融合和整合；(3)在一级能力框架上实现了各学科领域能力素养间的贯通关联，这使得实现跨学科能力素养的横向比较成为可能，具有非常重要的意义。

(二)学科能力表现及发展水平的测量评价研究

从 2013 年开始，我们开展了对于学科能力表现及发展水平的测量评价研究。以多维学科能力素养理论模型为基础，我们制定了各学科的基于本学科核心知识内容和特定活动经验主题的学科能力的表现指标体系。每个学科都提炼了本学科不同学段的核心的知识内容主题和特定的活动经验主题，基于学科能力 3×3 框架进行交联，确立指标体系，这样就实现了把黑箱打开，来进行测评和调控。进而，我们进行了学科能力表现测试工具的研发，采用了最先进的国际通用的科学测试工具的研发程序。经过多年的研究，我们已经形成了自己的诊断评价策略，从命题规划、试题设计、评分标准制定，都有了一套能力素养指向的非常有实用价值的可操作性的策略和方法。

我们在 76 所学校完成了 11 万多学生样本和一千多教师样本的实测，获得了各个学科不同学段的学科能力表现的大数据。基于 Rasch 测量理论进行工具质量评估和修订，形成了一套高质量的学科能力表现测量诊断工具。也为参与测试的区域和学校提供了系列的学科能力表现的测评报告。在测试以后，各学科按国际通用规则，进行水平等级划定，第一次比较系统、全面、具体地划定了我们国家基础教育九个学科的学科能力表现及其发展现状的水平模型。同时我们研究概括得到了学生能力表现的水平变量(见图 2)及其重要影响因素。

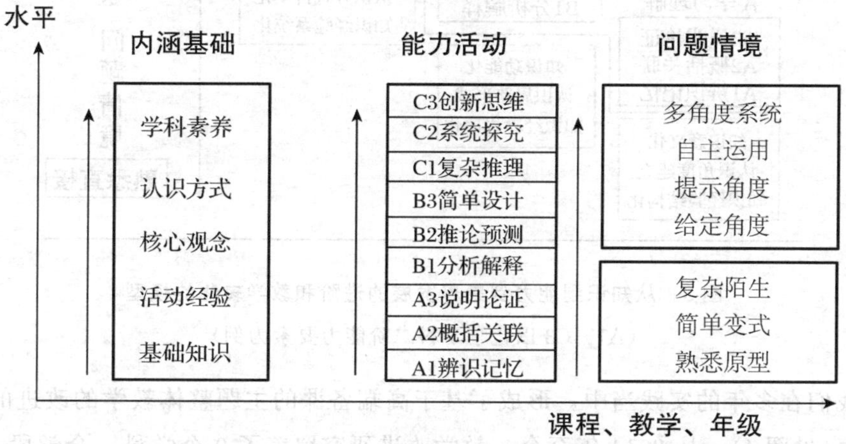

图 2　学生学科能力表现的水平变量(A1—C3 以化学学科二阶能力要素为例)

应该说在学科能力的评价研究方面，我们实现了几个重要的突破。第一，基于现代测量理论和方法，超越了传统学业成就测试经验水平；第二，凸显与学科能力素养内涵的实质性联系和精准评价，对每个得分点编得准，说得清，解释得明了，实现与能力和素养的实质性关联和精准评价；第三，形成了一套核心素养导向的学科能力表现的测量评价的具体方法和策略，具有很强的可操作性。

(三)促进学生学科能力和核心素养发展的教学改进研究

从 2014 年开始，在理论研究和评价研究了解现状的研究基础之上，我们开始协同区域和学校开展教学改进的研究。我们团队亲自到学校和课堂，与老师进行高端备课、教学改进，形成了教学改进的重要理论和方法程序，揭示了从知识到能力到素养发展的进阶和教学转化的模型(见图 3)，也找到了教学改进的核心切入点——基于主题教学打通知识到素养的通道。我们也形成了既具有通用理论意义，又具有各学科特质的教学改进的具体理论。比如，化学学科的基于学生认识方式转变的认识发展教学理论，物理学科的基于学习进阶的教学设计理论，英语学科的分级阅读教学理论，语文学科的任务纵深型的理论，政治学科的活动型的理论等。

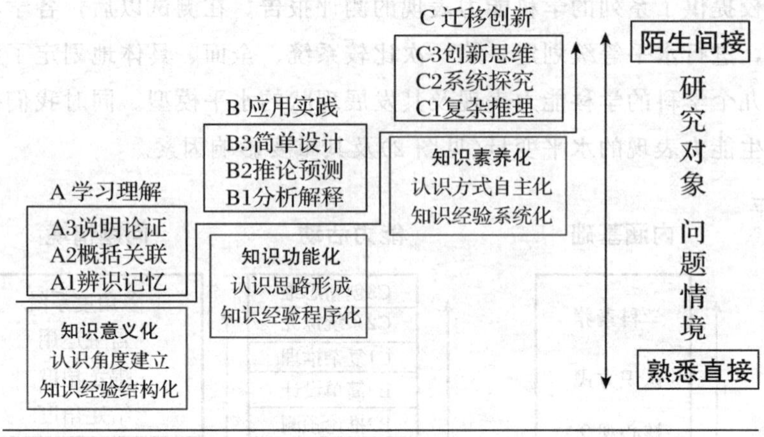

图 3　从知识到能力到素养发展的进阶和教学转化的模型

（A1—C3 以化学学科二阶能力要素为例）

我们在多年的实践当中，形成了基于高端备课的主题整体教学的改进的方法和程序（见图 4）。从 2014 年至今，教学改进研究覆盖了 9 个学科、全学段，8 个区域，上百所学校，400 多名老师，形成了 600 多课时的教学改进案例，这些案例全部都是按照下图所示的改进流程和方法来做的，所以都是非常高水准的学科能力素养培养的教学案例资源。

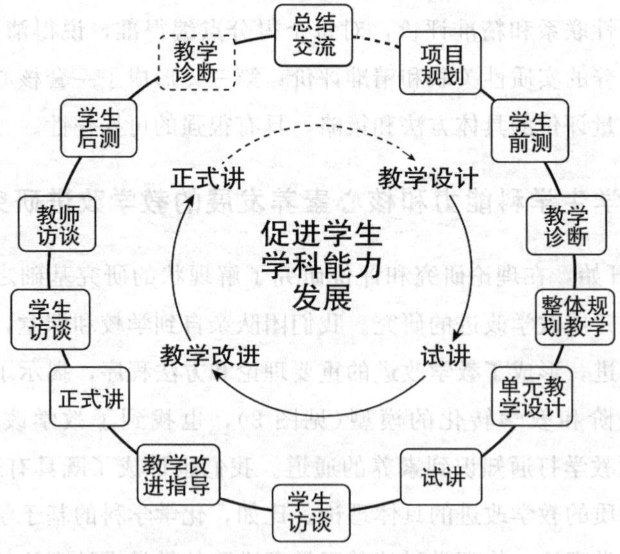

图 4　基于高端备课的主题整体教学的改进的方法和程序

总括起来，学科能力教学改进研究方面，我们一是实现了基于学生能力素养发展阶段的诊断评价作为实证，进行精准教学改进提升和突破；二是对于教师能力素养发展导向、教学设计与实施，基于高端备课模式进行全过程深入有效的指导，深受区域和学校的欢迎和好评。

在这些研究基础之上，2016 年开始，我们依托北京市教委和北京师范大学的未来教育高精尖创新中心，将整个学科能力研究成果进行了“互联网＋”的集成化和升级，促成了线下教育成果转化成“互联网＋”网络成果，全部实现系统化、集成化、精准化，这一成果的代表产品就是智慧学伴。我们在一年的时间内完成了初一、初二、初三 9 个学科的所有的智慧学伴的评、学、教的集成化建设，开发了 67 套高水准的总测，860 套微测，4 868 个体现能力素养的微教学资源。

我们也形成了与区域和学校的多样化协同创新实践模式，在基于高端备课主题整体改进的基础之上，体现学校教改特色的融合应用、区域学生学科能力素养发展水平评价、骨干教师教学能力和评价素养提升，以及“互联网＋”智慧学伴的融合应用等。从 2017 年开始，我们还将进一步开展与项目教学、主题教学、翻转课堂等新型教学形式和教育技术深度整合的应用实践，努力探索实现素养融合、学科综合的评价研究和教学改革创新。

我们关于学科能力的研究成果在《教育研究》《教育学报》《课程·教材·教法》以及 *Journal of Research in Science Teaching*（*JRST*）等国内外核心期刊，以及东亚科学教育学会（EASE）、欧洲科学教育学会（ESERA）、全美理科教学研究学会（NARST）等国际和国内学术会议上相继发表，并在北京、深圳、山东等地的上百所中学开展了实证研究和应用实践，产生了积极而广泛的影响。顾明远先生在对该成果的推荐中这样写道：“该成果在理论、方法和实践上都有重要的创新和突破。”林崇德先生评价该成果：“体现了理论与实践研究、定性与定量研究、设计研究与行动研究的高度有效融合。特别难能可贵的是，改变了学科能力的理论研究与能力表现评价和能力培养的学科教学实践一直处于相脱节的状态，理论和评价研究成果有效转化为教学改进实践成果。”实验区和学校这样评价：“该项目在实验区的实践是‘顶天立地’的，在高端专家团队指导下，瞄准人的成长与发展需要，立足于课堂教学实际，立足于教师发展实际，立足于解决教育教学改革的重点和难点问题。”“对于学科能力的结构研究具有理论创新性，更可贵的是他们特别注重学科能力在课堂教学中的培养策略和方法的研究，与教师共同备课、研究学生、采集数据、评价试测，真正实现了理论与实践的结合。”

由北京师范大学出版社出版的“学科核心素养”系列丛书，系统反映了上述研究成果。丛书由国家重点课题负责人王磊教授担任总主编，包括9个学科分册，分别由各学科子课题的首席专家，语文学科郑国民教授、数学学科曹一鸣教授、英语学科王蔷教授、物理学科郭玉英教授、化学学科王磊教授、生物学科王健副教授、地理学科王民教授、历史学科郑林教授、政治学科李晓东副教授担任各分册主著，各分册的主要作者都是研究团队的核心成员。本课题的研究得到了北京师范大学未来教育高精尖创新中心、中国基础教育质量监测协同创新中心，北京市海淀区教师进修学校、北京市朝阳区教育研究中心、北京教育学院丰台分院、深圳市教育局和教育科学研究院、北京市通州区教师研修中心、北京市房山区教师进修学校、北京教育学院石景山分院等区域协同合作单位，以及山东省昌乐一中、山东省青岛市第39中学等百余所参加促进核心素养和学科能力发展的教学改进项目的学校的大力支持，在此一并表示感谢！此外，还特别感谢全国教育科学规划领导小组办公室对于此项国家重点课题自始至终的关心和支持！感谢北京师范大学出版社对于本课题成果系列丛书出版的大力支持！

丛书的各个分册，都从理论和基础研究、测量和评价研究，以及教学改进实践研究三个方面，系统展示了北京师范大学学科教育团队基于核心素养的学科能力研究成果。内容丰富，包括学科能力构成及其表现指标体系的理论成果，结合各学科核心知识内容主题的学科能力表现测评研究的成果，结合大量测评实例介绍了基于核心素养的学科能力的测评方法和策略及不同水平的典型学生表现，以及北师大学科教育团队指导专家在不同区域和学校开展教学改进实践研究的丰富案例。

丛书反映当前学科教育研究与实践改革的最新成果，兼具很强的理论、方法和实践指导价值，对于课程教学论及学科教育专业的师范生和研究生具有重要的学习价值；对于广大一线教师的学科教学改革实践和自身专业发展具有明确的指导意义；对于课程标准制定、教科书的研发、学业成就考试评价等具有积极的参考价值。

核心素养与学科能力是一个复杂系统，人们对它的认识不断发展，任何理论和研究都只是对这个复杂系统的有限探索。本丛书的内容只是我们对核心素养与学科能力研究的部分阶段性成果，对于核心素养与学科能力的研究还远未结束，我们大家将继续砥砺前行！

王　磊

2017年8月于北京师范大学

前 言

本书是国家社会科学基金“十二五”规划2011年度教育学重点课题“中小学生学科能力表现研究”的成果之一。该课题由北京师范大学化学学院王磊教授任总课题负责人，语文、数学、英语、历史、地理、政治、物理、化学、生物9个学科的教学论带头人任子课题负责人，历时6年完成。研究分为3大部分：

第一，学科能力表现的理论研究。先由总课题组提出学科能力及其表现的总体理论框架，再由各个学科结合本学科特点，综合国内外已有研究成果，提出本学科的学科能力层级结构，并结合学科知识描述学科能力表现。

第二，学科能力表现的测评实践研究。各学科根据研制出的学科能力表现指标体系开发测试题，在北京市朝阳、丰台和海淀3个区实施测试，根据测试完善学科能力表现指标体系及试题；根据测试结果对3个区的教学进行对比分析，提出教学改进的建议。

第三，促进学科能力发展的教学改进研究。分别在朝阳、丰台和海淀3个区选择实验学校，深入课堂，利用研究成果改进教学，在教学实践中根据反馈的情况进一步完善学科能力表现指标体系，开发新的学科能力表现测试题，总结提炼培养学生学科能力的教学方法。

“中小学生学科能力表现研究”历史学科子课题由我负责，得到很多老师的支持和帮助。马卫东、叶小兵、李晓风、刘汝明、张威等老师先后参加了历史学科能力表现指标体系的讨论。曹卫东、吴波、赵文龙先后主持了北京市朝阳区、丰台区和海淀区的历史学科能力测试和教学改进课题，并参加了课题的讨论。历史教学论研究生李慧茹、李怡佳、黄新宇、王婷、华莉、李欣樾，全日制专业学位研究生陈璐、张晓蓉、马瑞汝、李满等担任研究助理，负责资料整理和数据分析工作。先后有20多位中学历史老师参加了教学改进的授课任务。总课题组王磊教授和她的研究助理周冬冬、史凡等为课题的组织和日常工作付出了大量时间和精力。在此，对本课题作出贡献的所有老师和同学们表示衷心感谢。

“历史学科能力表现研究”课题成果的核心内容大部分已经在《历史教学》《历史教学问题》《中学历史教学》《课程·教材·教法》等期刊上发表。本书是对3方面研究成果的系统总结，由我撰写导言，第一章至第五章，第六章第一节，以及结语。第六章第二节到第五节、第七章和第八章由参加本课题的中学历史教师针对本人所做教学改进课例撰写，其中也加入个别符合本书立意的其他老师的教学研究成果。各章作者按照章节顺序分别为：第六章，夏艳芳(首都师范大学附属中学)、王宁(首都师范大学附属中学)、王玥(北方交通大学附属中学)、姜燕(北方交通大学附属中学)。第七章，刘童(北京市第171中学)、王新华(北京市丰台区槐树岭学校)、石艳芳(北方交通大学附属中学)、王维(北京市通州区潞河中学)、齐欣(北京市丰台二中)、朱含义(北京市芳星园中学)。第八章，王垚(北京市朝阳外国语学校)、赵玉洁(北京市华侨城黄冈中学)、魏玉宏(首都师范大学云岗附属中学)、闫竞(北京市第八十中学)、魏龙环(东北师范大学附属中学朝阳学校)、程春音(中国人民大学附属中学朝阳学校)、王晓晶(北京市第一六六中学)。全书由我统稿。特别感谢北京师范大学出版社刘东明先生为本书的编辑、校对付出的辛劳，他的工作保障了书稿的出版质量。

由于本书是一部探索性著作，加之本人学识有限，书中难免有疏漏和不当之处，还望读者不吝赐教。

郑　林

2017年8月于北京师范大学

目　录
CONTENTS

第一章

历史学科能力及其表现的理论研究

能力培养是我国基础教育的重要目标。《国家中长期教育改革和发展规划纲要(2010—2020年)》在战略目标和战略主题中明确提出，“坚持能力为重。优化知识结构，丰富社会实践，强化能力培养。着力提高学生的学习能力、实践能力、创新能力”，并在考试招生制度改革中要求“深化考试内容和形式改革，着重考查综合素质和能力”。我国基础教育的课程设置以学科课程为主，能力培养需要通过各个学科的教学来实现。在21世纪初颁布的历史学科课程标准实验版中，明确列出了能力培养的目标。而修订后的课程标准则把历史学科核心素养作为课程目标。历史学科素养需要通过学科能力展现。历史学科能力如何测评，如何在教学中培养？这些是本书重点探讨的问题。

第一节 历史学科能力及其表现研究综述

从20世纪80年代开始，历史学科能力就成为中学历史教育界研究的热点，取得了大量成果。“尤其是对历史教学中培养学生能力的重要性的认识，培养能力与传授知识、思想教育之间相互关系的处理，培养和发展学生能力的方法与途径的探索，历史学业评价目标与模式中能力考查的建构等等，在理论上和实践上都取得了重大的突破”(叶小兵，1996)。20世纪90年代以来，历史教育界对历史学科能力概念的内涵及结构层次作了探索，也取得了一些成果。现将与本研究密切相关的几类成果综述如下。

一、历史学科能力的内涵及层次结构研究

于友西等认为，历史学科能力指的是学生适应并完成历史学科学习活动和调节自身学习行为的心理可能性与现实性相统一的品质，是掌握和运用历史知识、技能的条件并决定是否顺利完成历史学习任务的特定的个性心理特征。……最基本和最主要的是历史的阅读理解能力和历史的思维能力(于友西，叶小兵，赵亚夫，1999)。王雄认为，“历史学科能力应当是最能体现历史学科特点与学习特点的阅读、阐述、评价三项能力”(王雄，孙进，张忆育，2001)。赵恒烈(1995)提出：“中学历史教学要在历史唯物主义的指导下，培养学生如下几项能力：历史事实的再认再现能力；历史材料的搜集鉴别能力；历史材料的领会诠释能力；历史问题的分析评价能力；历史知识的知往鉴来能力。”金相成(1995)将历史学科能力的发展分为3个阶段，第一阶段为一般层次：记忆能力、阅读材料的能力、识图填图能力、归纳比较能力等，第二阶段为较高层次：分析能力、综合能力、评述能力，第三阶段为最高层次：史料解析、撰写历史小论文的能力。李凤(1993)根据布卢姆教育目标分类学关于认知领域能力要求的层次划分理论，将历史学科能力概括为：记忆、理解能力(知识型)，运用、分析能力(一般能力)，综合、评

价能力(高层能力)。聂幼犁(2003)将历史学科能力分为识记鉴别能力、领会诠释能力、分析综合能力、评价辩证能力，并将每项能力具体化，给出明确定义，列举出相应的测量题目。黄牧航(2005)运用比格斯的SOLO分类评价法，根据题目答案的思维层次考查学生的历史思维能力水平。上述关于历史学科能力的定义和分类、分层，虽然各有千秋，但是大都立足于对现成历史知识的学习，描述的是掌握书本上写的那些历史知识需要具备的能力，因此，属于知识取向历史教学的能力观。而能力取向历史教学的能力观则是另外一回事。在能力取向的历史教学中，教师教给学生的不是一套现成的有关历史事实的知识，而是历史学科特有的探究问题的思想和方法，学生运用这种思想和方法探究历史问题，从而获得历史学科能力。在这种教学中，“历史学习实质上是一种以史料为基础的推理过程”。学生要“判别偏见、鉴别证据、评估论断，能作出有意义的、独立的判断”。还要能“思考原因与结果的关系，获得合理的历史解释”(National Center for History in the Schools，1994)。这种学科能力可以迁移到现实生活，用于解决现实生活中面临的问题。对于历史学科特有的思想和方法，英国自20世纪70年代开始作了一系列探索，经过不断修正，形成了比较系统的认识，并在2007年版英国国家历史课程标准(National Curriculum 2007)中有所体现。在该版课程标准中，将历史学科的思想方法和能力分为两大部分：“关键概念(Key concepts)”和“关键方法(Key processes)”。

1. 关键概念

这里有一些关键概念，是研究历史的基础。学生需要了解这些概念，以加深和拓宽自己的知识，技能和理解。

1.1 按时间的顺序理解

a. 理解和使用适当的描述历史时期和时间流逝的日期、词汇和惯例。

b. 通过描述和分析历史时期和社会特征之间的关系来建立对历史阶段的理解。

c. 建立一个历史时期的年代框架，并用它将新知识纳入其历史背景中。

1.2 文化，种族和宗教的多样性

a. 了解过去社会中男女老幼不同的经验和想法、信念和态度，以及这些因素如何塑造了世界。

1.3 变化和连续性

a. 标识和解释在历史时期内的变化和连续性

1.4 原因和后果

a. 分析和解释历史事件、历史现象和变迁的原因和结果。

1.5 意义

历史事件、人物和发展在其所处时代的意义以及在当今的意义

1.6 解释

a. 理解历史学家和其他人如何构建历史解释。

b. 理解为什么历史学家和其他人会根据同样的媒介对历史事件、历史人物和历史现象作出不同的解释。

c. 评估那些对历史的解释，评价其有效性。

2. 关键方法

以下这些都是学生发展所必须要学习的基本历史技能和方法：

2.1 历史探究

学生应该能够：

a. 单独或者作为一个团队的一部分识别和研究具体的历史问题或现象，并对它们进行假设和检验。

b. 对历史问题作批判性思考。

2.2 运用证据

学生应该能够：

a. 识别、选择和使用一系列的史料，包括文字、视觉和口头的史料、文物和历史环境。

b. 为了得出合理的结论而评估史料。

2.3 表达历史

学生应该能够：

a. 用年代学术语和历史词汇来表达和组织连贯的、有结构和实质内容的历史叙述和历史解释。

b. 使用年代术语和历史词汇以各种方式来表达他们的历史知识和理解。

上述"关键概念"和"关键方法"是目前英国中学历史教学的主要目标。而在美国国家历史课程标准中，历史教学的目标分为"历史理解"(historical understanding)和"历史思维"(historical thinking)，"历史理解"侧重知识，"历史思维"侧重学科能力。要达到正确的"历史理解"，必须具备"历史思维"能力。美国国家历史课程标准中的"历史思维"能力包括：时序思维能力(chronological thinking)，历史理解能力(historical comprehension)，历史分析和解释能力(historical analysis and interpretation)，历史研究能力(historical research)，历史问题的分析和决策能力(historical issues-analysis and decision-making)。我国台湾地区2014年版高中历史课程纲要吸收借鉴了英美国家的研究成果，提出以下历史学科"核心能力"：

一、表达历史时序的能力

(一)能运用各种时间术语描述过去，并认识几种主要的历史分期方式。

(二)能认知过去与现在的不同，并建立关联性。

二、理解历史的能力

(一)能就历史文本，掌握其内容与意义。

(二)能设身处地了解历史事件或现象。

(三)能从历史脉络中，理解相关事件、现象或人物的不同重要性。

三、解释历史的能力

(一)能对历史事件的因果关系提出解释。

(二)能对相关历史事件、现象或人物的不同重要性提出评价。

(三)能分辨不同的历史解释，说明历史解释之所以不同的原因。

四、运用史料的能力

(一)能根据主题，进行史料搜集的工作。

(二)能辨别史料作为解释证据的适切性。

(三)能应用史料，借以形成新的问题视野或书写自己的历史叙述。

尽管各个国家和地区对历史学科能力的表述方式有差异，但是有一点是共同的，它们都基于历史学科特有的思想和方法。能用这种思想方法解决历史问题，就具备了历史学科能力。至于历史学科能力怎样区分出层次，尚需进一步研究。

二、训练和测试历史学科能力的习题研究

历史学科能力培养是历史教学的重要目标，而习题则是训练和测试学科能力发展的主要途径之一。20世纪90年代末，《历史教学》杂志连续刊登了白月桥的《习题的分类标准和类别》等系列文章，其专著《历史教学问题探讨》专辟一章以较长篇幅对历史习题进行了论述。随着课程改革的深入，在国内影响较大的历史教育类期刊《历史教学》《中学历史教学》《中学历史教学参考》《课程·教材·教法》等相继刊登了一些历史习题研究相关的文章，王雄的《历史地理教学心理学》、聂幼犁的《历史课程与教学论》、于友西的《历史学科教育学》、黄牧航的《高中历史科学业评价体系研究》相继出版，对习题研究均有或多或少的涉猎。

国内大多数学者在研究历史习题时，均把历史习题定义为历史教科书结构的重要组成部分，如“习题是指在课文前、课文中或课文后设置的要求学生回答、回忆、总结、深入思考等各种性质的问题，统称习题”(聂幼犁，2003)。也有学者认为，“习题，是教师、命题人就某一单元或全体内容设计的问题，是用来检验学生所学知识的一种形式，它是课堂教学的一个有机组成部分和延伸”(朱烁红，2002)。白月桥(1997)则认为，广义的习题既包括高考、中考、会考以及各种类型的考试和测验的试题，又包括教科书中被称为作业、练习、问答题、复习题、思考题等各种名目的习题，它涵盖了各级各类考试、测验的试题和教材中设计的各种练习。他认为，习题教学是历史教学过程中的重要组织活动之一，习题是教科书课文重要辅助结构之一，习题教学是使学生牢固掌握基础知识和基本技能的重要手段，也是发展学生历史专门能力的重要手段。

各国的教学法专家和历史教育工作者都很重视习题的分类研究，扎波罗热茨(1989)在她的《历史学科培养能力与技巧的方式与方法》中结合历史内容的特点，

根据学生完成习题需要实行的智力活动将历史习题分为6类：(1)要求分析、综合、抽象和概括历史材料的习题；(2)要求对历史客体进行对照和比较，继而进行概括的习题；(3)要求推理和作结论的习题；(4)要求证明结论正确的习题；(5)把历史事件和过程纳入一定时期的习题；(6)把事件和过程纳入空间的习题和使用历史地图的习题。日本的辰野千寿把习题分为防止遗忘的复习型作业题和培养思维能力的作业题两大类(白月桥，1997)。

白月桥(1996)从历史习题发展智力和培养能力的功能出发，将其分为4类：客体性习题和观点性习题、标准化习题和认知性习题。所谓客体性的问题，就是绝对地针对无限的历史客体而设计并提出的问题，客体性问题的基本功能是使学生掌握知识，而不是培养创造性思维能力，培养创造性思维能力的主要习题是和客体性问题相对立的观点性问题的习题。标准化习题来源于标准化考试，主要在于命题标准化，典型题是选择题；认知性习题的命题根据是认知心理学原理，典型题是带有问题情境的问答题，认知性习题的最大特点是通过解答可以发展或衡量学生高层次的综合性的思维能力、组织能力、表达能力和创造性思维。在白先生的《历史教学问题探讨》一书中对各类题型作了举例说明，着重对培养能力的观点性题型进行了科学的设计。

朱煜(2000)根据新的教学理论研究，认为习题可分为两大类：一类是以复习知识为目标的检查性习题，另一类是以培养思维能力为宗旨的认知性习题。美国教育专家把这两类习题称为“封闭题”和“开放题”。封闭题的特点是有“完备的条件”和“固定的答案”；开放题的特点是“答案不固定”或者“条件不完备”。按照皮亚杰发生认识论的观点，封闭题主要引起认知结构的同化，而开放题则引起认知结构的顺应。一般而言，开放题对培养学生的历史思维能力和创新能力影响较大。

于友西等(1999)将历史教学中的试题分为客观性试题、论文体试题和解决问题型试题。所谓论文体试题我们叫作“问答题”，属于主观性试题，在考查综合理解和创造性能力等方面的优点是客观性试题不能代替的；解决问题型试题是美国在“8年研究”中，为解决思考力评价法问题而研制的，为了解决问题，要求调动分析与综合、推理与判断、概括与归纳、评价与证明等多种能力，我们现行的材料分析题、材料问答题等也属于此类。

白月桥(1997)认为，历史教学过程就是提出问题、分析问题和回答问题的过程，尽管这些问题有时以习题的形式出现，有时不以习题的形式出现，但无论如何，历史教学过程中绝不能离开习题。例如，要学生掌握主要历史对象和历史规律离不开习题；衡量各教学阶段学生历史水平的高低离不开习题；发展学生的思维能力和思维技巧离不开习题；测量评价教学效果离不开习题。历史学科的最大特点是当代人的主体意识渗透，学习历史要为现实服务。因此，历史教学中的习题就是为了培养学生分析解决社会实际问题的能力。从这个意义上说，历史教学中的习题教学，既是教学的目的，又是教学的手段；既是教学的出发点，又是教学的归宿。

作为很有影响的教学论和教学法专家，莱纳和斯卡特金在20世纪七八十年代根据学生的思维活动程度进行了教法分类：(1)图解讲解法；(2)复现法；(3)问题性叙述法；(4)部分研究法；(5)研究法。这一教法序列由不知到知、由易到难、由模仿到创造，体现了学生掌握知识并形成能力的客观过程。莱纳在解释研究法时提到，研究法是组织学生为解决问题而进行的探索性的方法和创造性的方法，为实现这种方法，就要设计专门的习题，其目的在于使学生全面掌握创造活动的经验，并更加深刻地掌握知识和技能(И·Я·莱纳，1989)。

白月桥(1997)在《历史教学问题探讨》一书中明确指出能力是素质教育的重要内容之一，历史教学要做到为提高民族素质服务，就要落实能力培养目标；同时，要根本改变学生“死读书，读死书，读书死”的状况，就必须对习题进行专题研究并改革，因为习题是训练思维、培养能力的“体操”。白先生在书中进一步阐释，历史学科的特殊能力的培养，贯穿于历史教学的一切活动和方方面面，但是培养历史学科的特殊能力特别是历史思维能力，必须利用历史习题特别是认知性习题。因为专门设计的历史习题可设置历史研究的各种问题情境，而解答这样的问题要利用历史思维，要求迁移历史的知识和技能，从而最有效地形成历史学科的专门能力。

朱煜(2001)也认为:“习题不仅是教材的有机组成部分,而且是训练学生思维和培养能力的一把‘钥匙’,对培养学生的创新能力,具有不可替代的独特作用。”

赵恒烈(1997)在《历史学科创造教育与习题设计》一文中认为,历史学科中进行创造教育是让学生在发现史事、诠释史事、评论史事中有所突破,有自己的新见解,其关键在于教师对习题的精心设计。

王雄等(2001)在《历史地理教学心理学》中提出,中学生的历史学科能力包括阅读、阐述与评价3项基本能力,它们的核心是历史思维能力。历史学科能力的培养最终要依靠严格的测验与评价来检验其效果。这就有赖于历史习题的精心设计。从个体研究来看,教师可以依据这种测验,发现学生个体在历史学科能力中,不同类型能力的发展状况,研究历史学业成绩与其能力发展之间的关系,从而为有效指导学生通过专项训练,提高学科能力水平服务;从团体的研究来看,教师可以依据测验显示的不同年龄组学生在历史学科能力方面的发展规律与特点,研究采用不同教学方法、教学模式的实验对历史学科能力发展的影响,从而为历史教学的改革提供科学的依据。

同时,王雄等明确提出2个观点:一是学科能力测验属于特殊能力的测验,与一般能力测验(智力测验)相区别;二是历史学科能力测验与一般的学业测验不同。学业测验既针对教学目标中的陈述性知识,又包含程序性知识(技能),因此教师从学业测试中了解的信息可以按照知识的体系,检查学生知识掌握的情况。而学科能力测验关注的是以学科能力为中心的技能体系,不用考虑知识体系,而且要尽可能减少学生记忆的负担,即学生完成测验主要依靠的是以历史思维能力为核心的学科能力,而不是记忆力。这就需要专门对能够实现能力评测的习题设计进行研究。

从众多学者的研究成果来看,习题一是通过精心设置问题发展培养学生的历史学科能力,二是通过学生的思维过程和答案来评测学生的历史学科能力。教学论专家精选教学案例,各类学者针对不同版本的教科书习题,一线教师结合教学实际分别作了相关研究,其中较具有代表性的主要有以下几类研究成果:

第一类，教学中的习题设计。白月桥借鉴苏联历史教学大纲，结合现代教学组织形式，提出历史课设计难度适当、内容范围界定适宜的大型问答题，可以用来组织班级或小组的教学活动，以达到因材施教的目的。通过精心编制的认知性习题，使学生获得创造性思维的经验，逐步熟悉研究历史的方法论，从而提高历史学科能力。赵恒烈(1997)认为教学中习题的设计要接近学生的“最近发展区”，在提供必要的背景材料下，使学生经过一番思考之后能顺利地回答出来。作者选录了北京市部分中学历史教师教学实践分门别类，举例说明如何展开创造教育，如“从文物图中发现新的信息”、“诠释新的史料”、“判断设置历史的是非真假”等。天津汇文中学历史组通过教学实验一一介绍分析了观点性问题的教学方法和实验效果(傅鸿智，1997)。上海市崇明中学陈汉忠(2002)指出中学生最喜欢的3种教学形式是：配合教学到博物馆或遗址参观考察；进行社会调查；对历史问题进行辩驳式研讨。同时介绍了开放型习题的3种形式：设计开放型问答题，撰写历史小论文和开展社会调查、撰写调查报告。

第二类，教科书中的习题设计。关于教科书习题设计的原则，聂幼犁(2003)指出：“历史教科书习题设计须遵循针对性、量力性原则，设计要符合学生的背景知识、思想现状和思维特点，要遵循学生的认知规律。问题要难度适宜，量学生学习基础之力，问学生力所能及之题，问域清晰明确，答域在学生近期的知识、能力发展内。对于不期待解决的问题，学生容易产生逃避的动机，难以展开积极的尝试。”朱煜(2000)提出，根据考试学原则，只有在新材料和新情境下，才能考查出学生的能力。习题如果重复课文中的材料和情境，只能训练学生的机械记忆能力。因此，要根据教学目标要求，精心选择与教科书内容紧密相关，难度适宜的一些新的材料，使学生在新的情境中灵活运用。

第三类，评价中的习题设计。聂幼犁在《历史课程与教学论》中专辟一章着重研究了中学历史学科用以发现和解决问题的历史思维品质及其测量技术，对于识记鉴别能力、领会诠释能力、分析综合能力、评价辩证能力及其测量技术提出了定义明确、便于操作、可资推广的具体要素和措施。

黄牧航在《历史教学与学业评价》一书中运用比格斯的SOLO分类评价法对历

史题目进行能力层次的划分，以材料题和问答题为例说明大多数的历史问题都可以分为 5 个层次：前结构、单点结构、多点结构、关联结构和抽象拓展结构，以及能够明显拉开学生差距的 8 层次历史题目：前结构层、单点结构层、单点结构与多点结构的过渡层、多点结构层、多点结构与关联结构的过渡层、关联结构层、关联结构与抽象拓展结构的过渡层、抽象结构层。如此以题目答案的思维层次为主导的历史题目划分，为我们提供了分析历史思维能力的新的视角和方法。根据 SOLO 分类法设计出来的历史题目，在题型和题目表述上与传统的历史题目相比并没有太大的差异，根本的区别在于评分标准的制定，其目的是为了考查学生的历史思维能力。

王雄等在《历史地理教学心理学》一书中提出了历史学科能力测验的特点与原则：有关历史学科能力的测验必须将理解与运用历史思维方法与方式作为测验目标之一；历史学科能力需要按照学科能力的结构与中学生的年龄特征，制定每一个年龄段的测试目标体系，并且需要经过预测来衡量每一道试题的信度；测验评价强调结构性原则、客观性原则和个体性原则。

历史习题对于发展学科能力的重要性毋庸置疑，学者们从教材、教学和评价等方面对历史习题展开研究，取得了一些成果。有些成果在教材编写、教学及评价的实践中得到应用。当然，以往的研究也存在着一些问题：第一，历史学科能力概念的提法和层次结构的划分比较混乱，没有形成一致认可的划分标准，难以建立一套比较成熟的历史学科能力目标体系；第二，由于历史习题所要培养的能力类型没有统一标准，研究者根据自己的理解各自研究，开发出来的成果不好推广应用；第三，缺乏对教材、教学、评价中的习题之间关系的研究，难以形成一套较完整的、具有较强操作性的历史习题设计整体框架。上述问题需要我们在今后的研究中加以解决。

第二节　基于"学习—实践—创新"的历史学科能力构成及表现解析

我国历史课程标准中规定了历史课程的知识、能力等目标，但是在实际教学中能够落实的往往只有知识目标。能力目标不好落实，主要是由于其表述笼统，不好操作。从20世纪80年代开始历史学科能力就成为学界研究的热点，也取得了大量成果。然而，"一个最基本的也是核心的问题还是没有解决，这就是中学历史学科能力的特性、层次和结构的问题"(叶小兵，1996)。尽管有部分学者对历史学科能力概念的内涵及结构层次作了探索，但是并没有形成一致的认识。关于历史学科能力概念的内涵，大部分研究者是从学生学习的角度界定，认为历史学科能力指的是学生适应并完成历史学科学习活动和调节自身学习行为的心理可能性与现实性相统一的品质，是掌握和运用历史知识、技能的条件并决定是否顺利完成历史学习任务的特定的个性心理特征(于友西，叶小兵，赵亚夫，1999)。问题是：历史学科能力等于历史学习能力吗？历史研究能力算不算历史学科能力？历史学科能力的内涵不同，结构肯定会有差异。

在传统的历史教学中，教科书中写的历史知识被当成是过去发生的确定无疑的事。学生学习历史主要就是理解历史教科书的内容，记住教科书中写的知识。这种历史学习只要具备阅读理解和记忆能力即可。而这两项能力，是各门学科学习的通用能力，并不体现历史学科特点。新课程改革以来，历史探究被纳入中学历史教学。这种探究教学是要教导学生历史学家的思考和探究方法，像历史学家那样去探究和解决历史问题。探究历史需要通用能力，如阅读理解、记忆、分析、归纳、推理等等，还需要历史学科特有的能力。这些特殊能力是什么，需要我们从历史知识的特质和认识历史的方法中去寻找。

一、历史知识的特质与认识历史的方法

我们在探讨中学历史教学的时候，常常会用到“学习历史”、“探究历史”等术语。“学习历史”中的“历史”和“探究历史”中的“历史”两者是有区别的。“学习历史”通常是指学习历史教材所呈现的历史知识。而“探究历史”则是指探究过去发生了什么，也就是说要去探究客观发生过的历史。“历史”一词在不同的语境下内涵是有差别的，归纳起来主要有3种含义：

第一，历史是过去实际发生的事情，也就是作为历史研究者或学习者认识对象的客观的历史。

第二，它指人类对过去发生的事情的记述和阐释，是人们的历史认识成果，通常以文字的形式呈现。这是作为认识主体的人，对客观历史过程进行重建的历史。

第三，指历史学这门科学。它研究人类社会过去发生过的各种事情，并探寻其发生发展的规律。

这3种含义的历史有着密切的关系。过去发生的事情一去不复返，客观的历史不可能重演，人们只能凭借着遗留下来的证据了解过去到底发生了什么。这正是历史学要做的事情。历史学是研究和阐述人类社会历史发展过程及其规律的科学，有自己独特的学科理论和研究方法。它通过对史料的研究再现历史，叙述历史发展的过程，探究历史发展的规律。历史学研究的成果通常以历史学术论文、历史著作等形式呈现出来。这些以文字形式出现的历史研究成果，就是我们常说的历史知识。这些知识根据阅读对象加工重组，用读者易于理解的方式叙述出来，就成为历史通俗读物、中小学历史教材。

从传统的学科课程的角度来看，中学历史课学习的历史应该属于第二类——人类认识历史的成果，即“人类对过去发生的事情的记述和阐释”。这些认识成果以历史教材的形式呈现出来。而新课程改革提倡学生主动探究历史，这种历史应该是第一类，即客观存在的历史。学生需要借助历史学的研究方法，通过对史料的分析研究，完成对客观历史的认识，形成一段历史叙述或者对历史作出阐释。

在这种教学中，“历史学习实质上是一种以史料为基础的推理过程”。学生要“判别偏见、鉴别证据、评估论断，能作出有意义的、独立的判断”。还要能“思考原因与结果的关系，获得合理的历史解释”（National Center for History in the Schools，1994）。无论是人类已有历史认识成果还是学生自己探究所得，历史知识都有一个共同点，即是由人建构的。历史知识不是过去实际发生的事本身，而是人为了达到某种目的根据史料建构的一套历史故事或历史解释。过去发生的事一经发生就不复存在，不可能像自然界的物质那样存在着，等待人们去发现。我们探究过去发生了什么，主要根据当时留下的痕迹——史料。利用残缺不全的史料，通过合理想象，建立史料之间的关系，推测过去发生了什么，从而获得历史知识。历史知识是对过去的解释，而不是对过去的如实反映。“历史知识不会有最终的定论。随着新数据的出现、对数据的新解读、关切点和视角的改变，历史知识总是不断更新”，“因此，一段过去不会只有一种解释，甚至不同的解释可以互补并存”(林慈淑，2015)。“历史研究的本质是选择——选择‘相关’资料、选择‘历史’事实和‘有意义’的解释”(约翰·托什，2007)。中学历史教科书通常选择一种被认可的历史解释，灌输给学生，以维系国家、民族的认同和政权的稳定。随着时代的发展，信息技术的发达，学校之外的各种资讯扑面而来，学生们必须在各种相互冲突的历史知识中作出抉择。抉择的依据不是权威的命令、不是服从，而是理性、是历史学科的思维方法。当学生具备建构历史知识的方法和能力时，就可以对各种历史知识作出理智的选择，从容应对纷繁复杂的世界。

中学生需要掌握哪些历史学科特有的思想和方法，英美等国自 20 世纪 70 年代以来作了一系列探索，形成了比较成熟的认识。2007 年版英国国家历史课程标准将历史学科的思想方法分为两大部分：“关键概念(Key concepts)”和“关键方法(Key processes)”。关键概念是研究历史的基础。包括：按时间的顺序理解；文化、种族和宗教的多样性；变化和连续性；原因和后果；意义(历史事件、人物和发展在其所处时代的意义以及在当今的意义)；解释(理解历史学家和其他人如何构建历史解释，理解为什么历史学家和其他人会根据同样的媒介对历史事件、历史人物和历史现象作出不同的解释，评估历史解释的有效性)。学生需要了解这些概念，以加深和拓宽自己的知识，技能和理解。关键方法是学生发展所必须要掌握的基本历史技能和方法，包括：历史探究；运用证据；表达历史。历史探究要求学生能够单独或者作为一个团队的一部分识别和研究具体的历史问题或现象，并对它们进行假设和检验，对历史问题作批判性思考。运用证据要求学生能够识别、选择和使用一系列的史料，为了得出合理的结论而评估史料。表达历史要求学生能够用年代学术语和历史词汇来表达和组织连贯的、有结构和实质内容的历史叙述和历史解释。

在美国国家历史课程标准中，历史课程的目标分为“历史理解”和“历史思维”，“历史理解”侧重知识，“历史思维”侧重学科能力。要达到正确的“历史理解”，必须具备“历史思维”能力。美国国家历史课程标准中的“历史思维”能力包括：时序思维能力，历史理解能力，历史分析和解释能力，历史研究能力，历史问题的分析和决策能力。我国台湾地区 2014 年版高中历史课程纲要吸收借鉴了英美国家的研究成果，在课程目标中提出学生应具备的 4 种历史学科“核心能力”：表达历史时序的能力；理解历史的能力；解释历史的能力；运用史料的能力。其中，表达历史时序的能力是指学生能运用各种时间术语描述过去，并认识几种主要的历史分期方式；能认知过去与现在的不同，并建立关联性。理解历史的能力是指学生能就历史文本，掌握其内容与意义；能设身处地了解历史事件或现象；能从历史脉络中，理解相关事件、现象或人物的不同重要性。解释历史的能力是指能对历史事件的因果关系提出解释；能对相关历史事件、现象或人物的不同重要性提出评价；能分辨不同的历史解释，说明历史解释之所以不同的原因。运用史料的能力是指能根据主题，进行史料搜集的工作；能辨别史料作为解释证据的适切性；能应用史料，借以形成新的问题视野或书写自己的历史叙述。

上述国家和地区的历史课程标准或课程纲要对历史课程目标的表述方式各异，有的侧重概念、方法的掌握，有的侧重能力的获得。不论是从方法的角度来表述，还是从能力的角度来表述，有一点是相通的：它们都基于历史学科特有的思想和方法，能用这些思想和方法解决历史问题，就具备了历史学科能力。从这个意义上来说，课程目标中的方法和能力是合一的。

二、历史学科能力构成要素解析

本研究尝试借鉴上述研究成果，根据“中小学生学科能力表现研究”总项目组提出的基于学习、实践和创新的各学科通用学科能力框架，构建历史学科能力的层次结构。2011年，北京师范大学学科教学论研究团队以化学学院王磊教授为首席专家，9个学科的学科带头人为各学科项目负责人，集体申报了国家社会科学基金“十二五”规划教育学重点课题“中小学生学科能力表现研究”，力图对中小学生的学科能力及测量作进一步的探索。总项目组制定了学科能力表现的总体框架，各个学科在总体框架下结合学科特点展开各学科的能力表现及测量的研究。总项目组提出，学科能力特指顺利进行相应学科知识的学习活动、应用学科知识技能解决实际问题的实践活动，应用学科知识解决陌生和高度不确定性问题以及发现新知识和新方法的创新活动的心理特征。历史学科项目组根据上述定义，结合历史学科能力研究的已有成果，将历史学科能力及层次结构作如下界定：

历史学科能力是指学生成功地获取、加工历史信息，利用信息分析和解决历史问题的心理特征。根据学生学习历史时信息的输入和输出过程，可以把历史学科能力分为学习理解、实践应用、创新迁移3个层次。学习理解能力指学生通过课堂教学、教材和补充材料掌握历史知识的能力。实践应用能力指学生运用已掌握的历史知识学习新材料，分析解释历史的因果联系，评价历史事件、人物、制度在人类社会发展进程中的地位的能力。创新迁移能力指学生能够用历史学科的思想方法从事历史研究或解释现实问题的能力。第一个层次属于通常所说的学习能力，能学习掌握已有的历史研究成果。第二和第三层次类似历史学家的研究能力，能对历史提出自己的看法，进行一些简单的研究，并用历史学科的规范表述研究成果。

A. 学习理解能力

学习理解能力是学生对已有历史认识成果的记忆、理解能力。学生学习历史从感知和理解提供给他们的历史信息开始。历史信息的载体包括历史教科书、教师的讲述、其他历史课程资源。在教学中，学生通过对历史信息的感知、理解，形成对历史的认识。这种认识历史的过程与历史学家认识历史的过程不同。历史学家是通过对原始资料的收集、考证、分析，再现历史，形成对历史的认识。而学生感知到的历史信息，主要是历史学家认识历史的成果。这种成果以历史教科书或其他历史书籍的形式呈现给学生。在传统的历史教学中，学生只要理解了教科书中写的内容，就算是认识了历史。新课程改革提倡主动学习，要求教师让学生自己收集、整理、分析资料，进而形成对历史的认识。这种"探究式学习"从形式上看似乎经历了历史学家研究历史的过程，实际上学生收集的资料大部分是历史学家的认识成果，很多是对历史学家认识成果经过多次改编的历史读物。因此从本质上讲，目前我国中学生学习历史的方式不管怎么变化，大都是在学习历史学家认识历史的成果(郑林，2015)。掌握这种历史知识，主要靠识记和理解，属最基本的历史学习。识记主要表现为能够再认再现已学的历史知识，理解则表现为说出历史名词指代的具体史实或概念的内涵，能从具体史实中提炼出本质特征等，可以分解为说明和概括两个要素。学习理解能力的各要素及内涵如下：

A1. 识记。识别或者复述已学的历史知识。

A2. 说明。将历史名词与其指代的具体史实对应，将历史观点与其依据的证据对应；说出历史概念的内涵和概念间的关系。

A3. 概括。从提供的信息(文字、图片、视频或口头叙述)中概括要点、所述史实的本质、历史发展的阶段特征；将史实按标准分类。

这 3 项能力主要用于掌握已有历史认识成果，是最基本的学习层次。较高层次的学习是认识历史的方法、理论。掌握这类知识也需要记忆、理解，但更需要应用。如果对所学的方法类知识不会应用，那就不是真正地掌握。这就是历史学科能力的第二层次——实践应用。

B. 实践应用能力

实践应用能力主要是指用历史学科的思想方法分析历史，提出自己看法的能力。传统的历史教学，只学习历史学家的认识成果，几乎不学他们认识历史的方法。进入 21 世纪，只重认识成果的历史教学已不能适应时代的需要。历史知识既包括人们认识历史的结果，也包括认识历史的方法。在认识过程中，由于各人所持的世界观、价值观、历史观不同，所用的历史研究方法不同，得出的认识结果往往也有差异。如果只让学生知道一种认识结果，掩盖另外几种不同的解释，学生所掌握的历史知识就是片面的。如果把几种不同的历史解释都告诉学生，又容易使他们的思想产生混乱，不知所从。解决这一矛盾的理想办法是教学生认识历史的方法，使他们明白对同一历史事件会有不同解释的原因。这也符合现代教育的理念。根据现代历史教育理念，学生学习历史，不是接受现成结论的被动的活动，而是主动运用一定的理论、方法构建历史知识的过程。同样是学习前人的历史认识成果——历史知识，传统教学是把历史知识当作客观历史让学生记住，现代历史教学则是把历史知识作为案例，从学习中体验认识历史的方法。例如，教科书中的历史事件，一般是按照原因(背景)、过程、结果(影响)3 大部分叙述，这实际上就是一种解释或描述历史的方法——对于历史事件，我们要研究它发生的原因，发展的过程，以及结局。怎么分析原因、怎么叙述过程，怎么判断结局，教科书通过一个具体的历史事件为学生作出了示范。以后学生遇到新的历史事件，都可以从这 3 个方面入手分析。实践应用能力就是要求学生能够用已经掌握的历史方法类知识来解决在各种新情境中的任务或问题，这相当于历史学家的历史解释。对于中学生来说，不可能像历史学家一样对历史作出解释，但是可以模仿解释历史的形式，用比较、分析、推论、评价等形式对历史提出自己的看法。实践应用能力的要素及内涵如下：

B1. 比较。比较同一历史现象在不同时期的变化与延续；比较同类史实的异同；比较对同一史实的不同看法。

B2. 分析。分析历史事件、现象发生的原因；推断历史事件对当时和后世可能产生的作用和影响；判断历史当事人作出某种决策或行为的目的。

B3. 评价。评价历史人物、事件、制度在历史进程中的地位；评析对同一史实的不同观点。

这 3 项能力是应用历史研究的方法，从变化与延续、原因与结果、作用与意义中的某个方面对历史作出解释，属于方法类知识的简单应用。在日常历史教学中，教师也会经常使用这些方法。

C. 创新迁移能力

创新迁移能力是在实践应用的基础上，综合运用各种方式解决历史问题，多角度解释历史，属于方法类知识的复杂应用，类似于历史学家的系统研究。历史研究从提出问题开始，通过查阅历史资料寻找证据，鉴别资料的真伪和可靠性，将资料加工整理，解答历史问题，形成自己对历史的认识。在目前的中学课程体系下，由于受课时、上课地点等因素的限制，学生在课堂上不可能经历这样完整的历史研究过程，但是可以经历研究的某个环节。我们把一些环节分离出来，按照由易到难的顺序排列如下：

C1. 建构。也可以称作叙述，是从零散素材中准确选择适当材料，按照时序、因果关系等规则，通过合理想象建构对历史过程的完整叙述。

C2. 考证。也可称作论证，是对材料进行鉴别，判断其可信度，适用性；从多种材料中选择可靠证据，证明史事或论证某种历史观点。

C3. 探究。发现并清楚表述历史问题，运用恰当史实、理论解答问题；从历史的视角分析解释现实问题。

这 3 项是较高层次的历史研究能力，需要建立在前 6 项能力的基础之上。“建构”省去了历史研究的其他环节，只拿出最后一个环节的任务让学生完成，在实践中容易操作。平时历史教学呈现的大都是一些已经有定论的历史认识成果，这类材料容易获得，只要把材料拆解，打乱逻辑顺序，就可转化成任务情景，训练学生按照一定规则建构历史。“考证”属于运用证据的能力。运用证据先要判断证据的可靠性，然后从可靠材料中选择适当证据证明某个史事的存在或论证某种观点。在中学教学中，不可能花大量时间研究原始资料，而且考证史料真伪也是件复杂的、专业性很强的事情，这项能力可以适当体验，但是不能作为常态训练。“探究”接近系统的历史研究，要求学生能够提出问题，并综合运用前几项能力来解答问题。这项能力可以通过探究式教学来训练。

三、历史学科能力表现与测量示例

历史学科能力是一种潜在的素养，需要根据学生完成某种类型任务的表现来推测其是否具备，达到什么程度。我们将 9 个能力要素与具体的历史知识结合，以确定历史学科能力表现，并据此研发测试题目检验这种能力表现的表述是否恰当、可操作。下面以初中《秦的统一》为例加以说明。

A. 学习理解

A1. 识记。识别秦的疆域。

试题：下列 4 幅历史地图中，反映秦朝疆域的是( )

选项略。

解析：识记是要求学生能够将《秦的统一》这课中最基本的历史事实记住。秦朝的疆域上课时学生观察、学习过。如何证明学生已经记住？试题将夏、商、周和秦朝的疆域图一起呈现，学生如果能够从中识别出秦朝疆域图，就证明其已经记住。根据学生完成这项任务的情况，我们可以推测学生的识记能力。

A2. 说明。将秦朝实行君主专制与其具体表现对应。

试题：下列材料中，可以用来说明秦朝实行君主专制的是( )

A. 秦朝以前，官吏和私人的印章均可称玺，至秦朝，只有天子的印才能叫玺，而且用玉制作，群臣不敢再用。

B. 秦朝以前，各国大多实行分封制，个别国家分封制和郡县制并行，至秦朝，各地统一实行郡县制，不再分封诸侯。

C. 秦朝以前，各国货币各不相同，至秦朝，统一货币为圆形方孔钱。

D. 秦朝以前，思想领域百家争鸣，至秦朝，只用法家思想。

解析：说明是理解的一种表现形式。《秦的统一》这节课有一些历史概念、术语如“君主专制”、“中央集权”、“巩固统一”等需要学生理解。“君主专制”是什么意思？学生是否已经理解？试题将“君主专制”、“中央集权”、“巩固统一”的具体表现呈现出来，要求学生从中识别出“君主专制”的表现，以证明其对此概念的理解。

A3. 概括。概括秦统一措施。

试题：某同学在研究性学习中制作的学习卡片，上面有“统一文字”、“统一度量衡”、“击匈奴、拓南疆”。据此，你认为其研究性学习的主题最有可能是

( )

A. 秦的统一　　B. 秦的速亡　　C. 秦的制度　　D. 秦的暴政

解析：概括也是理解的一种表现形式，比说明的层次要高一些。说明是从抽象到具体，主要凭借记忆建立抽象概念和具体史实之间的联系。概括是从具体到抽象，要求学生从具体史实中提炼出本质的内涵。试题列出秦始皇的一些措施，要求学生能够概括出这些措施的本质特征。

B. 实践应用

B1. 比较。比较分封制和郡县制的异同。

试题：郡县制和分封制的最主要差别是地方长官的( )

A. 名称　B. 权力大小　C. 任免方式　D. 俸禄多少

解析：比较是历史研究常用的一种方法，通过比较能看出历史的变化和多样性。本题让学生拿秦朝的郡县制与西周的分封制相比，从中发现西周到秦朝对地方的管理制度有哪些变化，并判断最主要的变化是什么。这需要学生在理解分封制和郡县制内涵的基础上，通过比较提出自己的看法。

B2. 分析。分析秦统一的原因。

试题：阅读材料回答问题。

社会经济的发展，各地联系的加强，民族联系的加强，使得“四海之内若一家”。

秦国变法比较彻底，政权巩固，经济发展，国富兵强，在实力对比上较之山东六国有着明显的优势，已经有了进行统一战争的可能性。

秦王政“奋六世之余烈，振长策而御宇内”，果断地发动大规模的兼并战争。从秦王政十七年(公元前230年)灭韩起，至二十六年(公元前221年)灭齐止，前后只用了十年时间，便“初并天下”，统一了六国。

——白寿彝主编《中国通史》

依据上述材料并结合所学分析秦统一六国的原因。

解析：分析历史的因果关系是历史研究的主要工作，需要掌握大量史料，在考证、分析的基础上建立史料之间的关系。秦统一六国的原因，如果老师上课时讲过，或者教科书中已经分析过，学生直接把原因复述出来，属于记忆，不是分析。分析是提供学生没见过的材料，要学生从中分析出秦统一六国的原因。对于中学生来说，不可能像历史学家那样分析原始史料，只能将几种概括性的史实叙述呈现出来，学生能够辨明这几种史实间的因果关系即可。

B3. 评价。评价秦始皇。

试题：对秦始皇的功过如何评价，自古以来众说纷纭。迄今为止，主要有以下3种：第一种意见认为他是千古一帝，功大于过；第二种意见认为他是暴君，过大于功；第三种意见认为他是一个有大功也有大过的历史人物。你赞同哪种观点？为什么？请结合史实谈谈你的看法。

解析：评价是对历史上的人或事作出价值判断，判断的根据是史实。从不同角度评价秦始皇，得出的结论是不同的。本题给了3个角度，学生任选一个进行评价，只要史实运用准确，能自圆其说即可。

C. 创新迁移

C1. 建构。讲述大泽乡起义的故事。

试题：运用下列关键词和句子，结合所学知识，讲述大泽乡起义的故事。要求：按照时序、逻辑清晰。

依照秦朝法律；陈胜、吴广；赋税、徭役沉重；戍守渔阳；遇到大雨，没办法按照期限到达；公元前209年；900多名农民被征发；大泽乡；所有人都要被处死；杀死押送他们的军官。

解析：建构是通过合理想象把零散的史料组织成有逻辑关系的历史叙述，这是史学家复原历史的主要方式。对于初中生来说，处理原始史料有难度，本题把史学家历史叙述的关键内容提炼出来，打乱顺序，让学生重新组织叙述。这里需要注意，如果大泽乡起义的故事老师上课已经讲过，要设计考查建构能力的题目，就要了解学生已经学过哪些内容。列关键词时，要避免使用已经学过的情节。否则此题主要考查的就是学生的记忆或概括能力，而不是建构或叙述能力。

C2. 考证。利用考古材料证明秦朝实行郡县制。

试题：20世纪90年代，陕西章台出土了一些秦代封泥（密封信件文书时加

盖了印章的泥块)上面有上都、代郡、邯郸等郡名和蓝田等县名。这一发现可以印证秦朝( )

A. 政治上四分五裂的事实　　B. 出现了造纸业的事实

C. 用泥制陶的事实　　D. 实行了郡县制度的事实

解析：本研究中定义的考证有两层含义，一是判断史料的可靠性和适用性，一是用史料印证史实或论证观点。本题是用考古材料印证秦朝实行郡县制度的史实。

C3. 探究。探究秦兵马俑。

试题：1974 年，在陕西发现 4 个秦兵马俑陪葬坑，其中 3 个坑共有各类武士俑 7000 多件，陶马 600 多匹及战车 100 多辆。

图 1：兵马俑一号坑，图 2：披甲武士俑，图 3：铜车马。(图略)

你对秦兵马俑有什么好奇的地方？请你针对秦兵马俑设计一道探究的题目，并介绍你的研究思路。

解析：探究主要是让学生提出历史问题，并设计解决方案。本题创设了一个历史场景，要求学生针对此场景提问，并清楚表述问题，设计解决问题的方案。学生需要仔细阅读介绍秦兵马俑的文字、观察发掘出土的兵马俑文物图片，生成历史问题并设计解决方案。

四、小结

历史学科能力的结构层次从不同的角度有不同的划分法。本研究将学习历史知识的能力与研究历史的能力都作为历史学科能力的组成部分，将历史学科能力层级按由低到高的顺序划分为学习理解、实践应用、创新迁移 3 个层次，每个层级包含 3 项能力。学习理解中的识记、说明、概括是学习人类已有历史知识须具备的基础能力，属于各学科通用的能力；实践应用中的比较、分析、评价属于对历史作出解释需具备的主要能力；创新迁移中的建构、考证、探究则是做历史研究和表达历史研究成果所必备的较高层次能力。这种划分只是一种尝试，正在通过学科能力表现测试做进一步的调整。例如，在最初的设计中，因为比较事物的共性含有概括，所以就把比较放在概括中，作为概括的一种。后来考虑到比较是历史研究中常用的方法，就将它从概括中分离出来，作为实践应用中的第一个能力。在最初的设计中，实践应用由解释、推论和评价构成，解释是分析原因，推论是推测结果或意图。在命题的实践中，发现因果是一体两面，不好区分，于是合并为分析，分析历史的因果关系。总之，本研究提出的历史学科能力层级和结构是一种理论构想，正在命题实践中检验，我们希望通过中学教师的参与进一步完善，以便适应中学历史的教学和评价。

第二章

历史学科能力表现的评价设计

上一章提到的历史学科能力构成要素是在评价实践中经过反复修改才基本定型，还将在后续的测评实践中进一步完善。这是一个不断探索的过程。其基本流程如下：首先，根据总课题组的学科能力框架预设本学科的能力层级结构。大致分为 3 个层次 9 个能力要素，每个能力要素列出具体的指标。其次，将能力指标与历史主题结合，设计出基于历史主题的能力表现指标体系。然后根据每个能力表现指标开发测试题，组织试卷实施测试。再根据测试结果的反馈调整能力构成要素和指标体系，进行新一轮试题开发和测试。如此循环，不断完善能力指标体系。

第一节　基于历史主题的能力表现指标体系设计

历史学科能力表现测评的依据是基于历史主题的能力表现指标体系，它是将学科能力层级结构与历史主题结合而成。本研究最初设计的 3 个层次 9 个能力要素见表 2.1。

表 2.1　历史学科能力构成要素分析

能力层级	能力要素	具体指标
A 学习理解能力	A1 感知记忆	A-1-1 能找出历史材料中的时空结构、关键史实、观点。 A-1-2 能再认、再现重要的历史事实、历史概念和历史结论。 A-1-3 能再认、再现历史阶段特征、基本线索和发展过程。
	A2 概括关联	A-2-1 能将学过的知识按一定标准归类，按时间或因果关系的顺序排列。 A-2-2 能用自己的话表述学过的知识。 A-2-3 能归纳历史事实的本质、历史发展的阶段特征。
	A3 说明论证	A-3-1 能举例说明历史概念或用概念说明史实。 A-3-2 能说出所学历史概念之间的关系。 A-3-3 能将所学历史知识与历史现象对应。
B 实践应用能力	B1 分析解释	B-1-1 能用所学历史知识解读给定历史材料所呈现的史实或观点。 B-1-2 能用所学历史知识分析解释给定历史现象之间的关系。 B-1-3 能用所学历史知识分析评价某种历史观点。
	B2 推理判断	B-2-1 能用相关历史知识推断某一历史事实所处的时代、地理环境。 B-2-2 能用相关历史知识推断某一历史现象的原因。 B-2-3 能用相关历史知识推断某一历史事实的作用或社会影响。 B-2-4 能用相关历史知识推断某一历史事物发展的趋势。
	B3 活动设计	B-3-1 能针对一个历史探究问题设计收集历史资料的方案。 B-3-2 能根据教学目标设计一个历史考察方案。 B-3-3 能设计一个小组的历史专题研究方案。

续表

能力层级	能力要素	具体指标
C 创新迁移能力	C1 综合性思考	C-1-1 能比较和对比不同的观念、个性、行为和制度的异同。 C-1-2 能分析历史的多种起因，如经济因素、人的作用、观念的影响。 C-1-3 从多角度评价人物、事件、制度的历史作用、影响。
	C2 发现型探究	C-2-1 能够建立各种历史材料之间的联系，整理时间与空间的背景知识和各种观点，构建合理的历史解释。 C-2-2 对现实问题，能从历史的角度进行解释，作出判断或决策。
	C3 独创性研究	C-3-1 能提出并明确表述历史问题。 C-3-2 能从多种渠道获取历史资料，并分析鉴别。 C-3-3 能运用资料解释历史问题。

有了这种能力构成要素，就可以设计学生在某个特定历史知识主题上应表现出的能力水平。第一次测试选了 3 个主题：中国古代文化、中国近代化历程和世界近代经济。

中国古代文化主题的历史学科能力总体表现为：识记中国古代主要文化成就及其代表人物、产生的时代、地理位置等史实，理解重要文化人物的思想，文化成就与社会政治、经济的关系，文化成就的历史阶段特征；用所学文化史知识解释历史人物的行为，推测文化成就的历史地位和影响；综合分析我国古代文化成就特征及成因，发现值得研究的问题，围绕主题进行论述或探究。

中国的近代化历程历史学科能力总体表现为：识记影响中国近代化历程的重大事件、主要思想及其代表人物，理解重大事件与近代思想的关系，中国近代化的阶段特征；用所学知识解释历史人物的行为，推测重大事件和近代主要思想的历史地位和影响；综合分析影响中国近代化各种因素，发现值得研究的问题，围绕主题进行论述或探究。

世界近代经济历史学科能力总体表现为：识记影响世界近代经济的重大发明及其代表人物，理解科技进步与世界近代经济发展的关系，世界近代经济发展的阶段特征；用所学知识解释经济现象，推测重大发明的历史地位和影响，经济发展的趋势；综合分析影响世界近代经济各种因素，发现值得研究的问题，围绕主题进行论述或探究。

将每个主题用9个能力要素进一步分解，就成为更为具体的基于历史主题的能力表现指标体系。表2.2就是用9个能力要素拆分出的中国古代文化历史学科能力表现指标。

表2.2 中国古代文化历史学科能力表现

能力分类	一级通用框架能力要素	中国古代文化历史学科能力表现具体指标
A学习理解能力	A1感知记忆	能识记我国迄今发现的最早的比较成熟的文字——甲骨文。 能识记战国时期都江堰水利工程的地理位置。 能识记《本草纲目》的作者李时珍。
	A2概括关联	能概括孔子的主要教育思想。 能按内容对古代著作《史记》《本草纲目》《天工开物》《三国演义》分类。
	A3说明论证	能说明法家思想与秦中央集权之间的关系。 能举例说明我国古代先秦、唐、宋文化的特点。 能说明张择端《清明上河图》等美术作品的艺术特点和创作背景。
B实践应用能力	B1分析解释	能用儒家思想的内容解释朱元璋撤掉孟子牌位的原因。
	B2推理判断	能推测司母戊鼎的用途、意义。 能推测造纸术、活字印刷术在世界历史中的意义。
	B3活动设计	
C创新迁移能力	C1综合性思考	能分析形成我国古代科技成就分布特点的多种原因。
	C2发现型探究	
	C3独创性研究	能确定研究主题，并围绕主题论述古代中国文化与社会发展。

有了基于历史主题的能力表现指标体系，就可以设计出针对每个指标的测试题目。

在开发试题的过程中我们发现，由于通用框架主要是根据理科特点设计的，有些要素不容易与历史知识结合，列不出能力表现指标，因此很难开发出一一对应的试题。在第一次测试完成后，我们对指标体系作了调整。先对学习理解、实践应用和创新迁移作了如下定义：

A. 学习理解能力，是指学生能够通过课堂教学、教材和补充材料认识历史事实及其属性、历史事实之间的关系以及历史知识的系统结构的认知能力。

B. 实践应用能力，是指运用已掌握的历史认知成果学习新材料，分析解释历史的因果联系，评价历史事件、人物、制度在人类社会发展进程中的地位、影响和作用的能力。

C. 创新迁移能力，是指建立多种历史材料之间的联系，完成对一个历史事件、人物的叙述，或论证某种历史观点的表述能力；从材料中发现问题、解决问题的探究能力；对于现实问题从历史的角度思考，作出判断和决策的能力。

然后将 9 个能力要素分别调整为：

A1 记忆：能将重要的历史事实纳入具有史学意义的时空结构，再认或再现、判断正误。

A2 概括：能归纳提炼历史事实、历史观点的本质属性，历史阶段特征、基本线索和发展趋势；将学过的史实、概念按一定标准归类；找出两个以上史实的共性和差异。

A3 说明：能举例说明已学过的历史概念，将概念与其指代的内容对应；说明几个概念之间的关系。

B1 解释：运用已学知识解释历史事件、现象的原因。

B2 推论：根据历史事实推测其作用、影响；根据已知史实推断未知史实。

B3 评价：利用已学知识对历史人物、事件、制度作出价值判断，评价其在历史进程中的地位、作用。

C1 叙述：选择各种相关资料、通过合理想象构建一个历史事实的完整叙述；建立多个历史事实、概念间的关系，形成对某个时段历史过程的全面叙述。

C2 论述：选择各种相关资料，运用多个史实、概念、理论为历史观点进行辩护，或批驳历史观点。

C3 探究：从历史材料中发现规律，并运用相关史实、概念对规律进行阐释；从历史或现实中提出新问题或新观点，并进行相关的探究或论证。

第二次测试采用了调整后的能力要素构建指标体系。第一步，根据《义务教育历史课程标准(2011 年版)》和《普通高中历史课程标准(实验)》确定知识主题和活动主题。

《义务教育历史课程标准(2011 年版)》按照大的历史阶段罗列知识点，知识点大体按时间线索排列，没有主题。《普通高中历史课程标准(实验)》则按照模块、专题的结构组织历史知识点。本次测试知识主题的确定以高中专题为主，兼顾初中知识点。也就是说，选择初高中都涉及的知识点，以高中专题为主线，将初高中知识点组织在一个知识主题当中。同时要考虑所确定的知识主题在测试的时间点之前各个年级的学生都学习过。根据上述标准，确定的知识主题如下：

表 2.3 历史知识主题

主 题	关键知识
中国古代政治	加强中央集权的措施。
	中央机构的演变。
	地方机构的演变。
	隋唐以后的选官制度。
中国古代农业和经济	主要原始农作物及其地理分布。
	主要农具的发展。
	耕作技术的发展。
	江南地区的开发。
	农业政策。

《义务教育历史课程标准(2011 年版)》在“过程与方法”目标中提出：“在了解历史事实的基础上，逐步学会发现问题、提出问题，初步理解历史问题的价值和意义，并尝试体验探究历史问题的过程，通过收集资料、掌握证据和独立思考，初步学会对历史事物进行分析和评价，并在探究历史的过程中尝试反思历史，汲取历史的经验教训。”这段目标叙述包含了历史研究的 2 个主要任务：一是了解历史事实，这是历史研究的基础；二是对已经确定的历史事实提出问题，运用相关知识解释问题。这 2 个任务都离不开资料的收集、整理和运用。区别在于前者收集资料是为了考证史实，后者收集资料是为了分析解释问题。后者要以前者为基

础。后者的能力要求已经在历史内容主题中体现，所以历史活动主题就定在了解历史事实的活动——史事的考证。

表 2.4　史事的考证所需知识和能力

活动主题	关键技能	所需知识和能力
史事的考证	资料收集	查找历史资料的主要途径：图书馆、档案馆、历史遗迹、当事人等；检索历史资料的主要工具：目录，索引。
	资料鉴别	识别可用资料。
	资料解释	理解资料内容；区分史实与观点。
	资料运用	运用资料论证观点。

第二步，用 9 个能力要素构建基于历史主题的能力表现指标体系。

我国课程标准分为义务教育阶段和普通高中阶段，普通高中课程又分为必修模块和选修模块制定课程内容标准。在每个阶段的学习中，学生的历史知识、历史认识方式(学科思想方法)和历史学科能力都将得到不同程度的发展。为了研究学生在不同阶段的学科能力进阶，需要基于课程标准中呈现的不同阶段的内容标准界定不同阶段的学科能力要求，具体如表 2.5 所示。

表 2.5　不同学段的历史学科能力表现要求

学段	A 学习理解能力	B 实践应用能力	C 创新迁移能力
初中	1. 能记住重要历史人物、历史事件、历史现象、典章制度等史实及所处的时代、地域。 2. 能建立历史事实之间的关联，按史实的属性分类。 3. 能用史实说明指代它的历史名词术语。	1. 能运用学过的历史知识判断历史题材的文学、影视作品是否符合历史实际。 2. 能从历史事实的具体内容推测其直接作用或影响。 3. 能对历史事实作出简单的评价。	1. 能将分散的材料组合起来，构建对单一史实的完整描述。 2. 能利用具体材料从一个角度论证历史观点。 3. 能从一组材料中提出问题并作简单的解答。
高中	1. 能记住各个历史时期标志性人物、事件、制度。 2. 能建立不同历史时期人物、事件、制度、现象间的关联，按史实的属性分类。 3. 能用史实说明历史概念。	1. 能用历史唯物主义原理分析解释历史的发展变化。 2. 能从已知的史实推测未知史实。 3. 能从多角度评价历史事实。	1. 能将分散的材料组合起来，构建对复杂史实的完整描述。 2. 能利用具体材料从多个角度论证历史观点。 3. 能从一组材料中提出问题并作详细的解答。

学科能力的形成与发展与核心知识的学习、理解和应用密切相关。学生在经历观察记忆、概括关联、说明论证等学习理解活动形成知识的同时，体会核心知识的认识发展功能和价值，形成学科思想方法；在经历实践应用和创新迁移不同水平的问题解决活动过程中，深化对知识的理解，固化认识方式，建立认识方式间的关联，发展进行系统分析、复杂推理的能力，形成问题解决思路。由此可见，在学生学科能力发展过程中，知识、认识方式、各学科能力要素同时发展，相辅相成、相互制约。因此，需要从知识要素、认识方式、学科能力要素3个方面共同构建基于知识主题的学科能力表现标准。在此，仅以中国古代政治不同学段的学科能力表现标准为例。（如表2.6所示）

表2.6 中国古代政治能力表现标准示例

能力的任务类型	学段	能力表现示例
A-1 记忆	初中	1. 说出秦、唐、明、清中央和地方主要机构。 2. 说出隋唐时期的选官制度。
	高中	1. 说出秦、唐、明、清中央机构主要部门的职责。 2. 说出汉朝时期“推恩令”的具体内容。 3. 说出隋唐时期科举制的主要内容。
A-2 概括	初中	1. 辨别秦、唐、明、清中央机构的异同。 2. 区分中央和地方机构。 3. 从材料中提取科举制内容要点。
	高中	1. 比较中国古代各时期政治制度的异同。 2. 按一定标准对秦、汉、唐、明、清政治相关史实和名词概念分类。
A-3 说明	初中	对秦朝中央官制示意图作文字解说。
	高中	对各个朝代中央官制示意图作文字解说。
B-1 解释	初中	知道汉武帝以后王国辖地缩小的主要原因是“推恩令”的实施。
	高中	用“推恩令”的具体内容解释汉武帝以后王国辖地缩小的原因。
B-2 推论	初中	根据材料推测科举制的直接作用。
	高中	根据材料推测科举制的直接和间接作用。
B-3 评价	初中	从两个方面评价宋太祖。
	高中	从3个以上方面评价宋太祖。

续表

能力的任务类型	学段	能力表现示例
C-1 叙述	初中	从一个主线讲述政治事件的来龙去脉。
	高中	从多方面讲述政治事件的来龙去脉。
C-2 论证	初中	从一个方面论证中国古代中央集权的作用。
	高中	从多个方面论证中国古代中央集权的作用。
C-3 发现	初中	根据提供的材料发现中国古代中央官制发展变化的规律，并作简单说明。
	高中	根据提供的材料发现中国古代中央官制发展变化的规律，并用史实论证变化的原因。

此外，对历史学科的活动主题也按照学习理解、实践应用、创新迁移 3 个层次作了能力表现的分解。见表 2.7。

表 2.7　史实考证学科能力表现标准示例

能力层级	学段	表现示例
A 学习理解	初中	知道去图书馆、博物馆、网站查找资料。
	高中	知道用检索资料的工具目录和索引查找收集资料。
B 实践应用	初中	找到能用来证明火烧赤壁的相关史料。
	高中	判断出史料中的内容是史实还是史观。
C 创新迁移	初中	根据材料作出自己的判断。
	高中	用材料论证自己的判断。

第二节　历史学科能力表现测试工具的开发

本研究目前进行了两次大规模的测试。现以第二次测试为例来说明测试工具开发的过程。

一、命题思路与流程

历史学科课程内容是螺旋式编排，初中内容在高中还会重复，但知识的广度深度不同。根据历史学科这一特点，选择初中和高中共有内容，用一套试卷测试初高中学科能力进阶。测试由 2 个内容主题和 1 个活动主题构成：中国古代政治，中国古代农业与经济，史事的考证。每个内容主题都覆盖初高中共有的历史内容。每个主题都包含学习、实践、创新能力的主要能力要素。为了充分了解学生的答题思路，除记忆能力的测试采用客观性填空题外，其他能力测试都采用主观题。每道题或每道组合题的每一问主要测试一项能力要素。

命题分为 4 步：

第一步，分 3 个主题，先由初中老师出题，保证初中学生的能力水平都能完成，识记、材料阅读无障碍，初中学生有话可说。

第二步，高中教师修改，在原有基础上提升，增加高中学生的能力要求。

第三步，高中教师修改后返回初中，由出题教师判断初中学生是否能做。

第四步，由项目负责人根据能力表现指标体系进一步修改，尽可能保证每道题能准确对应一个能力表现指标。

根据上述命题思路，初高中共用一套题，内容都由中国古代政治、中国古代农业和经济 2 个内容主题和 1 个问题探究组成。每个内容主题的试题覆盖学习理解、实践应用、创新迁移 3 个能力层次中的 9 个能力要素。问题探究试题覆盖学习理解、实践应用、创新迁移 3 个能力层次。

表 2.8　命题的双向细目表

主　题	能力层级和对应试题		
	A 学习理解能力	B 实践应用能力	C 创新迁移能力
中国古代政治 1～9 题	A1：1	B1：4	C1：7
	A2：2	B2：5	C2：8
	A3：3	B3：6	C3：9

续表

主　题	能力层级和对应试题		
	A 学习理解能力	B 实践应用能力	C 创新迁移能力
中国古代农业和经济 10～20 题	A1：10、11	B1：17、19(2)	C1：20(1)
	A2：16、18(1)、19(1)	B2：12	C2：20(2)
	A3：13、15	B3：14、18(2)	C3：20(3)
历史问题探究 21 题	I1：21(1)、21(2)	J1：	K1：
	I2：21(4)	J2：	K 2：21(5)
	I3：	J3：21(3)	K 3：

试题由中国古代政治、中国古代农业与经济、历史问题探究——史事的考证3部分组成。3个部分分别设计测试框架，根据框架命题，最后合成一套试题。每一主题选取关键知识和相应的能力表现进行命题，内容主题所选知识点为初高中共有的内容。活动主题初中没有文言文翻译，其他任务与高中基本相同。3部分内容由中学老师和课题组负责人分工完成，在命题的同时给出评分标准，经过两次专家讨论，形成定稿。最后由项目负责人组卷。

表 2.9　中国古代政治测试框架

主题	时段	关键知识	能力表现	题号
中国古代政治	秦朝	加强皇权的措施——中央官制。	A1：将中央官制与朝代对应。 A3：对中央官制示意图作出说明。	1 3
		加强中央权力的措施——郡县制。	A2：概括措施或制度的属性并归类。	2
	汉朝	加强中央权力的措施："推恩令"。	A2：概括措施或制度的属性并归类。 B1：用"推恩令"解释汉武帝以后王国辖地变化的原因。	2 4
	唐朝	选官制度：科举制。	B2：推测科举制的作用。	5
	宋朝	加强中央权力的措施：文臣做知州。宋太祖。	A2：概括措施或制度的属性并归类。 B3：评价历史人物。	2 6
	元朝	加强中央权力的措施：行省。	A2：概括措施或制度的属性并归类。	2

续表

主题	时段	关键知识	能力表现	题号
中国古代政治	明朝	加强中央权力的措施：废丞相。	A2：概括措施或制度的属性并归类。	2
	清朝	加强中央权力的措施：设军机处。	A2：能概括措施或制度的属性并归类。	2
	历史发展脉络阶段特征	历史状况。 阶段特征。 发展趋势。	C1：从分散的史实中选材，构建某个时段政治事件的过程。	7
			C2：利用多种材料多角度论证对中国古代中央集权的看法。	8
			C3：从提供的材料中发现值得研究的有关中国古代政治的问题，确定主题，展开论述。	9

表 2.10　中国古代农业与经济测试框架

主题	关键知识	能力表现	题号
中国古代农业与经济	原始农作物及其地理分布。	A1：记忆粟、稻等农业物出现的时间、地理分布。	10
	铁农具、牛耕。	B2：推论铁犁、牛耕对农业生产的直接作用。	12
	都江堰水利工程。	A1：记忆都江堰水利工程兴建的时代、地理位置和功能。	11
	垄作法。	A3：用图示说明什么是垄作法。 B3：评价垄作法的优点。	13 14
	汉初的经济发展。	B1：用汉初经济发展相关知识解释对匈奴政策变化的原因。	17
	代田法。	A3：用文字说明代田法图示。 A2：概括代田法与垄作法的异同。	15 16
	江南地区的开发。	A2：根据材料概括江南经济发展的趋势。 B1：用南北人口、技术流动解释魏晋南北朝时期江南经济发展的原因。	19(1) 19(2)
	古代的重农政策。	A2：概括雍正的主要观点。 B3：用所学知识对历史上的农业政策作出价值判断。	18(1) 18(2)
	历史状况。 阶段特征、发展趋势。	C1 从分散的史实中选材，构建某个时段中国古代农业生产的过程。 C2 利用多种材料多角度论证中国古代农业精耕细作的特点。 C3 从提供的材料中发现值得研究的有关中国古代农业的问题，确定主题，展开论述。	20(1) 20(2) 20(3)

表 2.11　历史问题探究测试框架

活动	关键知识和技能	能力表现	题号
史事的考证	资料收集	I1：说出查找历史资料的主要途径。	21(1)
		I1：说出检索历史资料的主要工具。	21(2)
	资料鉴别	J3：识别可用资料。	21(3)
	资料解释	I2：区分史实与观点。	21(4)
	资料运用	K2：运用多种资料论证历史观点。	21(5)

二、试卷及评分标准

试卷分为 3 大部分：第一部分，中国古代政治，共 9 道题；第二部分，中国古代农业与经济，共 11 道题；第三部分，历史问题探究——史事的考证，共 1 道题，5 小题。评分采用 0、1、2、3、4 等级分制，大部分题为 3 个等级，个别题为 2 或 4 个等级。共计 88 分。

试题及评标示例如下：

1. 请将下列中国古代中央官职或机构填入相应的朝代后面(填写字母即可)。

A. 尚书、中书、门下　B. 内阁　C. 丞相、太尉、御史大夫

秦朝设____、唐朝设____、明朝设____。

测试的能力指标：A1 记忆：能将重要的历史事实纳入具有史学意义的时空结构，再认或再现、判断正误。

评分标准：3 分：C/A/B 填对一空 1 分。

2. 请将下列史实分类。

序　号	史　实
①	秦朝设立郡县。
②	汉朝颁布“推恩令”。
③	唐朝实行科举制。
④	北宋用文臣做知州。
⑤	元朝设立行省。
⑥	明朝废丞相。
⑦	清朝设军机处。

类别(给每一类取个名称)	史实(填写序号即可)

测试的能力指标：A2 概括：能将学过的史实、概念按一定标准归类。

评分标准：

3 分：分 3 类，合理，史实对应准确。

2 分：分 3 类，较合理，史实对应有个别不准确。

1 分：分 2 类，较合理，史实对应有个别不准确。或有分类，只有一类对应正确。

3. 下图为中国古代某朝代的中央机构，请对图示进行说明(需说出朝代)。

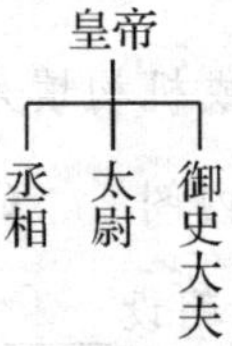

测试的能力指标：A3 说明：能举例说明已学过的历史概念，将概念与史实对应。

评分标准：

3 分：学生能够准确答出秦朝；皇帝与三公的关系；三公各自的职能。

2 分：学生能够准确答出 2 个方面。

1 分：学生能够准确答出 1 个方面。

4. 西汉初期，对地方的管理采取郡县和王国并行，很多王国“连城数十，地方千里”。汉武帝以后，王国辖地缩小，朝廷直辖土地扩大。请你说说出现这种变化的原因。

测试的能力指标：B1 解释：利用已学知识解释历史事件、现象的原因。

评分标准：

3分：汉武帝颁布“推恩令”；王国分出很多小侯国；归中央直辖的郡管理。

2分：答出2点。

1分：答出1点。

5. 阅读下列材料，回答问题。

科举制创立于隋朝，完善于唐朝。唐太宗时，增加了考试科目，以进士、明经两科为主。明经科主要考经义(记住内容就可以考好，较容易)，进士科主要考时务策、经义，唐高宗时加试杂文(诗赋)，至玄宗时改为考诗赋为主。士子考取进士后，还需由吏部复试，复试合格，才可授官充当州县长官的幕僚，或经朝官推荐，以候补官员的资格正式入仕。……科举考试原则上规定，除了贱民阶层，一般平民都可以参加考试。

——樊树志《国史概要》

请你依据上述材料，推断唐朝科举制的作用。

测试的能力指标：B2 推断：根据已知历史事实推断其直接作用、影响。

评分标准：

3分：答出3点(例如，打破了特权阶层对官职的垄断，扩大了统治基础；有利于人才脱颖而出；提高了官员的文化素质。3个方面不重复)

2分：答出2点。

1分：答出1点。

6. 依据所学知识，简要评价宋太祖赵匡胤。

测试的能力指标：B3 评价：根据已学知识对人物、事件、制度的历史地位作出价值判断。

评分标准：能够结合史实历史地、辩证地评价。

3分：答出3点。建立北宋，结束五代十国分裂局面；采取收精兵，削其权，制钱谷的措施，革除五代弊政，加强了中央集权；但加强中央集权制度的措施也带来严重恶果，北宋中期出现积贫积弱的局面。

2分：答出2点。

1分：答出1点。

7. 班里要举办历史故事会，请你从中国古代史中选一个自己最熟悉的政治事件，拟个标题，叙述一下事件的来龙去脉。

测试的能力指标：C1叙述：能选择各种相关资料全面准确叙述一个历史事实；通过合理想象建立多个历史事实、概念间的关系，形成对某个时段历史过程的全面叙述。

评分标准：

3分：能准确说出历史事件的时代、地点、人物；发生发展过程，结果；叙述具体，有条理。

2分：符合2点。

1分：符合1点。

8. 中国古代的中央集权制，从秦朝形成，一直沿用到清朝。有人说它好，有人则说它不好。你怎么看待中国古代的中央集权制？请用史实论证你的观点。

测试的能力指标：C2论述：选择各种相关资料，运用多个史实、概念、理论为历史观点进行辩护，或批驳历史观点。

评分标准：

4分：能从正反两方面的作用来说明；史实准确，能支撑论点；叙述有条理。

3分：能从一个方面的作用来说明；史实准确，能支撑论点；叙述有条理。

或能从两个方面的作用来说明；一个方面史实准确，能支撑论点；叙述有条理。另一个方面不太准确。

2分：能从两方面的作用来说明；两个方面的史实能支撑论点但都不太准确。

1分：能从一个方面的作用来说明；史实能支撑论点但不太准确。

9. 读示意图回答问题。

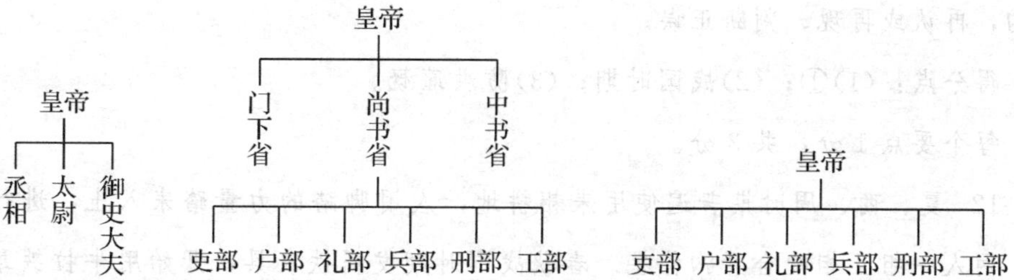

观察上面3幅示意图，你有什么想法？请写出来。

测试的能力指标：C3 探究：能从历史或现实中提出新问题或新观点，并进行相关的探究或论证。

评分标准：本题为开放性试题，言之有理即可得分。

3分：能提出自己的合理看法；对观点进行论证；论据准确。

2分：符合2点。

1分：符合1点。

10. 我国考古工作者在黄河流域和长江流域发现了很多远古人类的遗址，遗址中保存着古人类使用过的磨制的石刀、石斧、骨耜，还有农作物粟、稻等遗存。请完成下列表格，将遗址和其所处地理区域、遗存的农作物对应。3分

	陕西西安半坡遗址	浙江余姚河姆渡遗址
地理区域(流域)	黄河流域	长江流域
农作物	粟	稻

测试的能力指标：A1 记忆：能将重要的历史事实纳入具有史学意义的时空结构，再认或再现，判断正误。

评分标准：

2分：3～4空正确。

1分：1～2空正确。

11. 下图中所示反映都江堰水利工程的是序号____，该工程建于____时期，主要作用是________。(图略)3分

测试的能力指标：A1 记忆：能将重要的历史事实纳入具有史学意义的时空

结构，再认或再现、判断正误。

得分点：(1)①；(2)战国时期；(3)防洪灌溉。

每个要点1分，共3分。

12. 夏、商、周时期普遍使用耒耜耕地，人用脚踏的力量踏耒入土，进行耕作，两人一组互相配合开沟作垄。春秋战国时期发明铁农具，开始用牛拉铁犁耕作土地。请你说一说，铁农具和牛耕推广以后，对农业生产会产生什么作用？3分

测试的能力指标：B2推断：根据已知历史事实推断其直接作用、影响。

得分点：(1)提高生产效率；(2)节省人力；(3)扩大农业用地开垦。

每个要点1分，共3分。

13. 春秋战国时期发明了抗旱防涝的垄作法，把农田土壤做成高低不平的垄和沟，高出的为垄，低下的为沟。地势高，干旱风大的地方，农作物就种在沟里。地势低，潮湿的地方，农作物就种在垄上。请根据上述描述结合自己的理解绘制垄作法的示意图。3分

测试的能力指标：A3说明：能举例说明已学过的历史概念，将概念与其指代的内容对应。

得分点：(1)图示有沟垄，作物在垄上；(2)图示有沟垄，作物在沟里；(3)有文字或图标说明是在地势高，干旱风大的地方，或是地势低，潮湿的地方。

每个要点1分，共3分。

14. 结合上题，请你说说垄作法的作用和优点。3分

测试的能力指标：B2推断：根据已知历史事实推断其直接作用、影响。

得分点：(1)防旱保墒；(2)防洪涝；(3)因地制宜有利于精耕细作。

每个要点1分，共3分。

15. 西汉时期的代田法是在垄作法基础上发展而来，通过垄和沟的位置对调，让土地轮换使用，恢复地力。(图示略)

请你利用上面的图示，介绍一下代田法具体的操作过程。3分

测试的能力指标：A3说明：能举例说明已学过的历史概念，将概念与其指

代的内容对应。

得分点：(1)在地里开沟作垄，把作物种在沟里，出苗后，逐渐把垄上的土和草培到苗根上；(2)第二年再以垄处作沟，沟处为垄；(3)沟和垄的位置如此轮番利用。

每个要点1分，共3分。

16. 请你结合前面几道题的内容，比较一下代田法和垄作法有哪些相同和不同。3分

测试的能力指标：A2概括：找出两个以上史实的共性和差异。

得分点：(1)相同：都要开沟作垄；(2)不同：代田法垄和沟的位置每年对换；(3)代田法作物种在沟里，垄作法根据土地情况可以将作物种在垄上或者沟里。

每个要点1分，共3分。

17. 匈奴是生活在蒙古高原上的游牧民族，经常南下到黄河流域抢掠。西汉初期，汉高祖刘邦采取和亲政策，安抚匈奴。汉武帝时，则派兵攻打匈奴。请你从经济因素解释西汉对匈奴政策变化的原因。3分

测试的能力指标：B1解释：利用已学知识解释历史事件、现象的原因。

得分点：(1)西汉初期经济凋敝，无力对外作战，所以采取和亲政策安定边疆；(2)经过汉初休养生息，经济恢复；(3)汉武帝时期国力强盛，具备对外作战的条件，所以派兵攻打匈奴，维护边疆安全。

每个要点1分，共3分。

18. 清朝皇帝雍正在上谕中说："朕观四民之业，士之外，农为最贵，凡士工商贾，皆赖食于农，以故农为天下之本务，而工贾皆其末也。市肆中多一工作之人，则田亩中少一耕稼之人。"

(1)请你用一句话概括上述材料中雍正的主要思想。3分

测试的能力指标：A2概括：能归纳提炼历史事实、历史观点的本质属性，历史阶段特征、基本线索和发展趋势。

评分标准：

3分：用自己的话准确概括，例如，重视农业。

2分：抄原文准确，例如，士之外，农为最贵；农为天下之本务。

1分：概括不太准确，例如，重农抑商。

(2)你怎样评价雍正的观点？3分

测试的能力指标：B3评价：根据已学知识对人物、事件、制度作出价值判断。

评分标准：

3分：有自己的判断，对或不对，或从两方面看；作出判断的依据准确。

2分：有自己的判断，对或不对，或从两方面看；作出判断的依据不太准确。

1分：有自己的判断，无论证，或论据错误。

19. 阅读下列材料后回答问题。

材料一：(江南)地广人稀，饭稻羹鱼，或火耕而水耨(nòu，除草)……无冻饿之人，亦无千金之家。

——(西汉)司马迁《史记》

材料二：江南之为国盛矣……民户繁育，将曩(nǎng，以往)时一矣(超过了以往任何时期)。地广野丰，民勤本业，一岁或稔(大丰收)，则数郡忘饥。

——(南朝)沈约《宋书》

(1)请你根据上述两段材料概括，从汉朝到魏晋南北朝，江南农业发生了哪些变化？3分

得分点：(1)汉朝时江南尚未开发，大部分地区处于刀耕火种阶段，或答农业技术水平低；(2)解决温饱，但没有特别富裕的人；(3)魏晋南北朝时期，江南得到开发，粮食产量增加。

每个要点1分，共3分。

测试的能力指标：A2概括：能归纳提炼历史事实、历史观点的本质属性，历史阶段特征、基本线索和发展趋势；将学过的史实、概念按一定标准归类；找出两个以上史实的共性和差异。

(2)为什么会发生这样的变化？3分

测试的能力指标：B1解释：利用已学知识解释历史事件、现象的原因。

得分点：(1)北人南迁，增加了江南的劳动力或答人口增加；(2)带来了北方先进农业技术或答技术提高；(3)自然条件好。

每个要点1分，共3分。

20. 根据前面几道题的内容和下表提供的信息，以及你所知道的其他知识完成相关任务。

原始社会	夏商西周	春秋战国	秦　汉	魏晋南北朝	隋　唐	宋元明清
刀耕火种，土地耕种一两年就要换地方。	已经懂得开沟排水，制作肥料，给土壤施肥，土地可以耕种几年再换地方。	开始兴建灌溉工程。土地连续耕种，一年一熟。	开始出现一年两熟，两年三熟。	发明用人力把水引到高处的翻车。	发明适合江南水田耕作的曲辕犁；发明用人力把水引到高处的筒车。	推广稻麦复种制，形成稳定的一年两熟制。

(1)请你想象：一个生活在唐朝长安附近的农户，怎样从事农业生产。(要求：按一种农作物的生产过程叙述，要包含一种农作物、用什么工具做什么事情)3分

测试的能力指标：C1叙述：能选择各种相关资料全面准确叙述一个历史事实；通过合理想象建立多个历史事实、概念间的关系，形成对某个时段历史过程的全面叙述。

评分标准：

3分：叙述按照耕地—播种—收获的顺序；中间穿插灌溉、施肥的措施；所用工具与任务匹配；逻辑关系清楚。

2分：两个方面对。

1分：一个方面对。

(2)精耕细作是指在一定面积的土地上投入较多的生产资料和劳动，采用新的技术措施，进行细致的土地耕作，以提高单位面积产量，增加粮食生产。请用史实论证我国传统农业的特点是精耕细作。3分

测试的能力指标：C2 论述：选择各种相关资料，运用多个史实、概念、理论为历史观点进行辩护，或批驳历史观点。

评分标准一：

3分：夏、商、周时期开始施肥，使土地能够连续耕种，提高利用率；汉朝时发明的代田法，利用同一块土地内部沟和垄位置的轮换恢复地力，提高土地利用率；秦汉时期就已经出现两年三熟，一年两熟的轮作复种，提高单位面积产量。

2分：两个要点。

1分：一个要点。

评分标准二：

2分：简单列出耕作方式，垄作法，代田法等；水利灌溉；耕作工具改进，以尽地力。

1分：一到两个要点。

(3)下表是我国各个历史时期农业生产形式的变化。

历史时期	夏、商、西周	战国至1956年	1956—1981年	1981年至今
生产形式	集体劳动为主。	一家一户为单位的个体劳动为主。	集体劳动为主。	一家一户为单位的个体劳动为主。

看了这张表，你有什么想法或问题。请给你的想法或问题起个小标题，围绕标题写一段论述。4分

测试的能力指标：C3 探究：能从历史或现实中提出新问题或新观点，并进行相关的探究或论证。

得分点：(1)能提问或发现规律，例如为什么不同历史时期的生产形式会发生变化？或直接说不同历史时期生产形式会有变化。(2)夏、商、西周技术水平

低，需要集体劳动才能完成耕作；土地公有。(3)春秋战国以后技术水平提高，个体劳动能完成耕作；土地私有。(4) 1956年至1981年社会主义公有制；1981年至今，联产承包责任制，提高劳动者积极性。

每个要点1分，共4分。

21. 东汉末的赤壁之战对三国鼎立局面的形成影响重大。关于赤壁之战中曹操败北，教科书中说是孙权、刘备的联军火攻曹军，大获全胜。但也有史书记载，是因为曹操军中流行瘟疫，曹操“烧船自退”。赤壁之战那把火到底是孙刘联军放的，还是曹军自己放的？为了探寻答案，请按下列步骤回答问题：

(1)可以到哪些地方查找资料？3分

测试的能力指标：I1记忆：能再现历史资料的来源。

评分标准：

3分：3个以上地点，如图书馆；博物馆；历史遗迹；网络。

2分：2个地点。

1分：1个地点。

(2)到了一个地方，不知从哪里查起，可以利用哪些工具或其他手段找到要查的内容。3分

测试的能力指标：I1记忆：能再现历史资料检索的主要工具。

评分标准：

3分：目录；索引；网络检索工具。

2分：2个要点。

1分：1个要点。

(3)下列书籍，可以用来探究赤壁之战史实的是(可以多选)：________ 2分

A.《史记》 B.《三国志》 C.《资治通鉴》 D.《三国演义》

测试的能力指标：J3评价：能鉴别可用资料。

评分标准：

2分：B.《三国志》 C.《资治通鉴》。

1分：选对一个。

(4)阅读材料回答问题。

A.“孙权派周瑜和程普与刘备联合抗曹，两军在赤壁遭遇，孙刘联军大破曹操军队，曹操烧掉其剩下的船只退兵。”

B.“赤壁之战，正值我军有疾病流行，我放火烧船，自己退兵，白白使周瑜获战胜我的名声。”

C.“……至于赤壁之败……实因疾疫大兴，挫伤了曹操军队的锐气……”

D.“孙刘联军与曹操军在赤壁相遇。那时曹操军队人数众多，已有疾疫流行。两军刚一交战，曹操军不利，退回江北。”

上述材料哪些是史实叙述，哪些是个人观点？(写出字母即可)4分

史实叙述：

个人观点：

测试的能力指标：I2：能区分历史事实与观点。

史实叙述：AD。

个人观点：BC。

对一个给1分。

(5)根据上述材料，你认为赤壁之战那把火到底是怎么回事？说说你得出结论的理由。4分

测试的能力指标：K2能用多种资料论证观点。

表明观点1分。

3分，引用两种以上材料证明观点，而且对材料本身的可靠性也作了分析说明。

2分，引用一种材料证明观点，而且对材料本身的可靠性也作了分析说明。

1分，引用材料证明观点，但是对材料本身的可靠性没有分析说明。

表2.12中呈现了各年级试卷中，中国古代政治、中国古代农业与经济、活动3个主题的测试点分布情况和学习理解能力、实践应用能力、创新迁移能力测试点的分布情况，以及各子内容主题中学习理解能力、实践应用能力、创新迁移

能力测试点的分布情况。从学习理解能力、实践应用能力、创新迁移能力测试点分布情况看，各能力要素全部覆盖，比例分布基本合理，学习理解能力要素题目略多。从各内容主题测试分布情况看，中国古代农业与经济主题学习理解能力水平测试点略多，活动主题实践应用能力和创新迁移能力测试点偏少，其余分布基本均衡。

表 2.12　历史学科各年级试卷结构表

内容主题	中国古代政治	中国古代农业与经济	活　动	总　计
A	3	7	3	13
B	3	5	1	9
C	3	3	1	7
总计	9	15	5	29

三、试卷的质量评价

本次测试的时间为 2014 年 3 月，各年级的学生都已完成对中国古代史的学习，对测试主题的相关内容都学习过一遍。初中和高中学生的区别在于对主题内容了解的广度和深度有差异。

所测试的有效样本包含 AB 两个区共计 2832 人，其中，A 区 1432 人，B 区 1400 人。测试工具信度如下：

利用 Winsteps 软件单维 Rasch 模型检验测试工具总体信度。利用 ConQues 软件多维 Rasch 模型检验各个维度试题信度。第一种按学习理解能力—实践应用能力—创新迁移能力划分为 3 个维度，第二种按中国古代政治—中国古代农业与经济—历史问题探究划分为 3 个维度，总体信度和各维度信度如表 2.13 所示。

表 2.13 总体信度和各维度信度

单维		多维					
信度	学生/试题 0.85/1.00	学习理解	实践应用	创新迁移	——	——	——
		0.844	0.866	0.796	——	——	——
		古代政治	古代农业经济	历史问题探究	——	——	——
		0.844	0.814	0.648	——	——	——

利用单维 Rasch 模型所得各题 MNSQ(WEIGHTED FIT)值见表 2.14。

表 2.14 历史学科试题 MNSQ 值

试题编码	MNSQ	试题编码	MNSQ	试题编码	MNSQ
L110S010	1.06	L110R110	0.9	L110R192	0.95
L110S020	0.94	L110R120	1.14	L110R201	0.94
L110S030	0.90	L110R130	1.27	L110R202	0.93
L110S040	0.82	L110R140	1.05	L110R203	0.96
L110S050	0.88	L110R150	1.09	L110Z211	1.06
L110S060	0.78	L110R160	1.09	L110Z212	1.05
L110S070	0.94	L110R170	0.89	L110Z213	1.01
L110S080	0.92	L110R181	1.18	L110Z214	1.51
L110S090	0.90	L110R182	0.88	L110Z215	1.19
L110R100	0.89	L110R191	0.96		

除 21 题第 4 小题外，试题指标值均在 0.7～1.3 之间，符合要求。

所有试题经过单维 Rasch 模型和多维 Rasch 模型检验。经单维 Rasch 模型检验，96.6%的试题 MNSQ 值在 0.7～1.3 之间；经多维 Rasch 模型检验，学习理解—实践应用—创新迁移多维检验 100%的试题 MNSQ 值在 0.7～1.3 之间，各知识主题多维检验 100%的试题 MNSQ 值在 0.7～1.3 之间，符合要求。各题的具体 MNSQ 值见各主题报告。

表 2.15 试题的 MNSQ 值

	NMSQ 在 0.7～1.4 的试题比例	MNSQ 最大值	MNSQ 最小值
总单维	96.6%	1.51	0.78
ABC 多维	100%	1.25	0.89
各知识主题多维	100%	1.19	0.89

利用 Rasch 模型对学生样本的测查数据进行量化分析，可得到相应怀特图。图中，最左端数值为被试水平和试题难度的 logit 值，作为标尺用于标定题目难度与学生能力的对应关系；中间“#”或“X”表示被试，其中，图中每个“#”或“X”代表一定数量的样本，被试的水平自下而上依次升高；右端数字为试题编码。同一行学生与试题编码对应，表示这些学生回答对这些题的概率是 50%，本研究中认为这些学生达到了同一行对应试题要求的水平。

利用 Winsteps 软件单维 Rasch 模型可得中学历史学科测试总体怀特图(见图 1)。根据怀特图可知学生样本和试题均基本呈现正态分布，试题难度的正态分布峰值比学生能力分布的最大值略高，有部分难度值较高的题目与之对应的学生较少，同时针对低水平学生的题目略少。考虑到本次学生样本中包含北京最高水平学校的高三学生较少，所以应该保留高水平题目，同时适当增加低难度题目。

利用 ConQues 软件多维 Rasch 模型可得历史学科各主题测试怀特图。根据怀特图 2 可知学生样本和试题均基本呈现正态分布，试题难度的正态分布峰值比学生 A、B 能力分布的最大值略高，与 C 能力分布的最大值接近。有部分难度值较高的题目没有与之对应的学生，同时针对低水平学生的题目略少。考虑到本次学生样本中包含北京最高水平学校的高三学生较少，所以应该保留高水平题目，同时适当增加低难度题目。

```
Table 12.2 |喜?©究531.Xls                          Zou120Ws.Txt  Jul 15 18:55 2014
Input: 2832 Person  29 Item  Reported: 2832 Person  29 Item  118 Cats Winsteps 3.72.0
--------------------------------------------------------------------------------

        Person - Map - Item
                <More>|<Rare>
   2                  +
                    . |
                    . |
                    . |
                    . |T
                    . |  L110R2020C2300000
   1                . +
                    . T|  L110R1920B1000000  L110S0600B3000000
                  .## |S L110R2030C3000000
                  .## |  L110R1600A2000000  L110R1910A2000000  L110R2010C1000000
                         L110S0400B1000000  L110S0900C3000000  L110Z2120000T2I10
                         L110Z2150000T2K20
                 .### |  L110S0800C2000000
             .##### S|  L110R1200B2000000  L110R1400B3000000  L110S0200A2000000
   0         .#####  +M L110S0700C1000000
         .#########  |  L110R1100A1000000  L110R1700B1000000  L110R1820B3000000
         .#########  |  L110R1500A3000000  L110S0300A3000000  L110S0500B2000000
                        L110Z2130000T2J30
      .############ M|  L110R1300A3000000
         .#########  |S L110Z2110000T2I10
         .#########  |  L110R1810A21T3J21  L110Z2140000T2I20
  -1      .########  +
           .####### S|  L110R1000A1000000
             .#####  |T
                 .#  |
                 .#  |  L110S0100A1000000
                  # T|
  -2              .  +
                  .  |
                  .  |
                  .  |
                  .  |
                  .  |
  -3              .  +
                  .  |
                  .  |
                     |
                     |
                  .  |
  -4                 +
                     |
                     |
                  .  |
                     |
                     |
  -5              .  +
              <Less>|<Frequ>
 Each "#" Is 28. Each "." Is 1 To 27
```

图 1　单维怀特图

```
===========================================================================
ConQuest: Generalised Item Response Modelling Software     Tue Jul 15 19:27 2014
MAP OF LATENT DISTRIBUTIONS AND RESPONSE MODEL PARAMETER ESTIMATES
===========================================================================
             Dimension             Terms in the Model (excl Step terms)
------------------------------
        Dim 1     Dim 2     Dim 3     +item
-----------------------------------------------------------------------
   3            |         |         |                                  |
                |         |         |                                  |
                |         |         |                                  |
                |         |         |                                  |
                |         |         |                                  |
                |         |         |                                  |
                |         |         |                                  |
                |         |         |                                  |
   2            |         |         |                                  |
                |         |         |                                  |
                |         |         |                                  |
                |         |         |                                  |
                |         |         |                                  |
               X|         |         |                                  |
               X|         |         |                                  |
               X|         |         |                                  |
   1          XX|         |        X|23                                |
               X|         |        X|6                                 |
               X|        X|       XX|21 29                             |
              XX|        X|       XX|4 26                              |
              XX|       XX|      XXX|24                                |
             XXX|       XX|    XXXXX|8 9 16 22                         |
             XXX|       XX|   XXXXXX|2 20                              |
            XXXX|     XXXX|   XXXXXX|12 14                             |
   0       XXXXX|    XXXXX| XXXXXXXX|                                  |
            XXXX| XXXXXXXX| XXXXXXXX|7                                 |
           XXXXX| XXXXXXXX|XXXXXXXXX|11 17 19 27                       |
          XXXXXX| XXXXXXXX| XXXXXXXX|3 5                               |
          XXXXXX|XXXXXXXXX| XXXXXXXX|15                                |
         XXXXXXX|XXXXXXXXX| XXXXXXXX|13 25 28                          |
           XXXXXXXXXXXXXXX|   XXXXXX|                                  |
           XXXXX|XXXXXXXXX|   XXXXXX|18                                |
  -1      XXXXXX| XXXXXXXX|    XXXXX|                                  |
          XXXXXX|  XXXXXXX|    XXXXX|                                  |
           XXXXX|   XXXXXX|      XXX|10                                |
            XXXX|     XXXX|       XX|                                  |
            XXXX|     XXXX|      XXX|                                  |
            XXXX|       XX|       XX|                                  |
             XXX|       XX|        X|                                  |
             XXX|        X|         |                                  |
  -2         XXX|        X|        X|1                                 |
              XX|         |        X|                                  |
              XX|         |         |                                  |
               X|         |         |                                  |
               X|         |         |                                  |
               X|         |         |                                  |
                |         |         |                                  |
                |         |         |                                  |
  -3            |         |         |                                  |
                |         |         |                                  |
                |         |         |                                  |
                |         |         |                                  |
                |         |         |                                  |
                |         |         |                                  |
                |         |         |                                  |
                |         |         |                                  |
  -4            |         |         |                                  |
                |         |         |                                  |
                |         |         |                                  |
                |         |         |                                  |
=======================================================================
Each 'X' represents  25.5 cases

=======================================================================
=>show parameters!table=9;
```

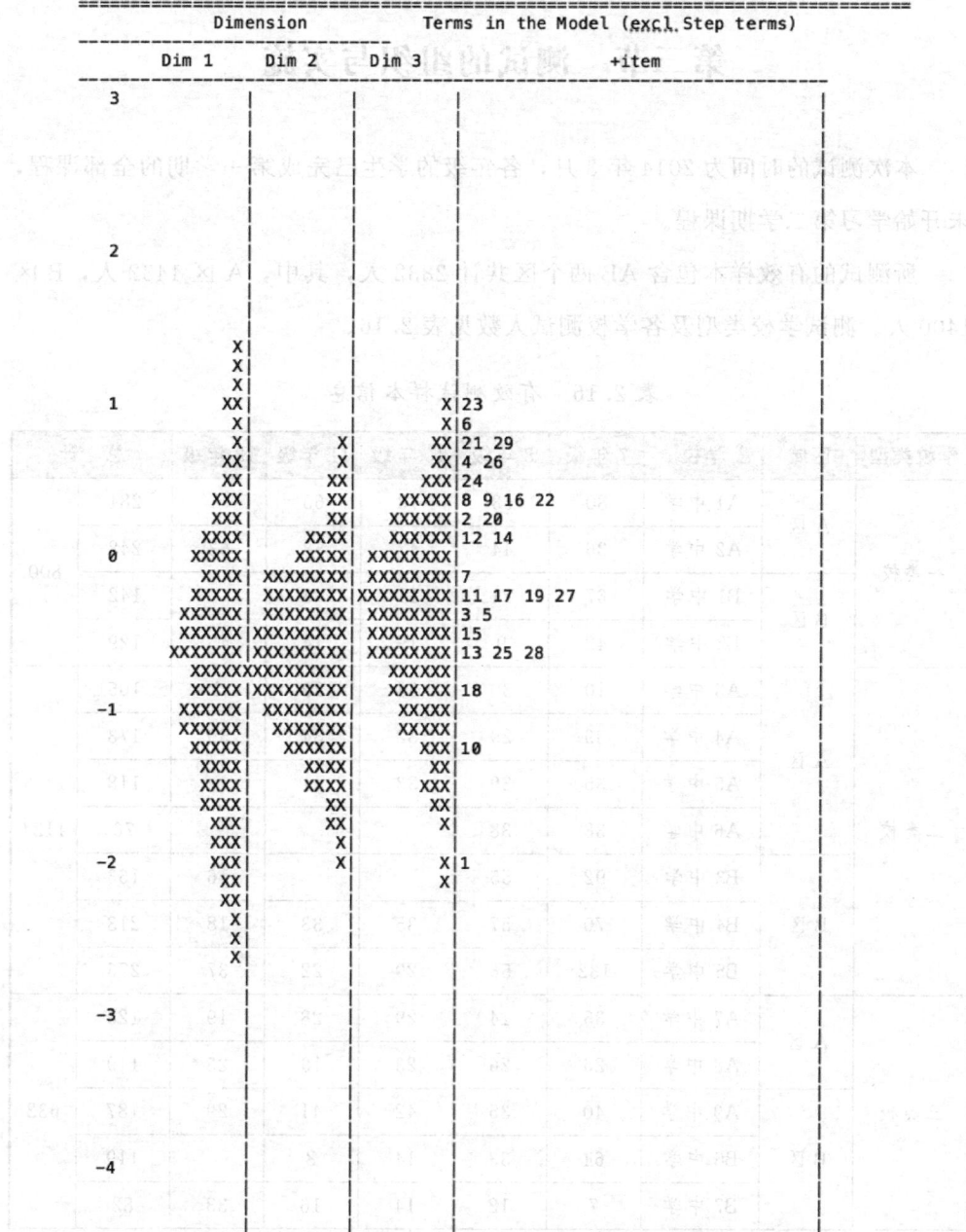

图 2　全部样本基于多维 Rasch 模型的怀特图

第三节　测试的组织与实施

本次测试的时间为 2014 年 3 月，各年级的学生已完成第一学期的全部课程，未开始学习第二学期课程。

所测试的有效样本包含 AB 两个区共计 2832 人，其中，A 区 1432 人，B 区 1400 人。测试学校类型及各学校测试人数见表 2.16。

表 2.16　有效测试样本信息

学校类型	区域	学校	7 年级	8 年级	10 年级	11 年级	12 年级	总　计	
一类校	A 区	A1 中学	80	63	73	65		281	800
		A2 中学	36	44	47	58	63	248	
	B 区	B1 中学	67	21	11	43		142	
		B2 中学	42	9	19	14	45	129	
二类校	A 区	A3 中学	10	30	34	29	2	105	1124
		A4 中学	39	29	32	34	39	173	
		A5 中学	35	39	33	11		118	
		A6 中学	38	38				76	
	B 区	B3 中学	92	55			16	163	
		B4 中学	70	57	35	33	18	213	
		B5 中学	132	56	29	22	37	276	
三类校	A 区	A7 中学	35	14	29	28	19	125	632
		A8 中学	26	26	23	19	25	119	
	B 区	A9 中学	40	35	42	41	29	187	
		B6 中学	64	33	14	8		119	
		B7 中学	7	12	14	16	33	82	

续表

学校类型	区域	学校	7 年级	8 年级	10 年级	11 年级	12 年级	总　计	
四类校	B 区	B8 中学	17	7	11	15	19	69	276
		B9 中学	36	21	13	16	19	105	
		B10 中学	11	4	3	11	20	49	
		B11 中学	15	11	6	8	13	53	
总　计								2832	

第三章

学科能力表现的评价结果

测试完成后，利用统计软件对数据进行统计分析，得出评价结果。首先，根据统计数据对学生的历史学科能力表现划分出水平等级；其次，对各区域、各学校的学生学科能力表现进行统计分析，确定其在历史学科总能力，学习理解、实践应用、创新迁移 3 个层级和 9 个能力要素的表现水平，以及在各个主题的能力表现水平。

第一节 学科能力表现水平划分

根据理论模型和实测结果，我们将历史学科能力划分为5级水平，解读了各水平内涵。此外，也对历史学习理解能力、实践应用能力、创新迁移能力，以及各主题的学科能力分别进行了水平划分，并逐一解读每个水平内涵。

水平划分主要综合考虑试题的学科能力要素指标和用Rasch模型处理测试数据后得到的试题难度值等因素，通过逻辑分析初步划定水平等级，再用SPSS17.0对各水平进行单因素方差分析，检验各水平间是否存在显著性差异，最后确定各水平所对应的试题难度值范围。水平划分的程序如下：

第一步，编制Item map，其中包括试题难度、试题编号、试题指标(包括试题描述、知识、能力要素、认识方式)和学生典型表现4个部分，并按试题难度值排序。Item map示例如表3.1所示。

表3.1 历史学科Item map

试题难度	试题编号	试题描述	能力要素	学生典型表现
1.14	L110R2020C2300000	请用史实论证我国传统农业的特点是精耕细作。	C-2论述：能用各种史实从多角度论证我国传统农业精耕细作的特点。	能围绕提高土地效率，从耕作方式(垄作法，代田法等)、水利灌溉、耕作工具改进等方面论证。
0.86	L110R1920B1000000	解释魏晋南北朝时期江南农业发展的原因。	B-1解释：能用相关历史知识解释某一历史现象的原因。	北人南迁，增加了江南的劳动力或答人口增加；带来了北方先进农业技术或答技术提高；自然条件好。

续表

试题难度	试题编号	试题描述	能力要素	学生典型表现
0.78	L110 S0600 B300 0000	依据所学知识，简要评价宋太祖赵匡胤。	B3 评价：根据已学知识，对人物、事件、制度的历史地位作出价值判断。	建立北宋，结束五代十国分裂局面；采取收精兵，削其权，制钱谷的措施，革除五代弊政，加强了中央集权；但加强中央集权制度的措施也带来严重恶果，北宋中期出现积贫积弱的局面。
0.66	L110 R2030 C3000 000	看我国各个历史时期农业生产形式的变化这张表，你有什么想法或问题。请给你的想法或问题起个小标题，围绕标题写一段论述。	C-3 探究：能发现并阐释政治、经济、技术各种因素与农业生产方式的关系。	能看出不同时期的生产方式有变化，说出 3 次变化的原因。
0.56	L110 Z215 0000 T2K20	根据上述材料，你认为赤壁之战那把火到底是怎么回事？说说你得出结论的理由。	K2 能用多种资料论证观点。	引用 2 种以上材料证明是刘备和孙权的联军（或曹操自己）放火，而且对材料本身的可靠性也作了分析说明。
0.54	L110 S0400 B1000 000	汉武帝以后，王国辖地缩小，朝廷直辖土地扩大。请你说说出现这种变化的原因。	B1 解释：利用已学知识解释历史事件、现象的原因。	汉武帝颁布“推恩令”；王国分出很多小侯国；归中央直辖的郡管理。
0.48	L110 R2010 C1000 000	请你想象：一个生活在唐朝长安附近的农户，怎样从事农业生产。	C-1 叙述：能按生产过程叙述唐代北方农作物的生产情况。	叙述按照耕地—播种—收获的顺序；中间穿插灌溉、施肥的措施；所用工具与任务匹配；逻辑关系清楚。
0.44	L110 R1600 A200 0000	请你结合前面几道题的内容，比较一下代田法和垄作法有哪些相同和不同。	A-2 概括：能比较垄作法和代田法的相同和不同。	相同：都要开沟作垄。不同：代田法垄和沟的位置每年对换；代田法作物种在沟里，垄作法根据土地情况可以将作物种在垄上或者沟里。

续表

试题难度	试题编号	试题描述	能力要素	学生典型表现
0.43	L110Z2120000T2I10	到了一个地方，不知从哪里查起，可以利用哪些工具或其他手段找到要查的内容。	I1 记忆：能再现历史资料检索的主要工具。	目录；索引；网络检索工具。
0.42	L110S0900C3000000	观察上面3幅中国古代官制示意图，你有什么想法？请写出来。	C3 探究：能从历史或现实中提出新问题或新观点，并进行相关的探究或论证。	能提出自己的合理看法；对观点进行论证；论据准确。
0.42	L110R1910A2000000	请你根据上述两段材料概括，从汉朝到魏晋南北朝，江南农业发生了哪些变化？	A-2 概括：能概括江南经济发展的趋势。	汉朝时江南尚未开发，大部分地区处于刀耕火种阶段，或答农业技术水平低；解决了温饱，但没有特别富裕的人；魏晋南北朝时期，江南得到开发，粮食产量增加。
0.35	L110S0800C2000000	你怎么看待中国古代的中央集权制？请用史实论证你的观点。	C-2 论述：能够建立各种历史材料之间的联系，整理时间与空间的背景知识和各种观点，构建合理的历史解释。	能从正反两方面的作用来说明；史实准确，能支撑论点；叙述有条理。
0.24	L110R1400B3000000	结合上题，请你说说垄作法的作用和优点。	B-3 评价：能用所学知识和生活经验评价垄作法的优点。	地势高，干旱风大的地方，农作物种在沟里可以防风、保湿；地势低，潮湿的地方，农作物种在垄上可以防涝；这样就可以因地制宜。
0.21	L110S0200A2000000	请将下列史实分类。	A2 概括：能将学过的史实、概念按一定标准归类。	分3类，合理，史实对应准确。

续表

试题难度	试题编号	试题描述	能力要素	学生典型表现
0.20	L110 R1200 B200 0000	(提供了背景知识)请你说说，铁农具和牛耕推广以后，对农业生产会产生什么作用。	B-2 推论：能推论铁农具、牛耕对农业生产的直接作用。	提高了生产效率；节省人力；开垦更多的农田。
—0.05	L110 S0700 C100 0000	请你从中国古代史选一个自己最熟悉的政治事件，拟个标题，叙述一下事件的来龙去脉。	C1 叙述：能选择各种相关资料全面准确叙述一个历史事实；通过合理想象建立多个历史事实、概念间的关系，形成对某个时段历史过程的全面叙述。	能准确说出历史事件的时代、地点、人物；发生发展过程，结果；叙述具体，有条理。
—0.10	L110 R1700 B100 0000	请你从经济因素解释西汉对匈奴政策变化的原因。	B-1 解释：能用相关历史知识解释某一历史现象的原因。	西汉初期经济凋敝，无力对外作战，所以采取和亲政策安定边疆；经过汉初休养生息，经济恢复；汉武帝时期国力强盛，具备对外作战的条件，所以派兵攻打匈奴，维护边疆安全。
—0.20	L110 R1100 A100 0000	下图中所示反映都江堰水利工程的是序号____，该工程建于____时期，主要作用是____________。	A-1 记忆：能记忆都江堰水利工程的地域，建造时间和功能。	战国时期；防洪灌溉。
—0.21	L110 R1820 B300 0000	你怎样评价雍正的观点(重农抑商)?	B-3 评价：能用所学知识评价雍正的观点。	有自己的判断，对或不对，或从两方面看；作出判断的依据准确。
—0.28	L110 S0300 A300 0000	右图为中国古代某朝代的中央机构，请对图示进行说明(需说出朝代)。	A3 说明：能举例说明已学过的历史概念，将概念与史实对应。	学生能够准确答出秦朝；皇帝与三公的关系；三公各自的职能。

续表

试题难度	试题编号	试题描述	能力要素	学生典型表现
—0.32	L110 S0500 B200 0000	请你依据上述材料，推断唐朝科举制的作用。	B2 推断：根据已知历史事实推断其直接作用、影响。	答出3点。例如，打破了特权阶层对官职的垄断，扩大了统治基础；有利于人才脱颖而出；提高了官员的文化素质。3个方面不重复。
—0.35	L110 Z213 0000 T2J30	下列书籍，可以用来探究赤壁之战史实的是(可以多选)：	J3 评价：能鉴别可用资料。	B.《三国志》C.《资治通鉴》
—0.41	L110 R1500 A300 0000	请你利用上面的图示，介绍一下代田法具体的操作过程。	A-3 说明：能用图示说明代田法。	在地里开沟作垄，把作物种在沟里，出苗后，逐渐把垄上的土和草培到苗根上；第二年再以垄处作沟，沟处为垄；如此轮番利用。
—0.58	L110 R1300 A300 0000	请根据上述描述结合自己的理解绘制垄作法的示意图。	A-3 说明：能用图示说明垄作法。	图示有沟垄，作物在垄上，配文字说明是在低湿地；图示有沟垄，作物在沟里，配文字说明是在高旱地。
—0.74	L110 Z211 0000 T2I10	可以到哪些地方查找资料？	I1 记忆：能再现历史资料的来源。	3个以上地点，如图书馆、博物馆、历史遗迹、网络。
—0.77	L110 Z214 0000 T2I20	上述材料哪些是史实叙述，哪些是个人观点？	I2：能区分历史事实与观点。	史实叙述：AD。 个人观点：BC。
—0.83	L110 R1810 A21 T3J21	请你用一句话概括上述材料中雍正的主要思想。	A-2 概括：能提炼材料所述观点的本质内容。	用自己的话准确概括，例如，重视农业。

续表

试题难度	试题编号	试题描述	能力要素	学生典型表现
−1.18	L110R1000A1000000	请完成下列表格，将遗址和其所处地理区域、遗存的农作物对应。	A-1 记忆：能再现半坡遗址和河姆渡遗址的地理区域、遗存的农作物。	黄河流域、长江流域；粟、稻。
−1.67	L110S0100A1000000	请将下列中国古代中央官职或机构填入相应的朝代后面。	A1 记忆：能准确说出历史事实所处的朝代。	秦朝设丞相、太尉、御史大夫，唐朝设尚书、中书、门下，明朝设内阁。

第二步，根据题目的试题指标，综合考虑学科能力水平和题目的难度值，划定水平。

第三步，利用 SPSS17.0 进行单因素方差分析，检验各水平间是否具有显著性差异。

第四步，确定各水平对应的试题难度值范围。由于各试题的难度值不是连续数值，因此相邻的学科能力水平层级的试题难度值范围不连续。为了解决这一问题，采用相邻水平两个难度相邻的试题的试题难度值的中值为高水平能力层级的下限和低水平能力层级的上限。

一、学科能力表现总体水平划分结果

运用单维 Rasch 模型对全部测试数据进行处理得到试题难度值，得到历史学科总体学科能力表现的 Item map，依据试题难度值及试题指标，将学生的学科能力表现划分为 5 个水平。具体划分结果和水平描述，见表 3.2。

表 3.2　历史学科能力等级划分

水平等级	Rasch 难度	水平描述	试题示例	学生表现示例
5	>0.55	能从多角度解释历史现象的原因；从多方面评价历史事物；运用多种资料论证观点。	L110R202 0 L110R192 0 L110S060 0 L110R203 0 L110Z216 0	能围绕提高土地效率，从耕作方式(垄作法、代田法等)；水利灌溉；耕作工具改进等方面论证我国传统农业精耕细作的特点。
4	0.55 至 0.30	知道检索历史资料的工具；能比较两个历史事物的共性和差异；概括历史发展趋势；发现历史材料、事实之间的关系，并进行阐释；用史实论证自己的观点。	L110S040 0 L110R201 0 L110R160 0 L110Z212 0 L110S090 0 L110R191 0 L110S080 0	知道查找资料可以利用目录、索引、网络检索工具。 能比较垄作法和代田法的相同和不同。 能按生产过程叙述唐代北方农作物的生产情况。
3	0.29 至 −0.33	能对历史事实分类；用文字说明史实；对单个历史事件作较完整的叙述；从事实推测出结果或影响；对历史事实、观点作出自己的评价；解释历史原因。	L110R140 0 L110S020 0 L110R120 0 L110S070 0 L110R170 0 L110R110 0 L110R182 0 L110S030 0 L110S050 0	能将中国古代政治的相关史实、概念按一定标准归类；依据材料，推断唐朝科举制的作用；从经济因素解释西汉对匈奴政策变化的原因。
2	−0.34 至 −0.75	知道去哪里查找史料，能判断可用史料；能用图示说明历史事实。	L110Z213 0 L110R150 0 L110Z214 0 L110R130 0 L110Z211 0	知道去图书馆、博物馆查找资料。能用图示说明垄作法。
1	<−0.75	能读懂历史材料，区分历史史实和历史观点；能记忆史实及所处的时空结构。	L110R181 0 L110Z215 0 L110R100 0 L110S010 0	用自己的话准确概括材料中雍正要表达的观点是重视农业或重农抑商；能说出秦朝设丞相、太尉、御史大夫，唐朝设尚书、中书、门下，明朝设内阁。

二、学习理解能力、实践应用能力、创新迁移能力水平划分结果

依据水平划分方法，利用多维 Rasch 模型将学习理解能力、实践应用能力、

创新迁移能力作为 3 个维度，对全部测试数据进行处理得到试题难度值，分别得到学习理解能力表现、实践应用能力表现和创新迁移能力表现的 Item map。

依据学生的学习理解能力表现 Item map，以试题难度－学习理解能力要素作为水平划分依据，将学习理解能力表现划分为 3 个水平。

表 3.3　历史学科学习理解能力水平划分

水平等级	Rasch 难度	水平描述	试题示例	学生表现示例
3	＞0.35	能概括历史事实的共性、历史发展的趋势。知道运用检索工具查找资料。	L110Z212000 L110R1600A2 L110R1910A2 L110S0200A2 …	能再现历史资料检索的主要工具目录、索引、网络；能比较垄作法和代田法的相同和不同，概括江南经济发展的趋势；将中国古代政治名词概念分类。
2	0.35～ －0.23	能用图示说明文字所表达的意思，或用文字说明图示的内容。记忆历史事实的时间和空间。	L110R1100A1 … L110S0300A3 … L110R1500A3 … L110R1300A3 …	能记忆都江堰水利工程的地域，建造时间和功能；能用图示说明代田法，用文字说明秦朝皇帝与三公的关系；三公各自的职能。
1	＜－0.23	能理解资料中表达的观点，区分历史事实与历史观点。知道去图书馆、博物馆等地查找资料。	L110Z211000 … L110Z214000 … L110R1810A2 … L110R1000A1 … L110S0100A1 …	能再现历史资料的来源如图书馆、博物馆、历史遗迹、网络；能区分历史事实与观点。用自己的话准确概括雍正的观点，例如，重视农业；能再现半坡遗址和河姆渡遗址的地理区域、遗存的农作物。

依据学生的实践应用能力表现 Item map，以试题难度－认识方式水平作为水平划分依据，将实践应用能力表现划分为 3 个水平。

表 3.4　历史学科实践应用能力水平划分

水平等级	Rasch 难度	水平描述	试题示例	学生表现示例
3	>0.21	能从 3 个以上角度解释历史现象的原因；评价历史人物。	L110R1920B1 L110S0600B3 … L110S0400B1 …	解释汉武帝以后，王国辖地缩小，朝廷直辖土地扩大的原因，魏晋南北朝时期江南农业发展的原因。简要评价宋太祖赵匡胤。
2	0.21～−0.36	能根据历史事实和相关背景知识推测其作用。	L110R1400B3 … L110R1200B2 … L110R1700B1 …	能根据事实推测垄作法的作用和优点，铁农具、牛耕对农业生产的直接作用。从经济因素解释西汉对匈奴政策变化的原因。
1	<−0.36	能辨别可用资料，根据资料评价历史观点。	L110R1820B3 … L110S0500B2 … L110Z213000 …	能用所学知识评价雍正的观点。依据材料，推断唐朝科举制的作用。能鉴别用来探究赤壁之战史实的可用资料。

依据学生的创新迁移能力表现 Item map，以试题难度—创新迁移能力要素作为水平划分依据，将创新迁移能力表现划分为 3 个水平。

表 3.5　历史学科创新迁移能力水平划分

水平等级	Rasch 难度	水平描述	试题示例	学生表现示例
3	>0.06	能引用两种以上可靠史料证据论证观点。从多则材料发现变化的规律，并说明原因。	L110Z215000 … L110R2020C2 … L110R2030C3 …	引用两种以上材料证明是刘备和孙权的联军(或曹操自己)放火，而且对材料本身的可靠性也作了分析说明；能围绕提高土地效率，从耕作方式(垄作法、代田法等)；水利灌溉；耕作工具改进等方面论证我国传统农业精耕细作的特点。能看出不同时期的生产方式有变化，说出 3 次变化的原因。

续表

水平等级	Rasch难度	水平描述	试题示例(略)	学生表现示例
2	0.06～−0.13	能从多种素材中选取所需材料，完成对一个历史事件或场景的叙述。看出示意图所反映的历史变化，说明原因。	L110R2010C1 … L110S0900C3 …	按生产过程叙述唐代北方农作物的生产情况。观察3幅中国古代官制示意图，能提出自己的合理看法，对观点进行论证。
1	<−0.13	能对一个具体事件作简单描述。对历史事实发表自己看法。	L110S0800C2 … L110S0700C1 …	对中国古代的中央集权制提出自己正反两方面的看法；叙述一个历史事件的来龙去脉。

三、历史主题的水平划分结果

依据水平划分方法，利用多维Rasch模型将中国古代政治、中国古代农业与经济、历史活动探究作为3个维度，对全部测试数据进行处理得到试题难度值，分别得到中国古代政治、中国古代农业与经济、历史活动探究的Item map。

依据学生的中国古代政治试题表现Item map，以能力要素和试题难度作为水平划分依据，将中国古代政治的能力表现划分为3个水平。

表3.6　中国古代政治能力水平划分

水平等级	Rasch难度	水平描述	试题示例(略)	学生表现示例
3	>0.43	运用史实评价政治人物；发现历代政治制度演变的规律，解释政治现象原因。	L110S0900C3 … L110S0600B3 … L110S0400B1 …	观察3幅中国古代官制示意图，能发现规律，提出自己的合理看法，对观点进行论证；多角度评价赵匡胤；准确解释汉武帝以后，王国辖地缩小，朝廷直辖土地扩大的原因。

续表

水平等级	Rasch难度	水平描述	试题示例	学生表现示例
2	0.43～−0.19	叙述政治事件的经过；理解政治制度相关概念；从正反两面评价中国古代政治制度。	L110S0800C2 … L110S0200A2 … L110S0700C1 …	从正反两方面评价中央集权制度，论据充分；将中国古代政治名词概念分类；完整叙述单个政治事件的来龙去脉。
1	<−0.19	记忆各朝代官职，说明官职的职能、作用，各个机构之间的关系。	L110S0300A3 … L110S0500B2 … L110S0100A1 …	用文字说明秦朝皇帝与三公的关系，三公各自的职能；依据材料推断唐朝科举制的作用；记忆各朝代中央官职。

依据学生的中国古代农业与经济试题表现 Item map，以能力要素和试题难度作为水平划分依据，将中国古代农业与经济的能力表现划分为 4 个水平。

表 3.7　中国古代农业与经济能力水平划分

水平等级	Rasch难度	水平描述	试题示例	学生表现示例
4	>0.48	解释历史上农业经济变化的原因；用史实论证中国古代农业的特点；发现生产方式变化的规律并说明原因。	L110R2030C3 … L110R2020C2 … L110R1920B1 …	能看出不同时期的生产方式有变化，说出 3 次变化的原因；能围绕提高土地效率，从耕作方式（垄作法、代田法等）、水利灌溉、耕作工具改进等方面论证我国传统农业精耕细作的特点；解释魏晋南北朝时期江南农业发展的原因。
3	0.48～0.00	根据历史事实和相关背景知识推测农具改进的作用；概括农业发展趋势；比较异同；叙述某一时期农业生产情况。	110R2010C1 … L110R1600A2 … L110R1910A2 … L110R1400B3 … L110R1200B2 …	按生产过程叙述唐代北方农作物的生产情况；能比较代田法和垄作法的异同；从材料概括江南农业发展的趋势；能根据事实推测垄作法的作用和优点；推测铁农具、牛耕对农业生产的直接作用。

续表

水平等级	Rasch难度	水平描述	试题示例	学生表现示例
2	<0.00～−0.35	评价重农抑商观点；记忆水利工程的时空及功能，运用经济史知识解释历史现象。	L110R1700B1 … L110R1100A1 … L110R1820B3 …	从经济因素解释西汉对匈奴政策变化的原因；从图中找出都江堰的地点，说出其功能；能用所学知识评价雍正的观点。
1	<−0.35	记忆粟稻地理分布；从材料中概括出观点；理解代田法和垄作法。	L110R1500A3 … L110R1300A3 … L110R1810A2 … L110R1000A1 …	根据图示说明代田法的操作过程；根据文字绘制垄作法示意图；从材料概括出雍正重农观点；记忆远古农作物粟稻及其地理分布。

依据学生的历史问题探究试题表现 Item map，以能力要素和试题难度作为水平划分依据，将历史问题探究能力表现划分为 3 个水平。

表 3.8　历史问题探究能力水平划分

水平等级	Rasch难度	水平描述	试题示例	学生表现示例
3	>0.67	引用两种以上可靠史料证据论证观点。	L110Z215000 …	引用两种以上材料证明是刘备和孙权的联军(或曹操自己)放火，而且对材料本身的可靠性也作了分析说明。
2	0.67～−0.38	知道资料检索的主要工具；鉴别可用资料。	L110Z212000 … L110Z213000 …	知道利用目录、索引、网络检索资料；依据材料，能鉴别用来探究赤壁之战史实的可用资料。
1	<−0.38	知道去哪里查找相关史料；区分史实和史观。	L110Z211000 … L110Z214000 …	知道去图书馆、博物馆、历史遗迹等地查找资料；区分史实和观点。

第二节　学科能力表现总体情况

全部样本历史学科能力表现总体情况分析，包括全部样本在各学科能力水平的分布、全部样本在各能力要素的表现和全部样本在各内容主题的能力表现情况3部分。

一、总能力水平等级分布情况

根据单维Rasch模型算出的全部样本总体能力，在各年级的水平等级分布如表3.9。

表3.9　全部样本总能力水平等级分布情况

		平均能力值	标准差	平均水平	水平1 <−0.75	水平2 [−0.34, −0.75]	水平3 [0.29, −0.33]	水平4 [0.55, 0.30]	水平5 >0.55
全体样本	−0.56	0.67	水平2	37.2%	28.2%	24.9%	5.1%	4.6%	
不同年级	7年级	−0.80	0.50	水平1	50.8%	34.2%	14.5%	0.6%	
	8年级	−0.82	0.55	水平1	55.1%	29.6%	14.2%	0.5%	0.5%
	10年级	−0.71	0.75	水平2	40.4%	34%	19.7%	2.8%	3.2%
	11年级	−0.18	0.55	水平3	14.2%	22.1%	46.1%	9.8%	7.9%
	12年级	0.15	0.48	水平3	3%	13.1%	45.8%	19.4%	18.6%
不同类别学校	一类校	−0.42	0.69	水平2	32.4%	26.7%	25.7%	6.4%	8.8%
	二类校	−0.62	0.68	水平2	39.1%	29.9%	23.7%	4.2%	3%
	三类校	−0.64	0.59	水平2	39.2%	31.3%	24.5%	3.3%	1.6%
	四类校	−0.53	0.72	水平2	39.5%	18.8%	28.3%	8.7%	4.7%
不同区域	B区	−0.44	0.65	水平2	32%	27.4%	27.7%	5.8%	7.2%
	A区	−0.67	0.68	水平2	42.4%	29%	22.3%	4.4%	2%

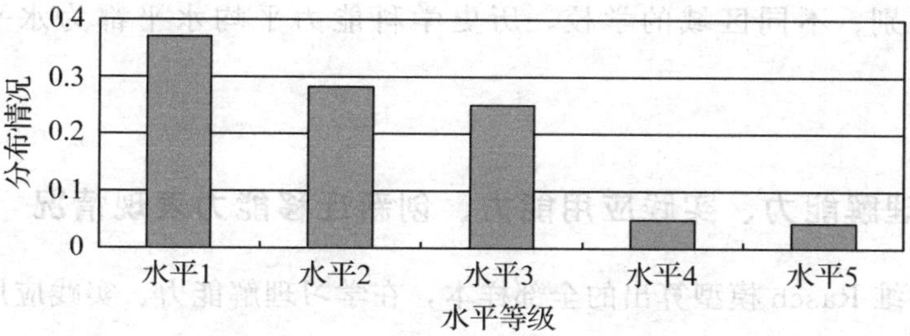

图3 全部样本总能力水平分布

从表中可以看出，全体样本的历史学科能力平均水平为水平 2，能记忆史实及所处的时空结构，读懂历史材料，区分历史史实和历史观点；知道去图书馆、博物馆等地查找所需史料，能判断可用史料；能用图示说明历史事实。5 个能力水平的分布如下：

37.2％的学生属于水平 1，能记忆史实及所处的时空结构，读懂历史材料，区分历史史实和历史观点。

28.2％的学生属于水平 2，在水平 1 的基础上知道去图书馆、博物馆等地查找所需史料，能判断可用史料；能用图示说明历史事实。

24.9％的学生属于水平 3，在水平 2 的基础上能对历史事实分类；用文字说明史实；对单个历史事件作较完整的叙述；从事实推测出结果或影响；对历史事实、观点作出自己的评价；解释历史原因。

5.1％学生属于水平 4，在水平 3 的基础上知道用目录、索引等工具检索历史资料；能比较两个历史事物的共性和差异；概括历史发展趋势；发现历史材料、事实之间的关系，并进行阐释；用史实论证自己的观点。

4.6％学生属于水平 5，在水平 4 的基础上能从多角度解释历史现象的原因；从多方面评价历史事物；运用多种资料论证观点。

7 年级和 8 年级的历史学科能力平均水平为水平 1，10 年级的历史学科能力平均水平为水平 2，11 年级和 12 年级的历史学科能力平均水平为水平 3。这说明初中两个年级的平均能力水平没有差别，而初中和高中的能力水平有差别。高中 1 年级和 2 年级平均能力水平有差别，高中 2 年级和 3 年级平均能力水平没有差别。

不同类别、不同区域的学校，历史学科能力平均水平都为水平2，没有差别。

二、学习理解能力、实践应用能力、创新迁移能力表现情况

根据多维Rasch模型算出的全部样本，在学习理解能力、实践应用能力和创新迁移能力方面的表现水平如表3.10和图4。9个能力要素的得分率见图5。

表3.10　全部样本各能力要素水平等级分布情况

		A学习理解能力			B实践应用能力			C创新迁移能力		
平均得分率		A1 55%	A2 41%	A3 48%	B1 29%	B2 42%	B3 35%	C1 35%	C2 33%	C3 22%
平均能力值		−0.138			−0.765			−1.068		
平均水平		水平2			水平1			水平1		
水平分布	水平3	13.30%			7.90%			3.80%		
	水平2	44.80%			18.20%			2.70%		
	水平1	41.90%			73.90%			93.50%		

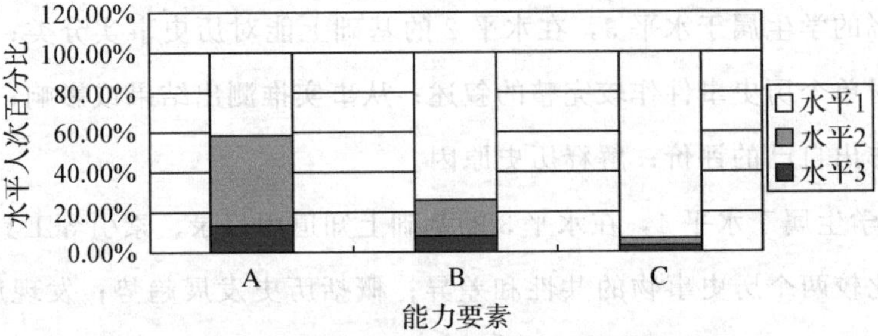

图4　全部样本各能力要素水平分布

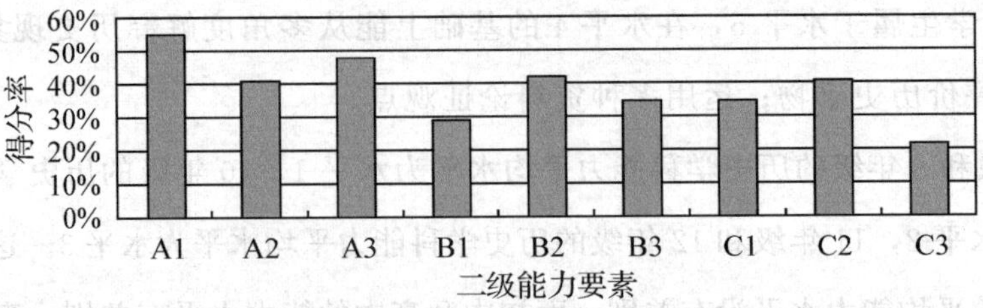

图5　全部样本二级能力要素水平分布

从图表中可以看出，学生在学习理解能力、实践应用能力和创新迁移能力方面的水平，从低到高，表现如下：

学习理解能力

41.90%的学生属于水平1，知道去图书馆、博物馆等地查找资料。能理解资料中表达的观点，区分历史事实与历史观点。

44.80%的学生属于水平2，在水平1的基础上能用图示说明文字所表达的意思，或用文字说明图示的内容。记忆历史事实的时间和空间。

13.30%的学生属于水平3，在水平2的基础上知道运用检索工具查找资料。能概括历史事实的共性、历史发展的趋势。

学习理解能力的平均水平为水平2。

实践应用能力

73.90%的学生属于水平1，能辨别可用资料，根据资料评价历史观点。

18.20%的学生属于水平2，在水平1的基础上能根据历史事实和相关背景知识推测其作用。

7.90%的学生属于水平3，在水平2的基础上能从3个以上角度解释历史现象的原因；评价历史人物。

实践应用能力的平均水平为水平1。

创新迁移能力

93.50%的学生属于水平1，能对一个具体事件作简单描述。对历史事实发表自己看法。

2.70%的学生属于水平2，在水平1的基础上能从多种素材中选取所需材料，完成对一个历史事件或场景的叙述。看出示意图所反映的历史变化，说明原因。

3.80%的学生属于水平3，在水平2的基础上能引用两种以上可靠史料证据论证观点。从多则材料发现变化的规律，并说明原因。

创新迁移能力的平均水平为水平1。

三、中国古代政治—中国古代农业—问题探究能力表现情况

根据多维 Rasch 模型算出的全部样本在中国古代政治、中国古代农业和问题探究方面的表现水平如表 3.11。

表 3.11　各主题能力要素水平等级分布情况

		中国古代政治	中国古代农业	问题探究
平均能力值		−0.65	−0.59	−0.37
平均水平		水平 1	水平 1	水平 2
水平分布（人次百分比）	水平 4		2.4%	
	水平 3	11.8%	10.6%	2.1%
	水平 2	17.6%	19.8%	51.1%
	水平 1	70.6%	66.9%	46.5%

从表中可以看出，学生在中国古代政治、中国古代农业和问题探究方面的能力水平，从低到高，表现如下：

1. 中国古代政治

全部样本在中国古代政治 3 个能力水平的分布如下：

70.6%为水平 1，能记忆各个朝代官职，说明官职的职能、作用，各个机构之间的关系。

17.6%为水平 2，在水平 1 基础上能叙述政治事件的经过，理解政治制度相关概念，从正反两面评价中国古代政治制度。

11.8%为水平 3，在水平 1 基础上能运用史实评价政治人物；发现历代政治制度演变的规律，解释政治现象原因。

全部样本中国古代政治的平均能力水平为水平 1。

2. 中国古代农业与经济

全部样本在中国古代农业与经济 4 个能力水平的分布如下：

66.9%为水平 1，能记忆粟、稻地理分布，从材料中概括出观点，理解代田法和垄作法。

19.8%为水平 2，在水平 1 基础上能评价重农抑商观点，记忆水利工程的时空及功能，运用经济史知识解释历史现象。

10.6%为水平 3，在水平 2 基础上能根据历史事实和相关背景知识推测农具改进的作用，概括农业发展趋势，比较异同，叙述某一时期农业生产情况。

2.4%为水平 4，在水平 3 基础上能解释历史上农业经济变化的原因；用史实论证中国古代农业的特点；发现生产方式变化的规律并说明原因。

全部样本中国古代农业与经济的平均能力水平为水平 1。

3. 历史问题探究

全部样本在历史问题探究 3 个能力水平的分布如下：

46.5%为水平 1，知道去哪里查找相关史料，能区分历史资料中的史实和史观。

51.1%为水平 2，在水平 1 基础上知道资料检索的主要工具，鉴别可用资料。

2.1%为水平 3，在水平 2 基础上能引用两种以上可靠史料证据论证观点。

全部样本历史问题探究的平均能力水平为水平 2。

第三节　学科能力表现的比较研究

本测评利用同一套试题测评初中生和高中生的历史学科能力，覆盖了 7 年级、8 年级、10 年级、11 年级和 12 年级的学生。通过统计分析比较不同年级学生的能力水平，包括总体样本的水平比较和不同区域样本的水平比较。

一、总体水平比较

总体水平比较分为总样本不同年级学生总体能力水平和 A 学习理解、B 实践应用、C 创新迁移 3 方面水平比较，以及不同年级学生在各个历史主题的能力表现水平比较。

(1)不同年级学生总体水平比较

5个年级的能力水平分布如表3.12。从平均能力值来看，总能力值从7年级的−0.804到12年级的0.149依次上升。各年级的A学习理解能力均高于B实践应用能力，实践应用能力均高于C创新迁移能力。

7年级和8年级的能力水平差距不大，10年级的能力水平略高于7、8年级。11年级能力水平高于10年级，且差距较大。12年级能力水平高于11年级，差距也比较明显。

表3.12　各年级能力水平等级分布情况

平均能力值					各水平人次百分比分布(%)				
	总能力值	A	B	C	水平1	水平2	水平3	水平4	水平5
7年级	−0.804	−0.322	−1.042	−1.287	50.8%	34.2%	14.5%	0.6%	
8年级	−0.823	−0.328	−1.037	−1.302	55.1%	29.6%	14.2%	0.5%	0.5%
10年级	−0.713	−0.232	−0.906	−1.221	40.4%	34%	19.7%	2.8%	3.2%
11年级	−0.177	0.128	−0.371	−0.724	14.2%	22.1%	46.1%	9.8%	7.9%
12年级	0.149	0.360	−0.029	−0.447	3%	13.1%	45.8%	19.4%	18.6%

从各个年级在5个能力水平的人次百分比来看，7年级学生中50.8%属于水平1，34.2%属于水平2，14.5%属于水平3，0.6%属于水平4，没有水平5的学生。8年级55.1%属于水平1，29.6%属于水平2，14.2%属于水平3，0.5%属于水平4，0.5%属于水平5。初中生50%属于水平1，水平1和水平2的学生合计约占84%。

10年级学生中40.4%属于水平1，34%属于水平2，19.7%属于水平3，2.8%属于水平4，3.2%属于水平5。11年级学生中14.2%属于水平1，22.1%属于水平2，46.1%属于水平3，9.8%属于水平4，7.9%属于水平5。12年级学生中3%属于水平1，13.1%属于水平2，45.8%属于水平3，19.4%属于水平4，18.6%属于水平5。水平1和水平2的学生10年级合计约占74%。11年级约占35%，12年级约占16%。说明高中3年学生能力水平提升幅度较大。11、12年级处于水平3的学生都占约46%。水平4和水平5的学生所占比例也有较大幅度提升。

(2)不同年级学生在各知识主题水平比较

不同年级学生在中国古代政治、中国古代农业与经济、历史问题探究 3 个主题的能力水平分布如表 3.13。

表 3.13　各年级在各知识主题的能力水平等级分布情况

		7 年级	8 年级	10 年级	11 年级	12 年级
中国古代政治	水平 3	0.45%	0.99%	7.26%	21.66%	47.36%
	水平 2	6.95%	6.46%	14.74%	37.79%	37.78%
	水平 1	92.60%	92.55%	77.99%	40.55%	14.86%
	平均能力值	−1.05	−1.14	−0.72	−0.07	0.41
	平均水平	水平 1	水平 1	水平 1	水平 2	水平 2
中国古代农业与经济	水平 4		0.33%	1.71%	3.40%	10.33%
	水平 3	1.79%	2.15%	5.13%	22.29%	36.27%
	水平 2	12.00%	12.91%	16.45%	34.82%	34.51%
	水平 1	86.21%	84.60%	76.71%	39.49%	18.89%
	平均能力值	−0.80	−0.80	−0.71	−0.28	−0.02
	平均水平	水平 1	水平 1	水平 1	水平 2	水平 2
历史问题探究	水平 3		0.33%	2.35%	3.18%	8.06%
	水平 2	46.52%	43.54%	44.66%	62.85%	67.76%
	水平 1	53.48%	56.13%	52.99%	33.97%	24.18%
	平均能力值	−0.48	−0.47	−0.51	−0.20	−0.05
	平均水平	水平 1	水平 1	水平 1	水平 2	水平 2

中国古代政治：7 年级，8 年级，10 年级的平均水平都在水平 1，11 年级和 12 年级的平均水平都在水平 2。各年级学生在 3 个能力水平的分布如下：

7 年级 92.6%属于水平 1，6.95%属于水平 2，0.45%属于水平 3。8 年级 92.55%属于水平 1，6.46%属于水平 2，0.99%属于水平 3。10 年级 77.99%属于水平 1，14.74%属于水平 2，7.26%属于水平 3。11 年级 40.55%属于水平 1，37.79%属于水平 2，21.66%属于水平 3。12 年级 47.36%属于水平 1，37.78%属于水平 2，14.86%属于水平 3。

7年级、8年级和10年级的平均水平虽然都属于水平1，但是初高中学生还是有较大差别，初中生水平1的占92%，高中10年级水平1的则占77.99%。初中两个年级则差别不大。11年级和12年级平均水平都是水平2，比10年级要高一个水平等级。12年级水平3的学生要比11年级高出约26%，水平2的学生两个年级大致相同。

中国古代农业与经济：7年级、8年级和10年级的平均水平都在水平1，11年级和12年级的平均水平都在水平2。各年级学生在4个能力水平的分布如下：

7年级86.21%属于水平1，12.00%属于水平2，1.79%属于水平3。8年级84.60%属于水平1，12.91%属于水平2，2.15%属于水平3，0.44%属于水平4。10年级76.71%属于水平1，16.45%属于水平2，5.13%属于水平3，1.71%属于水平4。11年级39.49%属于水平1，34.82%属于水平2，22.29%属于水平3，3.40%属于水平4。12年级18.89%属于水平1，34.51%属于水平2，36.27%属于水平3，10.33%属于水平4。

这说明7年级、8年级和10年级的平均水平虽然都属于水平1，但是初高中学生还是有较大差别，初中生水平1的占92%，10年级水平1的则占77.99%。7年级和8年级则差别不大。

7年级、8年级和10年级的平均水平都属于水平1，从4个能力水平分布来看，初中两个年级的差别不大，初中与10年级水平有一些差别。11年级和12年级平均水平都是水平2，比10年级要高一个等级。12年级水平3和水平4的学生要比11年级多，水平2的学生两个年级大致相同。

历史问题探究：7年级，8年级，10年级的平均水平都在水平1，11年级和12年级的平均水平都在水平2。各年级学生在3个能力水平的分布如下：

7年级53.48%属于水平1，46.52%属于水平2，没有水平3的学生。8年级56.13%属于水平1，43.54%属于水平2，0.33%属于水平3。10年级52.99%属于水平1，44.66%属于水平2，2.35%属于水平3。11年级62.85%属于水平1，33.97%属于水平2，3.18%属于水平3。12年级24.18%属于水平1，67.76%属于水平2，8.06%属于水平3。

7年级、8年级和10年级的平均水平都属于水平1，从3个能力水平分布来看，初中两个年级水平与高中10年级的差别不大，唯7年级没有水平3。11年级和12年级平均水平都是水平2，比10年级要高一个等级。12年级水平3和水平2的学生要比11年级多。

中国古代政治主题，7年级和8年级学生的能力水平接近，10年级高于7、8年级，11年级高于10年级，12年级高于11年级。中国古代农业与经济主题，7年级、8年级和10年级学生的能力水平接近，11年级高于10年级，12年级高于11年级。历史问题探究主题，7年级、8年级和10年级学生的能力水平接近，11年级略高于10年级，12年级略高于11年级。

二、区域水平比较

区域水平比较主要是对参加测试的两个区的数据进行比较，从中可以看出不同区域学生历史学科能力的差异。

表3.14　各区域能力水平等级分布情况

		平均能力值及所属水平				各水平人次百分比分布(%)					
	年级	总能力值	A	B	C	水平5	水平4	水平3	水平2	水平1	平均水平
A区	7	−0.86	−0.36	−1.07	−1.29	0.00%	0.30%	11.20%	35.50%	53.00%	水平1
	8	−0.88	−0.37	−1.11	−1.34	0.60%	0.60%	11.30%	25.80%	61.60%	水平1
	10	−0.94	−0.38	−1.13	−1.42	0.00%	0.00%	13.40%	34.10%	52.50%	水平1
	11	−0.31	0.03	−0.49	−0.81	4.90%	8.40%	39.30%	26.70%	20.70%	水平3
	12	0	0.25	−0.17	−0.54	6.70%	20.20%	51.10%	17.40%	4.50%	水平3
	总计	−0.67	−0.21	−0.86	−1.14	7.20%	5.80%	27.70%	27.40%	32.00%	水平2
B区	7	−0.77	−0.3	−1.03	−1.28	0.00%	0.70%	16.40%	33.40%	49.50%	水平1
	8	−0.76	−0.28	−0.96	−1.26	0.30%	0.30%	17.50%	33.90%	47.90%	水平1
	10	−0.25	0.07	−0.45	−0.82	9.70%	8.40%	32.50%	33.80%	15.60%	水平3
	11	0.02	0.27	−0.19	−0.59	12.40%	11.80%	56.50%	15.10%	4.30%	水平3
	12	0.27	0.45	0.09	−0.37	28.30%	18.70%	41.60%	9.60%	1.80%	水平3
	总计	−0.44	−0.06	−0.66	−0.99	2.00%	4.40%	22.30%	29.00%	42.40%	水平2

续表

	年级	平均能力值及所属水平				各水平人次百分比分布(%)					
		总能力值	A	B	C	水平5	水平4	水平3	水平2	水平1	平均水平
总样本	7	−0.8	−0.32	−1.04	−1.29	0.00%	0.60%	14.50%	34.20%	50.80%	水平1
	8	−0.82	−0.33	−1.04	−1.3	0.50%	0.50%	14.20%	29.60%	55.10%	水平1
	10	−0.71	−0.23	−0.91	−1.22	3.20%	2.80%	19.70%	34.00%	40.40%	水平2
	11	−0.18	0.13	−0.37	−0.72	7.90%	9.80%	46.10%	22.10%	14.20%	水平3
	12	0.15	0.36	−0.03	−0.45	18.60%	19.40%	45.80%	13.10%	3.00%	水平3
	总计	−0.56	−0.14	−0.76	−1.07	4.60%	5.10%	24.90%	28.20%	37.20%	水平2

从表3-14可以看出，A区各年级平均能力水平为水平2，7年级、8年级和10年级的平均水平都在水平1，低于各年级平均水平。10年级没有水平4和水平5的学生。11年级和12年级的平均水平都在水平3，高于各年级平均水平。12年级水平4学生有20.2%，水平5学生有6.7%。11年级水平4学生有8.4%，水平5学生有4.9%。

B区各年级平均能力水平为水平2，7年级、8年级的平均水平都在水平1，低于各年级平均水平。10年级、11年级和12年级的平均水平都在水平3，高于各年级平均水平。水平4、水平5的学生随年级递增。

表3.15　A区和B区平均能力值比较

比较项		平均能力值比较							
		总能力值		A能力值		B能力值		C能力值	
		均值差	显著性	均值差	显著性	均值差	显著性	均值差	显著性
A区—B区	7年级	−0.089	0.010	−0.064	0.007	−0.038	0.280	−0.010	0.758
	8年级	−0.128	0.004	−0.091	0.001	−0.148	0.000	−0.081	0.038
	10年级	−0.683	0.000	−0.458	0.000	−0.682	0.000	−0.600	0.000
	11年级	−0.329	0.000	−0.240	0.000	−0.297	0.000	−0.222	0.000
	12年级	−0.268	0.000	−0.202	0.000	−0.258	0.000	−0.161	0.001
	总体	−0.223	0.000	−0.154	0.000	−0.199	0.000	−0.149	0.000

续表

比较项		平均能力值比较							
		总能力值		A 能力值		B 能力值		C 能力值	
		均值差	显著性	均值差	显著性	均值差	显著性	均值差	显著性
A 区一总样本	7 年级	−0.055	0.089	−0.040	0.074	−0.024	0.476	−0.006	0.838
	8 年级	−0.061	0.123	−0.043	0.073	−0.070	0.056	−0.039	0.255
	10 年级	−0.225	0.000	−0.151	0.000	−0.224	0.000	−0.198	0.000
	11 年级	−0.130	0.002	−0.095	0.001	−0.117	0.007	−0.088	0.026
	12 年级	−0.148	0.000	−0.112	0.000	−0.142	0.001	−0.089	0.033
	总体	−0.110	0.000	−0.076	0.000	−0.098	0.000	−0.073	0.000
B 区一总样本	7 年级	0.034	0.204	0.024	0.189	0.014	0.596	0.004	0.881
	8 年级	0.068	0.080	0.048	0.049	0.078	0.035	0.043	0.206
	10 年级	0.458	0.000	0.307	0.000	0.458	0.000	0.403	0.000
	11 年级	0.199	0.000	0.145	0.000	0.180	0.000	0.135	0.002
	12 年级	0.120	0.004	0.091	0.002	0.116	0.008	0.072	0.080
	总体	0.113	0.000	0.078	0.000	0.101	0.000	0.075	0.000

从表 3.15 可以看出，B 区学生的单维总平均能力值和 A、B、C3 个层次的平均能力值都略高于 A 区学生。B 区学生各平均能力值均略高于总样本。A 区则略低于总样本。

7 年级 B 区学生 A 能力和 B 能力略高于 A 区，C 能力差别不大。总能力水平 5 个等级中，两区都无水平 5 的学生，水平 4 的学生都不到 1%。水平 3 和水平 2 的学生 B 区略高于 A 区。

8 年级 B 区学生 A 能力、B 能力和 C 能力都高于 A 区。总能力水平 5 个等级中，两区水平 5 和水平 4 的学生都不到 1%。水平 3 和水平 2 的学生 B 区高于 A 区。

10 年级 B 区学生 A 能力、B 能力和 C 能力都明显高于 A 区。总能力水平 5 个等级中，A 区没有水平 5 和水平 4 的学生。B 区有水平 5 和水平 4 的学生，水平 3 的学生也明显高于 A 区。

11年级B区学生A能力、B能力和C能力都高于A区。总能力水平5个等级中，水平5、水平4和水平3的学生B区明显高于A区。

12年级B区学生A能力、B能力和C能力都高于A区。总能力水平5个等级中，水平5的学生B区明显高于A区。

总样本B区学生A能力、B能力和C能力都高于A区。总能力水平5个等级中，水平5和水平4的学生海淀区高于A区。

三、学校情况比较

通过统计分析可以比较不同学校的学生在历史学科能力方面的差异。表3-16是A区初中各学校历史学科能力水平比较。

表3.16　A区初中各学校能力水平比较

A区学校代码	年级	能力均值	中值	标准差	水平1 <−0.75	水平2 [−0.34，−0.75]	水平3 [0.29，−0.33]	水平4 [0.55，0.30]	水平5 >0.55
1	7	−0.64	−0.63	0.46	37.50%	41.30%	21.30%		
	8	−1.1	−0.99	0.77	73.00%	20.60%	6.30%		
2	7	−1.31	−1.19	0.45	90.00%	10.00%			
	8	−1.05	−1.1	0.36	80.00%	20.00%			
3	7	−0.54	−0.53	0.37	28.20%	48.70%	20.50%	2.60%	
	8	−0.86	−0.99	0.51	58.60%	27.60%	13.80%		
4	7	−0.81	−0.68	0.46	44.40%	47.20%	8.30%		
	8	−0.85	−1.04	0.87	72.70%	18.20%	4.50%	4.50%	4.50%
5	7	−0.93	−0.88	0.47	60.50%	36.80%	2.60%		
	8	−0.78	−0.78	0.38	52.60%	36.80%	10.50%		
6	7	−1.08	−0.99	0.59	71.40%	22.90%	5.70%		
	8	−1.2	−1.15	0.32	100.00%				
7	7	−1.24	−1.21	0.5	88.60%	8.60%	2.90%		
	8	−0.96	−0.96	0.18	85.70%	14.30%			

续表

A区学校代码	年级	能力均值	中值	标准差	水平1 <−0.75	水平2 [−0.34，−0.75]	水平3 [0.29，−0.33]	水平4 [0.55，0.30]	水平5 >0.55
8	7	−1.27	−1.15	0.51	92.30%	7.70%			
	8	−0.26	−0.28	0.1	38.50%	61.50%			
9	7	−0.69	−0.68	0.45	27.50%	57.50%	15.00%		
	8	−0.61	−0.63	0.13	17.10%	82.90%			
一类校	7	−0.66	−0.63	0.47	38.28%	41.41%	19.53%	0.78%	
	8	−1.03	−1.02	0.64	71.31%	22.13%	6.56%		
二类校	7	−0.94	−0.88	0.51	58.72%	35.78%	5.50%		
	8	−0.94	−0.99	0.62	75.21%	11.57%	9.92%	1.65%	1.65%
三类校	7	−1.03	−0.93	0.55	65.35%	27.72%	6.93%		
	8	−0.55	−0.53	0.28	24.00%	54.67%	21.33%		
A区初中	7	−0.86	−0.78	0.53	53.00%	35.50%	11.20%	0.30%	
	8	−0.88	−0.83	0.59	61.60%	25.80%	11.30%	0.60%	0.60%

从表中可知，A区初中学校1、学校3、学校4和学校6的7年级学生平均能力值高于8年级，学生能力随年级升高而递减。其他5所学校7年级学生平均能力值低于8年级，学生能力随年级升高而递增。一类校7年级学生平均能力值高于8年级。二类校2个年级学生平均能力值相同。三类校7年级学生平均能力值低于8年级。总体情况7年级学生平均能力值略高于8年级。学校2、学校8的学生处于水平1和水平2，没有高水平学生。学校4的8年级有9%的学生处于水平4和水平5，说明有部分学生达到较高能力水平。

表 3.17　A 区高中各学校能力水平比较

A 区学校代码	年级	能力均值	中位数	标准差	水平 1 <-0.75	水平 2 [-0.34，-0.75]	水平 3 [0.29，-0.33]	水平 4 [0.55，0.30]	水平 5 >0.55
学校 1	10	-0.64	-0.53	0.22	31.50%	42.50%	26.00%	31.50%	
	11	0.03	0.18	0.41	13.80%	10.80%	36.90%	24.60%	13.80%
	12		无				无		
学校 2	10	-0.81	-0.73	0.28	50.00%	32.40%	17.60%	50.00%	
	11	-0.01	-0.01	0.16	3.40%	17.20%	62.10%	6.90%	10.30%
	12	-1.11	-1.11	0.03	100%				
学校 3	10	-0.98	-0.83	0.21	62.50%	34.40%	3.10%	62.50%	
	11	-0.54	-0.56	0.19	23.50%	41.20%	32.40%	2.90%	
	12	0.11	0.04	0.11		15.40%	51.30%	25.60%	7.70%
学校 4	10	-0.63	-0.58	0.2	34.00%	42.60%	23.40%	34.00%	
	11	-0.11	-0.13	0.1	3.40%	22.40%	63.80%	6.90%	3.40%
	12	0.13	0.18	0.17	4.80%	9.50%	46.00%	27.00%	12.70%
学校 5	10 11 12	无							
学校 6	10	-2.12	-2.05	1.5	93.90%	6.10%			
	11	-1.37	-0.96	0.65	100%				
	12	无							
学校 7	10	-1.08	-1，10	0.172	.75.90%	20.70%	3.40%		
	11	-0.52	-0.49	0.1	28.60%	46.40%	25.00%		
	12	-0.23	-0.3	0.1	10.05%	36.80%	36.80%	15，80%	
学校 8	10	-1.05	-1.15	0.159	73.90%	21.70%	4.30%		
	11	-0.69	-0.73	0.168	42.10%	31.60%	26.30%		
	12	0.06	0.09	0.07		8.00%	72.00%	20.00%	

续表

A区学校代码	年级	能力均值	中值	标准差	水平1 <−0.75	水平2 [−0.34，−0.75]	水平3 [0.29，−0.33]	水平4 [0.55，0.30]	水平5 >0.55
学校9	10	−0.79	−0.68	0.21	45.20%	47.60%	7.10%		
	11	−0.53	−0.44	0.19	29.30%	43.90%	24.40%	2.40%	
	12	0.39	0.43	0.298	3.40%	31.00%	58.60%	3.40%	3.40%
一类校均值	10	−0.48	−0.49	0.38	30.00%	37.30%	22.00%	2.00%	8.70%
	11	0.01	0.04	0.25	7.20%	13.90%	53.30%	13.90%	11.70%
	12	0.36	0.38	0.25	2.80%	6.50%	33.30%	21.30%	36.10%
二类校均值	10	−0.89	−0.68	0.93	45.40%	29.40%	20.90%	3.10%	1.20%
	11	−0.3	−0.25	0.37	17.80%	25.60%	41.90%	10.10%	4.70%
	12	0.18	0.14	0.25	3.60%	8.90%	47.30%	20.50%	19.60%
三类校均值	10	−0.82	−0.78	0.28	52.50%	32.00%	13.10%	2.50%	
	11	−0.4	−0.39	0.27	25.00%	33.90%	32.10%	3.60%	5.40%
	12	−0.09	−0.11	0.14	2.80%	22.60%	58.50%	12.30%	3.80%
四类校均值	10	−0.5	−0.58	0.15	18.20%	48.50%	27.30%	6.10%	
	11	−0.06	−0.09	0.14	6.00%	16.00%	62.00%	8.00%	
	12	0.12	0.14	0.18	2.80%	15.50%	43.70%	25.40%	12.70%
A区高中所有学校	10	−0.94	−0.78	0.53	52.50%	34.10%	13.40%		
	11	−0.31	−0.3	0.34	20.70%	26.70%	39.30%	8.40%	4.90%
	12	0	0.02	0.17	4.50%	17.40%	51.10%	20.20%	6.70%

从表3.17可知，A区高中除学校2之外，其他学校学生平均能力值随年级升高而递增。学校2的学生平均能力值11年级高于10年级，10年级高于12年级；12年级的学生样本全部处于水平1。学校6水平较低，11年级都处于水平1，10年级约94%处于水平1。学校1、学校2、学校3、学校4水平4、水平5的学生较其他学校多。

表3.18和表3.19分别是B区初中和高中各个学校学生能力水平的数据。

表 3.18　B 区初中各学校能力水平比较

B区学校代码	年级	能力均值	中位数	标准差	水平 1 <−0.75	水平 2 [−0.34, −0.75]	水平 3 [0.29, −0.33]	水平 4 [0.55, 0.30]	水平 5 >0.55
学校 10	7	−0.63	−0.61	0.47	36.96%	32.61%	29.35%	1.09%	
	8	−0.55	−0.53	0.3	21.82%	54.55%	23.64%		
学校 11	7	−0.62	−0.63	0.37	40.00%	37.14%	21.43%	1.43%	
	8	−0.73	−0.78	0.48	50.88%	33.33%	14.04%		1.75%
学校 12	7	−0.81	−0.83	0.37	53.73%	38.81%	7.46%		
	8	−0.68	−0.68	0.34	42.86%	42.86%	14.29%		
学校 13	7	−0.66	−0.63	0.43	37.88%	42.42%	18.94%	0.76%	
	8	−0.64	−0.58	0.41	35.71%	41.07%	23.21%		
学校 14	7	−1.1	−0.99	0.58	76.47%	17.65%	5.88%		
	8	−1.81	−1.33	1.22	100%				
学校 15	7	−1.11	−1.1	0.46	80.56%	16.67%	2.78%		
	8	−0.99	−1.15	0.44	71.43%	14.29%	14.29%		
学校 16	7	−0.93	−0.88	0.38	63.64%	36.36%			
	8	−1.33	−1.3	0.26	100%				
学校 17	7	−0.69	−0.73	0.41	47.62%	35.71%	14.29%	2.38%	
	8	−0.74	−0.78	0.31	55.56%	33.33%	11.11%		
学校 18	7	−0.88	−0.88	0.49	56.25%	28.13%	15.63%		
	8	−0.69	−0.63	0.5	42.42%	30.30%	24.24%	3.03%	
学校 19	7	−1.84	−1.68	0.76	100%				
	8	−1.25	−1.13	0.44	100%				
学校 20	7	−1.1	−1.21	0.35	86.67%	6.67%	6.67%		
	8	−0.98	−0.93	0.34	90.91%		9.09%		
一类校均值	7	−0.76	−0.78	0.38	51.82%	37.27%	10.00%	0.91%	
	8	−0.7	−0.71	0.33	46.67%	40.00%	13.33%		
二类校均值	7	−0.64	−0.63	0.43	38.10%	38.10%	22.79%	1.02%	
	8	−0.64	−0.61	0.41	36.31%	42.86%	20.24%		0.60%

续表

B区学校代码	年级	能力均值	中值	标准差	水平1 <-0.75	水平2 [-0.34，-0.75]	水平3 [0.29，-0.33]	水平4 [0.55，0.30]	水平5 >0.55
三类校均值	7	-0.97	-0.93	0.59	60.56%	25.35%	14.08%		
	8	-0.84	-0.88	0.54	57.78%	22.22%	17.78%	2.22%	
四类校均值	7	-1.08	-1.1	0.46	78.48%	17.72%	3.80%		
	8	-1.15	-1.1	0.66	83.72%	6.98%	9.30%		
B区初中所有学校	7	-0.77	-0.73	0.48	49.46%	33.39%	16.43%	0.72%	
	8	-0.76	-0.71	0.5	47.90%	33.92%	17.48%	0.35%	0.35%

表3.18可以看出，B区初中学校11、学校14、学校16和学校17的7年级学生平均能力值高于8年级，学生能力随年级升高而递减。其他7所学校7年级学生平均能力值低于8年级，学生能力随年级升高而递增。一类校7年级学生平均能力值略低于8年级。二类校两个年级学生平均能力值相同。三类校7年级学生平均能力值低于8年级。四类校7年级学生平均能力值略低于8年级。总体情况7年级学生平均能力值略低于8年级。学校16、学校19的学生处于水平1和水平2，没有高水平学生。学校10、学校11、学校13、学校17、学校18有部分学生达到较高能力水平。

表3.19　B区高中各学校能力水平比较

B区学校代码	年级	能力均值	中位数	标准差	水平1 <-0.75	水平2 [-0.34，-0.75]	水平3 [0.29，-0.33]	水平4 [0.55，0.30]	水平5 >0.55
学校10	12	0.28	0.36	0.57	6.25%	6.25%	31.25%	25.00%	31.25%
学校11	10	-0.29	-0.34	0.43	5.88%	50.00%	29.41%	11.76%	2.94%
	11	-0.13	-0.15	0.40	6.06%	30.30%	45.45%	15.15%	3.03%
	12	-0.03	-0.04	0.32	5.56%	0.00%	83.33%	11.11%	0.00%
学校12	10	-0.75	-0.78	0.26	54.55%	45.45%	0.00%	0.00%	0.00%
	11	-0.04	0.04	0.33	4.65%	9.30%	76.74%	6.98%	2.33%

续表

B区学校代码	年级	能力均值	中值	标准差	水平1 <−0.75	水平2 [−0.34, −0.75]	水平3 [0.29, −0.33]	水平4 [0.55, 0.30]	水平5 >0.55
学校13	10	−0.22	−0.15	0.41	13.79%	20.69%	58.62%	3.45%	3.45%
	11	−0.02	0.09	0.53	4.55%	18.18%	45.45%	22.73%	9.09%
	12	0.39	0.43	0.55	0.00%	8.11%	35.14%	18.92%	37.84%
学校14	10	−0.53	−0.58	0.27	18.18%	54.55%	27.27%	0.00%	0.00%
	11	0.18	0.14	0.34	0.00%	6.67%	60.00%	13.33%	20.00%
	12	0.35	0.38	0.38	0.00%	0.00%	42.11%	31.58%	26.32%
学校15	10	−0.27	−0.25	0.41	7.69%	30.77%	46.15%	15.38%	0.00%
	11	−0.06	−0.11	0.30	6.25%	12.50%	68.75%	12.50%	0.00%
	12	−0.09	−0.06	0.39	10.53%	21.05%	47.37%	21.05%	0.00%
学校16	10	−0.96	−1.04	0.35	66.67%	33.33%	0.00%	0.00%	0.00%
	11	−0.15	−0.06	0.28	0.00%	27.27%	72.73%	0.00%	0.00%
	12	0.30	0.26	0.37	0.00%	10.00%	40.00%	30.00%	20.00%
学校17	10	0.65	0.75	0.34	0.00%	0.00%	15.79%	15.79%	68.42%
	11	0.59	0.75	0.45	0.00%	7.14%	14.29%	14.29%	64.29%
	12	0.71	0.69	0.40	0.00%	0.00%	15.91%	13.64%	70.45%
学校18	10	−0.60	−0.57	0.56	28.57%	42.86%	28.57%	0.00%	0.00%
	11	0.32	0.38	0.37	0.00%	0.00%	50.00%	12.50%	37.50%
学校19	10	−0.17	−0.15	0.49	14.29%	14.29%	50.00%	21.43%	0.00%
	11	0.17	0.09	0.52	0.00%	6.25%	62.50%	12.50%	18.75%
	12	0.00	−0.06	0.37	0.00%	18.18%	60.61%	12.12%	9.09%
学校20	10	−0.70	−0.73	0.21	16.67%	83.33%	0.00%	0.00%	0.00%
	11	−0.37	−0.38	0.45	25.00%	25.00%	37.50%	0.00%	12.50%
	12	−0.15	−0.11	0.32	0.00%	38.46%	46.15%	15.38%	0.00%
一类校均值	10	0.14	0.41	0.75	20.00%	16.67%	10.00%	10.00%	43.33%
	11	0.12	0.09	0.45	3.51%	8.77%	61.40%	8.77%	17.54%
	12	0.71	0.69	0.40	0.00%	0.00%	15.91%	13.64%	70.45%

续表

B区学校代码	年级	能力均值	中值	标准差	水平1 <−0.75	水平2 [−0.34，−0.75]	水平3 [0.29，−0.33]	水平4 [0.55，0.30]	水平5 >0.55
二类校均值	10	−0.25	−0.30	0.42	9.52%	36.51%	42.86%	7.94%	3.17%
	11	−0.09	−0.06	0.46	5.45%	25.45%	45.45%	18.18%	5.45%
	12	0.26	0.18	0.53	2.82%	5.63%	46.48%	18.31%	26.76%
三类校均值	10	−0.39	−0.30	0.56	21.43%	28.57%	39.29%	10.71%	0.00%
	11	0.22	0.12	0.47	0.00%	4.17%	58.33%	12.50%	25.00%
	12	0.00	−0.06	0.37	0.00%	18.18%	60.61%	12.12%	9.09%
四类校均值	10	−0.50	−0.58	0.39	18.18%	48.48%	27.27%	6.06%	0.00%
	11	−0.06	−0.09	0.37	6.00%	16.00%	62.00%	8.00%	8.00%
	12	0.13	0.14	0.42	2.82%	15.49%	43.66%	25.35%	12.68%
B区高中所有学校	10	−0.25	−0.3	0.56	15.58%	33.77%	32.47%	8.44%	9.74%
	11	0.02	0.04	0.45	4.30%	15.05%	56.45%	11.83%	12.37%
	12	0.27	0.23	0.51	1.83%	9.59%	41.55%	18.72%	28.31%

从表3.19可知，B区高中除学校17之外，其他学校学生平均能力值随年级升高而递增，学校17的学生平均能力值11年级低于10年级。学校15没有水平5的学生，学校11和学校12水平5的学生较少。学校17水平5的学生较其他学校多，各年级都超过60%。

第四节　基于主题的学科能力表现试题分析

本次测试由两个知识主题——中国古代政治和中国古代农业与经济，以及一个活动主题——历史问题探究构成。以下按主题对每道题的答题情况进行统计分析，以了解全体参加测试的学生在每个主题下各项学科能力的表现。

一、中国古代政治试题分析

1. 请将下列中国古代中央官职或机构填入相应的朝代后面(填写字母即可)。3分

A. 尚书、中书、门下　B. 内阁　C. 丞相、太尉、御史大夫

秦朝设____，唐朝设____，明朝设____。

评分标准：3分：C/A/B　填对一空1分。

	等级分	总样本	初　中	高　中
等级得分情况(人次百分比)	3分	77.0%	62.0%	94.0%
	2分	00.0%	00.0%	00.0%
	1分	16.0%	27.0%	5.0%
	0分	7.0%	12.0%	1.0%

本题考查学生A1记忆能力，记忆中国古代主要朝代的中央官职。从图表可以看出，能够准确将各朝代和其中央官职对应、达到较高记忆水平的学生，总样本中占77.0%，初中占62.0%，高中占94.0%。只能够准确对应一个朝代中央官职、具备一定记忆水平的学生，总样本中占16.0%，初中占27.0%，高中占5.0%。不能将中央官职和朝代准确对应、记忆水平不高的学生，总样本中占7.0%，初中占12.0%，高中占1.0%。

2. 请将下列史实分类。3分

序　号	史　实
①	秦朝设立郡县。
②	汉朝颁布“推恩令”。
③	唐朝实行科举制。
④	北宋用文臣做知州。
⑤	元朝设立行省。
⑥	明朝废丞相。
⑦	清朝设军机处。

评分标准：

3分：分3类，合理，史实对应准确。

2分：分3类，较合理，史实对应有个别不准确。

1分：分2类，较合理，史实对应有个别不准确。

或有分类，只有一类对应正确。

	等级分	总样本	初　中	高　中
等级得分情况（人次百分比）	3分	10.0%	4.0%	16.0%
	2分	16.0%	6.0%	26.0%
	1分	23.0%	17.0%	31.0%
	0分	51.0%	73.0%	27.0%

本题考查学生A2概括能力，能将重要的史实按相同的属性分类。

从图表可以看出，能够对中国古代政治制度相关史实进行合理准确的分类、具备较高概括能力的学生，总样本中占10.0%，初中占4.0%，高中16.0%。能够对中国古代政治制度相关史实进行较合理的分类，个别地方不太准确，具备一定概括能力的学生，总样本中占39.0%，初中占23.0%，高中57.0%。

不能够对中国古代政治制度相关史实进行合理准确分类，概括能力不强的学生，总样本中占51.0%，初中占73.0%，高中占27.0%。

3. 右图为中国古代某朝代的中央机构，请对图示进行说明(需说出朝代)。图略。3分

得分点：(1)秦朝；(2)皇帝与三公的关系(能表达出三公的权力最终操纵在皇帝手里的意思即可)；(3)三公的职能。

每个要点1分，共3分。

	等级分	总样本	初　中	高　中
等级得分情况（人次百分比）	3分	9.0%	2.0%	16.0%
	2分	32.0%	22.0%	43.0%
	1分	43.0%	50.0%	36.0%
	0分	16.0%	27.0%	5.0%

本题考查学生 A3 说明能力，能用文字说明图示要表达的秦朝中央官职之间的关系。

从图表可以看出，能全面说明秦朝中央官职之间关系、具备较高说明能力的学生，总样本中占 9.0%，初中占 2.0%，高中占 16.0%。能部分说明秦朝中央官职之间关系、具备一定说明能力的学生，总样本中占 75.0%，初中占 72.0%，高中占 79.0%。不能说明秦朝中央官职之间关系、说明能力较差的学生，总样本中占 16.0%，初中占 27.0%，高中占 5.0%。

4. 西汉初期，对地方的管理采取郡县和王国并行，很多王国“连城数十，地方千里”。汉武帝以后，王国辖地缩小，朝廷直辖土地扩大。请你说说出现这种变化的原因。3 分。

得分点：(1)“推恩令”；(2)王国分出很多小侯国(王国越分越小)；(3)侯国归郡(中央)管辖。

每个要点 1 分，共 3 分。

	等级分	总样本	初　中	高　中
等级得分情况(人次百分比)	3 分	4.0%	1.0%	7.0%
	2 分	18.0%	5.0%	32.0%
	1 分	29.0%	21.0%	37.0%
	0 分	49.0%	72.0%	24.0%

本题考查学生 B1 解释能力，能用推恩令解释汉武帝以后，王国辖地缩小，朝廷直辖土地扩大的原因。

从图表可以看出，能说出汉武帝以后，王国辖地缩小，朝廷直辖土地扩大的原因是颁布了“推恩令”并作具体阐释、具备较高解释能力的学生，总样本中占 4.0%，初中占 1.0%，高中占 7.0%。能作部分具体阐释、具备一定解释能力的学生，总样本中占 18.0%，初中占 5.0%，高中占 32.0%。知道原因是颁布了“推恩令”但是没有作具体阐释的学生，总样本中占 29.0%，初中占 21.0%，高中占 37.0%。没有答对、解释能力较差的学生，总样本中占 49.0%，初中占

72.0%，高中占 24.0%。

5. 阅读下列材料，回答问题。

科举制创立于隋朝，完善于唐朝。唐太宗时，增加了考试科目，以进士、明经两科为主。明经科主要考经义(记住内容就可以考好，较容易)，进士科主要考时务策、经义，唐高宗时加试杂文(诗赋)，至玄宗时改为考诗赋为主。士子考取进士后，还需由吏部复试，复试合格，才可授官充当州县长官的幕僚，或经朝官推荐，以候补官员的资格正式入仕。……科举考试原则上规定，除了贱民阶层，一般平民都可以参加考试。

——樊树志《国史概要》

请你依据上述材料，推断唐朝科举制的作用。3 分

得分点：(1)打破特权垄断，扩大统治基础；(2)利于人才脱颖而出；(3)提高官员文化素质。

每个要点 1 分，共 3 分。

	等级分	总样本	初　中	高　中
等级得分情况(人次百分比)	3 分	7.0%	1.0%	13.0%
	2 分	32.0%	23.0%	43.0%
	1 分	49.0%	61.0%	36.0%
	0 分	12.0%	15.0%	8.0%

本题考查学生 B2 推断能力，能从科举制的内容推断其作用。

从图表可以看出，能从 3 个方面推断科举制作用、具备较高推断能力的学生，总样本中占 7.0%，初中占 1.0%，高中占 13.0%。能从一两个方面推断、具备一定推断能力的学生，总样本中占 81.0%，初中占 84.0%，高中占 79.0%。不能作出正确推断、能力较差的学生，总样本中占 12.0%，初中占 15.0%，高中占 8.0%。

6. 依据所学知识，简要评价宋太祖赵匡胤。3 分

得分点：(1)建立北宋，结束五代十国分裂局面；(2)采取措施加强中央集

权；(3)造成积贫积弱等弊端。每个要点一分，共3分。

	等级分	总样本	初　中	高　中
等级得分情况（人次百分比）	3分	3.0%	00.0%	6.0%
	2分	11.0%	1.0%	21.0%
	1分	24.0%	20.0%	29.0%
	0分	62.0%	79.0%	44.0%

本题考查学生B3评价能力，能用史实评价宋太祖。

从图表可以看出，能从3个方面评价宋太祖、具备较高评价能力的学生，总样本中占3.0%，初中无，高中占6.0%。能从一两个方面评价、具备一定评价能力的学生，总样本中占35.0%，初中占21.0%，高中占50.0%。不能作出正确评价、能力较差的学生，总样本中占62.0%，初中占79.0%，高中占44.0%。

7. 班里要举办历史故事会，请你从中国古代史选一个自己最熟悉的政治事件，拟个标题，叙述一下事件的来龙去脉。3分

评分标准：

3分：能准确说出历史事件的时代、地点、人物；发生发展过程，结果；叙述具体，有条理。

2分：符合2点。

1分：符合1点。

	等级分	总样本	初　中	高　中
等级得分情况（人次百分比）	3分	10.0%	5.0%	16.0%
	2分	26.0%	22.0%	30.0%
	1分	32.0%	41.0%	22.0%
	0分	32.0%	32.0%	32.0%

本题考查学生C1叙述能力，能完整准确叙述一个政治事件的来龙去脉。

从图表可以看出，能完整准确叙述一个政治事件的来龙去脉、具备较高叙述能力的学生，总样本中占10.0%，初中占5.0%，高中占16.0%。能作出部分叙

述、具备一定叙述能力的学生，总样本中占58.0%，初中占63.0%，高中占52.0%。不能作出正确叙述、能力较差的学生，总样本中占32.0%，初中占32.0%，高中占32.0%。

8. 中国古代的中央集权制，从秦朝形成，一直沿用到清朝。有人说它好，有人则说它不好。你怎么看待中国古代的中央集权制？请用史实论证你的观点。4分

评分标准：

4分：能从正反两方面的作用来说明；史实准确，能支撑论点；叙述有条理。

3分：能从一个方面的作用来说明；史实准确，能支撑论点；叙述有条理。

或能从两个方面的作用来说明；一个方面史实准确，能支撑论点；叙述有条理。另一个方面不太准确。

2分：能从两方面的作用来说明；两个方面的史实能支撑论点但都不太准确。

1分：能从一个方面的作用来说明；史实能支撑论点但不太准确。

	等级分	总样本	初 中	高 中
等级得分情况（人次百分比）	4分 3分	1.0% 11.0%	1.0% 6.0%	1.0% 18.0%
	2分	33.0%	28.0%	38.0%
	1分	41.0%	49.0%	33.0%
	0分	13.0%	16.0%	10.0%

本题考查学生C2论证能力，能用史实论证中国古代中央集权制的优缺点。

从图表可以看出，能用史实充分论证中国古代中央集权制的优缺点、具备高水平论证能力的学生，总样本中占1.0%，初中占1.0%，高中占1.0%。能用史实比较充分论证、具备较高论证能力的学生，总样本中占11.0%，初中占6.0%，高中占18.0%。能用史实进行论证但是不太准确、有一定论证能力的学生，总样本中占74.0%，初中占77.0%，高中占71.0%。没有答对、论证能力较差的学生，总样本中占13.0%，初中占16.0%，高中占10.0%。

9. 读示意图回答问题。

观察3幅示意图，你有什么想法？请写出来。(秦朝、唐朝、明朝中央官制示意图略)3分

评分标准：本题为开放性试题，言之有理即可得分。

3分：能提出自己的合理看法；对观点进行论证；论据准确。

2分：符合2点。

1分：符合1点。

	等级分	总样本	初　中	高　中
等级得分情况（人次百分比）	3分	2.0%	1.0%	4.0%
	2分	20.0%	13.0%	29.0%
	1分	52.0%	47.0%	57.0%
	0分	26.0%	40.0%	10.0%

本题考查学生C3探究能力，能从材料中发现问题或规律并进行准确的阐释或论证。

从图表可以看出，能从材料中发现问题或规律并进行准确全面的阐释或论证、具备高水平探究能力的学生，总样本中占2.0%，初中占1.0%，高中占4.0%。能从材料中发现问题或规律并进行一些阐释或论证、具备较高探究能力的学生，总样本中占20.0%，初中占13.0%，高中占29.0%。能从材料中发现问题或规律、具备一定探究能力的学生，总样本中占52.0%，初中占47.0%，高中占57.0%。不能发现问题并作出正确论证、能力较差的学生，总样本中占26.0%，初中占40.0%，高中占10.0%。

二、中国古代农业与经济试题分析

10. 我国考古工作者在黄河流域和长江流域发现了很多远古人类的遗址，遗址中保存着古人类使用过的磨制的石刀、石斧、骨耜，还有农作物粟、稻等遗存。请完成下列表格，将遗址和其所处地理区域、遗存的农作物对应。3分

	陕西西安半坡遗址	浙江余姚河姆渡遗址
地理区域(流域)	黄河流域	长江流域
农作物	粟	稻

2分：3～4空正确。

1分：1～2空正确。

	等级分	总样本	初　中	高　中
等级得分情况（人次百分比）	2分	57.0%	41.0%	11.0%
	1分	23.0%	31.0%	15.0%
	0分	20.0%	29.0%	74.0%

本题考查学生A1记忆能力，记忆中国古代农作物的地域分布。

从图表可以看出，能够准确将农作物和地域对应、达到较高记忆水平的学生，总样本中占57.0%，初中占41.0%，高中占11.0%。只能够准确对应一部分内容、具备一定记忆水平的学生，总样本中占23.0%，初中占31.0%，高中占15.0%。不能将农作物和地域对应、记忆水平不高的学生，总样本中占20.0%，初中占29.0%，高中占74.0%。

11. 下图中所示反映都江堰水利工程的是序号____，该工程建于____时期，主要作用是________。(图略)3分

得分点：(1)①；(2)战国时期；(3)防洪灌溉。

每个要点1分，共3分。

	等级分	总样本	初　中	高　中
等级得分情况（人次百分比）	3分	13.0%	5.0%	23.0%
	2分	24.0%	15.0%	35.0%
	1分	33.0%	38.0%	29.0%
	0分	29.0%	43.0%	13.0%

本题考查学生A1记忆能力，记忆中国古代都江堰水利工程的地点，建立时间和功能。

从图表可以看出，能够准确说出都江堰水利工程的地点、建立时间和功能3个要素，达到很高记忆水平的学生，总样本中占13.0%，初中占5.0%，高中占23.0%。只能够准确说出两个要素、具备较高记忆水平的学生，总样本中占24.0%，初中占15.0%，高中占35.0%。只能够准确说出一个要素、具备一些记忆水平的学生，总样本中占33.0%，初中占38.0%，高中占29.0%。不能准确说出都江堰水利工程的地点、建立时间和功能3个要素、记忆水平不高的学生，总样本中占29.0%，初中占43.0%，高中占13.0%。

12. 夏、商、周时期普遍使用耒耜耕地，人用脚踏的力量踏耒入土，进行耕作，两人一组互相配合开沟作垄。春秋战国时期发明铁农具，开始用牛拉铁犁耕作土地。请你说说，铁农具和牛耕推广以后，对农业生产会产生什么作用。3分

得分点：(1)提高生产效率；(2)节省人力；(3)扩大农业用地开垦。

每个要点1分，共3分。

	等级分	总样本	初　中	高　中
等级得分情况（人次百分比）	3分	3.0%	4.0%	3.0%
	2分	32.0%	33.0%	33.0%
	1分	42.0%	44.0%	39.0%
	0分	23.0%	20.0%	25.0%

本题考查学生B2推断能力，推断铁农具和牛耕推广以后，对农业生产的作用。

从图表可以看出，能够全面推断铁农具和牛耕的作用、达到很高推断水平的学生，总样本中占3.0%，初中占4.0%，高中占3.0%。能够推断铁农具和牛耕的部分作用、具备一定推断能力的学生，总样本中占74.0%，初中占77.0%，高中占72.0%。不能准确推断铁农具和牛耕的作用、推断能力水平不高的学生，总样本中占23.0%，初中占20.0%，高中占25.0%。

13. 春秋战国时期发明了抗旱防涝的垄作法，把农田土壤做成高低不平的垄和沟，高出的为垄，低下的为沟。地势高、干旱风大的地方，农作物就种在沟

里。地势低、潮湿的地方，农作物就种在垄上。请根据上述描述结合自己的理解绘制垄作法的示意图。3分

得分点：(1)图示有沟垄，作物在垄上；(2)图示有沟垄，作物在沟里；(3)有文字或图标说明是在地势高，干旱风大的地方，或是地势低，潮湿的地方。

每个要点1分，共3分。

	等级分	总样本	初　中	高　中
等级得分情况（人次百分比）	3分	33.0%	30.0%	37.0%
	2分	19.0%	18.0%	19.0%
	1分	17.0%	19.0%	14.0%
	0分	32.0%	33.0%	30.0%

本题考查学生A3说明能力，用图示说明垄作法。

从图表可以看出，能够用图示对垄作法作全面描绘、达到很高说明水平的学生，总样本中占33.0%，初中占30.0%，高中占37.0%。能够用图示对垄作法作部分描绘、有一定说明能力的学生，总样本中占36.0%，初中占37.0%，高中占33.0%。不能用图示描绘垄作法、说明能力水平不高的学生，总样本中占32.0%，初中占33.0%，高中占30.0%。

14. 结合上题，请你说说垄作法的作用和优点。3分

得分点：(1)防旱保墒；(2)防洪涝；(3)因地制宜有利于精耕细作。

每个要点1分，共3分。

	等级分	总样本	初　中	高　中
等级得分情况（人次百分比）	3分	5.0%	1.0%	10.0%
	2分	28.0%	30.0%	27.0%
	1分	33.0%	26.0%	40.0%
	0分	34.0%	43.0%	23.0%

本题考查学生B3评价能力，评价垄作法的优点。

从图表可以看出，能够对垄作法作全面准确评价、达到很高评价能力水平的

学生，总样本中占5.0%，初中占1.0%，高中占10.0%。能够对垄作法作部分评价、有一定评价能力的学生，总样本中占61.0%，初中占56.0%，高中占67.0%。不能对垄作法作出准确评价、评价能力水平不高的学生，总样本中占34.0%，初中占43.0%，高中占23.0%。

15. 西汉时期的代田法是在垄作法基础上发展而来，通过垄和沟的位置对调，让土地轮换使用，恢复地力。

请你利用上面的图示，介绍一下代田法具体的操作过程。3分

得分点：(1)在地里开沟作垄，把作物种在沟里，出苗后，逐渐把垄上的土和草培到苗根上；(2)第二年再以垄处作沟，沟处为垄；(3)沟和垄的位置如此轮番利用。

每个要点1分，共3分。

	等级分	总样本	初　中	高　中
等级得分情况（人次百分比）	3分	14.0%	23.0%	18.0%
	2分	37.0%	36.0%	43.0%
	1分	30.0%	31.0%	23.0%
	0分	20.0%	10.0%	17.0%

本题考查学生A3说明能力，用文字说明代田法。

从图表可以看出，能够用文字对代田法作全面说明、达到很高说明水平的学生，总样本中占14.0%，初中占23.0%，高中占18.0%。能够用文字对代田法作部分说明、有一定说明能力的学生，总样本中占67.0%，初中占67.0%，高中占66.0%。不能用文字描绘代田法、说明能力水平不高的学生，总样本中占20.0%，初中占10.0%，高中占17.0%。

16. 请你结合前面几道题的内容，比较一下代田法和垄作法有哪些相同和不同。3分

得分点：(1)相同：都要开沟作垄；(2)不同：代田法垄和沟的位置每年对换；(3)代田法作物种在沟里，垄作法根据土地情况可以将作物种在垄上或者沟里。

每个要点 1 分，共 3 分。

	等级分	总样本	初　中	高　中
等级得分情况（人次百分比）	3 分	5.0%	3.0%	7.0%
	2 分	18.0%	15.0%	21.0%
	1 分	27.0%	25.0%	29.0%
	0 分	50.0%	57.0%	42.0%

本题考查学生 A2 概括能力，比较代田法和垄作法的异同。

从图表可以看出，能够全面比较代田法和垄作法的异同、达到很高概括水平的学生，总样本中占 5.0%，初中占 3.0%，高中占 7.0%。能够部分比较代田法和垄作法的异同、有一定概括能力的学生，总样本中占 45.0%，初中占 40.0%，高中占 50.0%。不能比较代田法和垄作法的异同、概括能力水平不高的学生，总样本中占 50.0%，初中占 57.0%，高中占 42.0%。

17. 匈奴是生活在蒙古高原上的游牧民族，经常南下到黄河流域抢掠。西汉初期，汉高祖刘邦采取和亲政策，安抚匈奴。汉武帝时，则派兵攻打匈奴。请你从经济因素解释西汉对匈奴政策变化的原因。3 分

得分点：(1)西汉初期经济凋敝，无力对外作战，所以采取和亲政策安定边疆；(2)经过汉初休养生息，经济恢复；(3)汉武帝时期国力强盛，具备对外作战的条件，所以派兵攻打匈奴，维护边疆安全。

每个要点 1 分，共 3 分。

	等级分	总样本	初　中	高　中
等级得分情况（人次百分比）	3 分	13.0%	5.0%	22.0%
	2 分	37.0%	37.0%	37.0%
	1 分	10.0%	11.0%	10.0%
	0 分	40.0%	47.0%	32.0%

本题考查学生 B1 解释能力，从经济因素解释西汉对匈奴政策变化的原因。

从图表可以看出，能够全面系统解释原因、达到很高解释水平的学生，总样

本中占13.0%，初中占5.0%，高中占22.0%。能够部分解释原因、有一定解释能力的学生，总样本中占47.0%，初中占48.0%，高中占47.0%。不能准确解释原因、解释能力水平不高的学生，总样本中占40.0%，初中占47.0%，高中占32.0%。

18. 清朝皇帝雍正在上谕中说："朕观四民之业，士之外，农为最贵，凡士工商贾，皆赖食于农，以故农为天下之本务，而工贾皆其末也、市肆中多一工作之人，则田亩中少一耕稼之人。"

(1)请你用一句话概括上述材料中雍正的主要思想。3分

3分：用自己的话准确概括，例如，重视农业。

2分：抄原文准确，例如，士之外，农为最贵；农为天下之本务。

1分：概括不太准确。

	等级分	总样本	初　中	高　中
等级得分情况（人次百分比）	3分	32.0%	25.0%	40.0%
	2分	21.0%	31.0%	9.0%
	1分	31.0%	19.0%	44.0%
	0分	16.0%	24.0%	7.0%

本题考查学生A2概括能力，从材料中概括雍正的主要思想。

从图表可以看出，能够用自己的话准确概括雍正的主要思想、达到很高概括水平的学生，总样本中占32.0%，初中占25.0%，高中占40.0%。能够准确抄写原文、有一定概括能力的学生，总样本中占21.0%，初中占31.0%，高中占9.0%。概括不太准确的学生，总样本中占31.0%，初中占19.0%，高中占44.0%。不能准确概括的学生，总样本中占16.0%，初中占24.0%，高中占7.0%。

19. 清朝皇帝雍正在上谕中说："朕观四民之业，士之外，农为最贵，凡士工商贾，皆赖食于农，以故农为天下之本务，而工贾皆其末也、市肆中多一工作之人，则田亩中少一耕稼之人。"

(2)你怎样评价雍正的观点？3 分

3 分：有自己的判断，对或不对，或从两方面看；作出判断的依据准确。

2 分：有自己的判断，对或不对，或从两方面看；作出判断的依据不太准确。

1 分：有自己的判断，无论证，或论据错误。

	等级分	总样本	初　中	高　中
等级得分情况（人次百分比）	3 分	6.0%	3.0%	10.0%
	2 分	38.0%	28.0%	50.0%
	1 分	41.0%	51.0%	30.0%
	0 分	15.0%	19.0%	11.0%

本题考查学生 B3 评价能力，评价雍正的观点。

从图表可以看出，能够用恰当的史实对雍正的观点作全面评价、达到很高评价能力水平的学生，总样本中占 6.0%，初中占 3.0%，高中占 10.0%。能够对雍正的观点作评价、史实运用不太准确、有一定评价能力的学生，总样本中占 38.0%，初中占 28.0%，高中占 50.0%。能作出自己判断，无论据或论据不准确的学生，总样本中占 41.0%，初中占 51.0%，高中占 30.0%。不能作出准确评价、评价能力水平不高的学生，总样本中占 15.0%，初中占 19.0%，高中占 11.0%。

20. 阅读下列材料后回答问题。

材料一：(江南)地广人稀，饭稻羹鱼，或火耕而水耨……无冻饿之人，亦无千金之家。

——(西汉)司马迁《史记》

材料二：江南之为国盛矣……民户繁育，将曩时一矣(超过了以往任何时期)。地广野丰，民勤本业，一岁或稔(大丰收)，则数郡忘饥。

——(南朝)沈约《宋书》

(1)请你根据上述两段材料概括，从汉朝到魏晋南北朝，江南农业发生了哪

些变化？3分

得分点：(1)汉朝时江南尚未开发，大部分地区处于刀耕火种阶段，或答农业技术水平低；(2)解决温饱，但没有特别富裕的人；(3)魏晋南北朝时期，江南得到开发，粮食产量增加。

每个要点1分，共3分。

	等级分	总样本	初　中	高　中
等级得分情况（人次百分比）	3分	3.0%	2.0%	4.0%
	2分	22.0%	19.0%	24.0%
	1分	46.0%	45.0%	48.0%
	0分	29.0%	34.0%	24.0%

本题考查学生A2概括能力，从材料中概括江南经济发展的趋势。

从图表可以看出，能够全面概括江南经济发展的趋势、反映出变化过程，达到很高概括水平的学生，总样本中占3.0%，初中占2.0%，高中占4.0%。能够概括江南经济发展的趋势、有一定概括能力的学生，总样本中占22.0%，初中占19.0%，高中占24.0%。概括不太准确的学生，总样本中占46.0%，初中占45.0%，高中占48.0%。不能准确进行概括的学生，总样本中占29.0%，初中占34.0%，高中占24.0%。

(2)为什么会发生这样的变化？3分

得分点：(1)北人南迁，增加了江南的劳动力或答人口增加；(2)带来了北方先进农业技术或答技术提高；(3)自然条件好。

每个要点1分，共3分。

	等级分	总样本	初　中	高　中
等级得分情况（人次百分比）	3分	2.0%	2.0%	2.0%
	2分	13.0%	11.0%	16.0%
	1分	26.0%	27.0%	26.0%
	0分	58.0%	60.0%	56.0%

本题考查学生B1解释能力，解释江南经济变化的原因。

从图表可以看出，能够从劳动力、技术、自然条件3个方面全面系统解释原因、达到很高解释水平的学生，总样本中占2.0%，初中占2.0%，高中占2.0%。能够从2个方面解释原因、有一定解释能力的学生，总样本中占13.0%，初中占11.0%，高中占16.0%。能够从一个方面解释原因、有一定解释能力的学生，总样本中占26.0%，初中占27.0%，高中占26.0%。不能准确解释原因、解释能力水平不高的学生，总样本中占58.0%，初中占60.0%，高中占56.0%。

21. 根据前面几道题的内容和下表提供的信息，以及你所知道的其他知识完成相关任务。

原始社会	夏商西周	春秋战国	秦　汉	魏晋南北朝	隋　唐	宋元明清
刀耕火种，土地耕种一两年就要换地方。	已经懂得开沟排水，制作肥料，给土壤施肥，土地可以耕种几年再换地方。	开始兴建灌溉工程。土地连续耕种，一年一熟。	开始出现一年两熟，两年三熟。	发明用人力把水引到高处的翻车。	发明适合江南水田耕作的曲辕犁；发明用人力把水引到高处的筒车。	推广稻麦复种制，形成稳定的一年两熟制。

(1)请你想象：一个生活在唐朝长安附近的农户，怎样从事农业生产。(要求：按一种农作物的生产过程叙述，要包含一种农作物、用什么工具做什么事情)3分

评分标准：

3分：叙述按照耕地—播种—收获的顺序；中间穿插灌溉、施肥的措施；所用工具与任务匹配；逻辑关系清楚。

2分：两个方面对。

1分：一个方面对。

	等级分	总样本	初　中	高　中
等级得分情况（人次百分比）	3分	3.0%	3.0%	2.0%
	2分	24.0%	23.0%	26.0%
	1分	39.0%	35.0%	42.0%
	0分	35.0%	39.0%	30.0%

本题考查学生C1叙述能力，叙述一种农作物生产的过程。

从图表可以看出，能够对一种农作物生产的过程作全面系统叙述、达到很高叙述水平的学生，总样本中占3.0%，初中占3.0%，高中占2.0%。能够叙述但史实不充分或不太系统、有一定叙述能力的学生，总样本中占63.0%，初中占58.0%，高中占68.0%。不能准确系统叙述、能力水平不高的学生，总样本中占35.0%，初中占39.0%，高中占30.0%。

(2)精耕细作是指在一定面积的土地上投入较多的生产资料和劳动，采用新的技术措施，进行细致的土地耕作，以提高单位面积产量，增加粮食生产。请用史实论证我国传统农业的特点是精耕细作。3分

评分标准一：

3分：夏、商、周时期开始施肥，使土地能够连续耕种，提高利用率；汉朝时发明的代田法，利用同一块土地内部沟和垄位置的轮换恢复地力，提高土地利用率；秦汉时期就已经出现两年三熟，一年两熟的轮作复种，提高单位面积产量。

2分：两个要点。

1分：一个要点。

评分标准二：

2分：简单列出耕作方式，垄作法，代田法等；水利灌溉；耕作工具改进，以尽地力。

1分：一到两个要点。

	等级分	总样本	初　中	高　中
等级得分情况（人次百分比）	3分	1.0%	00.0%	2.0%
	2分	7.0%	5.0%	9.0%
	1分	27.0%	25.0%	30.0%
	0分	64.0%	69.0%	59.0%

本题考查学生C2论证能力，论证我国传统农业的特点是精耕细作。

从图表可以看出，能够用多种史实论证我国传统农业的特点是精耕细作、达到较高论证水平的学生，总样本中占1.0%，初中无，高中占2.0%。能够用一两个史实进行论证、有一定论证能力的学生，总样本中占34.0%，初中占30.0%，高中占39.0%。不能准确运用史实进行论证、能力水平不高的学生，总样本中占64.0%，初中占69.0%，高中占59.0%。

(3)下表是我国各个历史时期农业生产形式的变化

历史时期	夏、商、西周	战国至1956年	1956—1981年	1981年至今
生产形式	集体劳动为主	一家一户为单位的个体劳动为主	集体劳动为主	一家一户为单位的个体劳动为主

看了这张表，你有什么想法或问题。请给你的想法或问题起个小标题，围绕标题写一段论述。4分

得分点：(1)能提问或发现规律，例如为什么不同历史时期的生产形式会发生变化，或直接说不同历史时期生产形式会有变化。(2)夏、商、西周技术水平低，需要集体劳动才能完成耕作；土地公有。(3)春秋战国以后技术水平提高，个体劳动能完成耕作；土地私有。(4)1956年至1981年社会主义公有制；1981年至今，联产承包责任制，提高劳动者积极性。

每个要点1分，共4分。

	等级分	总样本	初　中	高　中
等级得分情况（人次百分比）	4分	3.0%	0.0%	6.0%
	3分	3.0%	1.0%	5.0%
	2分	4.0%	2.0%	6.0%
	1分	28.0%	27.0%	29.0%
	0分	62.0%	70.0%	53.0%

本题考查学生C3探究能力，探究我国各个历史时期农业生产形式变化的规律。

从图表可以看出，能够发现规律并作系统全面论述、达到很高探究水平的学生，总样本中占3.0%，初中无，高中占6.0%。能够发现规律并作部分论述、有较高探究能力的学生，总样本中占7.0%，初中占3.0%，高中占11.0%。能够发现规律但欠缺论述、有些探究能力的学生，总样本中占28.0%，初中占27.0%，高中占29.0%。不能发现规律并论述、能力水平不高的学生，总样本中占62.0%，初中占70.0%，高中占53.0%。

三、历史问题探究试题分析

22. 东汉末的赤壁之战对三国鼎立局面的形成影响重大。关于赤壁之战中曹操败北，教科书中说是孙权、刘备的联军火攻曹军，大获全胜。但也有史书记载，是因为曹操军中流行瘟疫，曹操“烧船自退”。赤壁之战那把火到底是孙刘联军放的，还是曹军自己放的？为了探寻答案，请按下列步骤回答问题：

(1)可以到哪些地方查找资料？3分

得分点：(1)图书馆或书店；(2)博物馆；(3)历史遗迹或者网络。

	等级分	总样本	初　中	高　中
等级得分情况（人次百分比）	3分	20.0%	17.0%	23.0%
	2分	47.0%	45.0%	50.0%
	1分	19.0%	24.0%	13.0%
	0分	14.0%	15.0%	13.0%

本题考查学生 A1 记忆能力，知道查找资料的地点。

从图表可以看出，知道 3 个以上查找资料的地点、具备较高查找资料知识水平的学生，总样本中占 20.0%，初中占 17.0%，高中占 23.0%。知道 2 个查找资料的地点、具备一定查找资料知识水平的学生，总样本中占 47.0%，初中占 45.0%，高中占 50.0%。知道 1 个查找资料地点的学生，总样本中占 19.0%，初中占 24.0%，高中占 13.0%。不知道去哪里查找资料的学生，总样本中占 14.0%，初中占 15.0%，高中占 13.0%。

(2)到了一个地方，不知从哪查起，可以利用哪些工具或其他手段找到要查的内容？3 分

得分点：(1)目录；(2)索引；(3)网络检索工具。

	等级分	总样本	初　中	高　中
等级得分情况（人次百分比）	3 分	3.0%	3.0%	4.0%
	2 分	20.0%	19.0%	22.0%
	1 分	40.0%	40.0%	41.0%
	0 分	36.0%	38.0%	33.0%

本题考查学生 A1 记忆能力，知道检索资料的工具。

从图表可以看出，知道 3 个以上检索资料的工具、具备较高资料检索知识水平的学生，总样本中占 3.0%，初中占 3.0%，高中占 4.0%。知道 2 个检索资料的工具、具备一定检索资料知识水平的学生，总样本中占 20.0%，初中占 19.0%，高中占 22.0%。知道 1 个检索资料工具的学生，总样本中占 40.0%，初中占 40.0%，高中占 41.0%。不知道运用检索工具查找资料的学生，总样本中占 36.0%，初中占 38.0%，高中占 33.0%。

(3)下列书籍，可以用来探究赤壁之战史实的是(可以多选)：＿＿＿＿＿＿ 2 分

A.《史记》　　B.《三国志》　　C.《资治通鉴》　　D.《三国演义》

评分标准：2 分：B.《三国志》　C.《资治通鉴》

1分：选对一个

	等级分	总样本	初 中	高 中
等级得分情况（人次百分比）	2分	19.0%	13.0%	26.0%
	1分	55.0%	52.0%	59.0%
	0分	26.0%	35.0%	16.0%

本题考查学生B3评价能力，鉴别可用资料。

从图表可以看出，选对2个资料、具备较高资料鉴别水平的学生，总样本中占19.0%，初中占13.0%，高中占26.0%。选对1个资料、具备一定资料鉴别水平的学生，总样本中占55.0%，初中占52.0%，高中占59.0%。不会鉴别资料的学生，总样本中占26.0%，初中占35.0%，高中占16.0%。

(4)下列材料哪些是在叙述史实，哪些是在陈述观点？4分

A.“权遂遣瑜及程普与备并力逆曹公，遇于赤壁，大破曹公军，公烧其余船引退。”

“孙权刘备联军在赤壁大败曹操军，曹操烧掉其剩下的船只。”

B.“赤壁之战，值有疾病，孤烧船自退，横使周瑜虚获此名。”

“曹操军队中流行疾病，曹操烧船自退。”

C.“……至于赤壁之败，盖有运数，实由疾疫大兴，以损凌厉之风……”

“实因疾疫大兴，挫伤了曹操军队的锐气。”

D.“进，与操遇于赤壁。时操军众，已有疾疫。初一交战，操军不利，引次江北。”

“那时曹操军队人数众多，已有疾疫流行。两军刚一交战，曹操军不利，退回江北。”

评分标准：

史实叙述：AD。

个人观点：BC。

对一个给1分。

	等级分	总样本	初　中	高　中
等级得分情况（人次百分比）	4分	32.0%	33.0%	31.0%
	3分	17.0%	11.0%	23.0%
	2分	23.0%	28.0%	17.0%
	1分	10.0%	11.0%	9.0%
	0分	18.0%	18.0%	19.0%

本题考查学生A2概括能力，区分史实与观点。

从图表可以看出，能准确区分史实与观点、具备很高概括水平的学生，总样本中占32.0%，初中占33.0%，高中占31.0%。能区分史实与观点、具备较高概括水平的学生，总样本中占17.0%，初中占11.0%，高中占23.0%。能大部分区分史实与观点、具备一定概括水平的学生，总样本中占23.0%，初中占28.0%，高中占17.0%。能小部分区分史实与观点、具备一些概括水平的学生，总样本中占10.5%，初中占11.0%，高中占9.0%。不会区分史实与观点的学生，总样本中占18.0%，初中占18.0%，高中占19.0%。

(5)根据上述材料，你认为赤壁之战那把火到底是怎么回事？说说你得出结论的理由。4分

表明观点1分。

3分，引用两种以上材料证明观点，而且对材料本身的可靠性也作了分析说明。

2分，引用一种材料证明观点，而且对材料本身的可靠性也作了分析说明。

1分，引用材料证明观点，但是对材料本身的可靠性没有分析说明。

	等级分	总样本	初　中	高　中
等级得分情况（人次百分比）	4分	1.0%	1.0%	2.0%
	3分	6.0%	7.0%	5.0%
	2分	29.0%	26.0%	33.0%
	1分	27.0%	33.0%	20.0%
	0分	36.0%	33.0%	41.0%

本题考查学生C2论证能力，论证赤壁之战中火烧曹营的观点。

从图表可以看出，能够用两种史实论证观点、对材料可靠性作了说明，达到很高论证水平的学生，总样本中占7.0%，初中占8.0%，高中占7.0%。能够用一个史实进行论证、对材料可靠性作了说明，有较高论证能力的学生，总样本中占29.0%，初中占26.0%，高中占33.0%。能够用史实进行论证、对材料可靠性没有做说明，有一定论证能力的学生，总样本中占27.0%，初中占33.0%，高中占20.0%。不能准确运用史实进行论证、能力水平不高的学生，总样本中占36.0%，初中占33.0%，高中占41.0%。

第五节　结论与建议

一、学生情况总体结论

从总能力水平来看，全部样本中，7年级和8年级的历史学科能力平均水平为水平1，能记忆史实及所处的时空结构，读懂历史材料，区分历史史实和历史观点。10年级的历史学科能力平均水平为水平2，在水平1的基础上知道去图书馆、博物馆等地查找所需史料，能判断可用史料；能用图示说明历史事实。11年级和12年级的历史学科能力平均水平为水平3，在水平2的基础上能对历史事实分类；用文字说明史实；对单个历史事件作较完整的叙述；从事实推测出结果或影响；对历史事实、观点作出自己的评价；解释历史原因。

全体样本的历史学科能力平均水平为水平2。水平4和水平5的学生不多。5.1%学生属于水平4，在水平3的基础上知道用目录、索引等工具检索历史资料；能比较两个历史事物的共性和差异；概括历史发展趋势；发现历史材料、事实之间的关系，并进行阐释；用史实论证自己的观点。4.6%学生属于水平5，在水平4的基础上能从多角度解释历史现象的原因；从多方面评价历史事物；运用多种资料论证观点。水平4和水平5的学生集中在高中，其中10年级学生中有6%，11年级17.7%，12年级38%。

从A、B、C 3个能力水平来看，A学习理解能力的平均水平为水平2，知道去图书馆、博物馆等地查找资料；能理解资料中表达的观点；区分历史事实与历史观点；能用图示说明文字所表达的意思，或用文字说明图示的内容；记忆历史事实的时间和空间。B实践应用能力的平均水平为水平1，能辨别可用资料，根据资料评价历史观点。C创新迁移能力的平均水平为水平1，能对一个具体事件作简单描述；对历史事实发表自己看法。

学习理解能力属于中等水平，实践应用能力和创新迁移能力处于低水平。

从知识主题来看，全部样本中国古代政治的平均能力水平为水平1，能记忆各个朝代官职，说明官职的职能、作用，各个机构之间的关系。其中，7年级、8年级和10年级的平均水平都在水平1，属于低水平。11年级和12年级的平均水平都在水平2，属于中等水平。中国古代农业与经济的平均能力水平为水平1，能记忆粟、稻地理分布，从材料中概括出观点，理解代田法和垄作法。其中，7年级、8年级和10年级的平均水平都在水平1，属于低水平。11年级和12年级的平均水平都在水平2，属于中等偏下水平。

从活动主题来看，全部样本历史问题探究的平均能力水平为水平2，知道去哪里查找相关史料，能区分历史资料中的史实和史观，知道资料检索的主要工具，鉴别可用资料。其中，7年级、8年级和10年级的平均水平都在水平1，属于低水平。11年级和12年级的平均水平都在水平2，属于中等水平。

总之，全部样本在学习理解能力上处于中等水平，能记忆史实及所处的时空结构，读懂历史材料，区分史实和历史观点。知道去图书馆、博物馆等地查找所需史料，能判断可用史料；能用图示说明历史事实。具备一定的问题探究能力。但是在实践应用和创新迁移能力上水平较低，主要问题如下：

第一，很多学生不知道利用目录、索引等工具检索历史资料；在运用史料论证时，很少考虑史料本身的可靠性。

第二，对历史事实进行分类、比较两个历史事物的共性和差异等概括能力较弱。

第三，解释原因、评价人物时，大多是用一两句话概括，缺乏具体全面的分析解释。

第四，用史实论证观点时，大多只有结论性概念，缺乏具体史实支撑。

二、总体建议

第一，教师在历史知识教学中，既要注重历史史实性知识，又要注重历史学理论与方法性知识，特别是收集整理历史资料的方法、工具，要作系统的讲解，并要求学生运用这些方法、工具自己收集整理和鉴别资料，只有这样，才能体现新课改的理念，让学生学会收集整理历史资料。

第二，对于历史史实性知识的教学，应提供具体丰富的史实，让学生在感知史实的基础上形成历史概念或理解历史概念，而不要停留在记忆教科书中对历史知识的概念性叙述。学生只有掌握了具体丰富的史实，才能运用史实进行论证，而不是复述教科书中的结论。

第三，在教学中应该注重对历史知识的纵向和横向比较，通过纵向比较展示历史的发展变化，从中发现规律和趋势。通过横向比较深化对历史事物特性的认识，区分类别，发现共性和差异。

第四，课后练习、单元练习应强化主观性习题的设计和练习。习题设计应该有针对性，一道题侧重一种学科能力的训练。鼓励学生多用书面语言表达观点，展开论述。尽量减少选择题在课后练习、单元练习中的分量。

第四章

历史学科能力表现影响因素研究

历史学科能力表现测评能够呈现出学生历史学科能力的现实状况，从而为师生改进教学提供依据。但是为什么学生的学科能力呈现出如此现状？为什么学生接受“相同”的教育，却出现千差万别的学科能力结果？有哪些内在和外在的因素导致学生学科能力出现种种差异？这些都属于学科能力影响因素研究范畴。事实上，真正能为教学改进提供直接依据的并不是学科能力测评结果，而是造成此结果的原因，即学科能力影响因素。只有了解清楚影响学生历史学科能力发展的因素，才能有针对性地为历史教学提出可操作性更强的意见或建议。

第一节 研究目的和任务

历史学科能力影响因素研究的主要目的，是确定哪些因素对历史学科能力有重要影响，各影响因素的影响力相对大小如何，对学生历史学科能力影响因素变量的相关数据进行比较分析，并作出解释。

通过对已有研究文献的梳理可以看出，目前尚没有人对历史学科能力影响因素进行系统的探查及分析，也没有现成的历史学科能力影响因素测查工具可以利用。因此，研究的一个重要任务是开发历史学科能力影响因素测查工具。

学生的历史学科能力表现受多种因素影响，众多的学科能力影响因素构成一个影响因素系统。系统中各因素变量对学科能力的影响力可能并不完全相同。要为培养和提高学生的学科能力提供有效的教学对策和建议，需要探查哪些因素对学科能力有重要影响，各影响因素的影响力相对大小如何，由此可以寻到需要重点关注的、对学科能力有重要影响的因素变量。因此，本研究的另一个重要任务是探查影响学生历史学科能力表现的主要因素，并对教师的教学策略提出建议。

第二节 影响学生历史学科能力表现的主要因素

本研究拟对学生的历史学科能力影响因素进行较为全面的探索和分析。先由学科能力表现研究总课题组进行各个学科通用的影响因素调查工具的设计，基于大量的文献分析，从中梳理对学生学业成就有重要影响的各因素变量，并将其归类，然后根据历史学科特点，将各影响因素变量从学生感知的角度具体化。本研究将调查工具调查的因素变量分为学生因素、教师因素、家庭因素、学校因素 4 大类。

学生因素重点关注学生的非智力因素（自我效能、动机水平、元认知和情感态度)、认知活动(学习理解、实践应用、创新迁移)、资源管理活动(寻求他人支持、充分利用时间、物质资源利用)以及学生的个人特质(性别和性格)。

教师因素重点关注教师的教学方式(探究教学、促进学生认识发展的教学)、教学策略(科学推理、三重表征、表扬鼓励学生)、教学活动任务设计(学习理解类任务设计、实践应用类任务设计、创新迁移类任务设计)和师生关系 4 个方面的因素变量，同时也调查了教师的教龄、学历和性别等教师个人特质变量。

家庭因素和学校因素分别基于文献分析选择研究者普遍认为对学生的学业成就有重要影响的因素，进入学科能力影响因素研究。家庭因素主要包括家庭社会经济地位(父母亲教育程度、父母亲职业、家庭收入)、家庭资源(独立的学习房间和学习桌、与历史有关的课外读本)、家庭社会资本(父母期望、父母参加学校活动、了解子女的学习过程)。学校因素包括学校资源、学校校风和同伴支持。学校资源包括：多媒体设备、图书馆中历史课外读本的数量；学校校风包括积极向上、尊师爱生、秩序井然。历史学科对各级影响因素变量的拆解和说明如下。

表 4.1　历史学科能力影响因素变量拆解

<table>
<tr><th>因素类别</th><th>二级变量</th><th>三级变量</th></tr>
<tr><td rowspan="11">学生因素</td><td>个人特征</td><td>性别；性格。</td></tr>
<tr><td rowspan="4">非智力因素和元认知</td><td>自我效能。</td></tr>
<tr><td>动机水平。</td></tr>
<tr><td>元认知。</td></tr>
<tr><td>情感态度。</td></tr>
<tr><td rowspan="3">认知活动</td><td>学习理解。
包括：记忆、概括、说明。</td></tr>
<tr><td>实践应用。
包括：解释、推论、评价。</td></tr>
<tr><td>创新迁移。
包括：叙述、论证、探究。</td></tr>
<tr><td rowspan="3">资源管理活动</td><td>寻求他人支持。</td></tr>
<tr><td>充分利用时间。</td></tr>
<tr><td>物质资源利用。</td></tr>
</table>

续表

因素类别	二级变量	三级变量
家庭因素	家庭社经地位	父母亲教育程度、父母亲职业、家庭收入。
	家庭资源	独立的学习房间和学习用桌、与历史有关的课外读本。
	家庭社会资本	父母期望、父母参加学校活动、了解子女的学习过程。
学校因素	学校资源	媒体设备、图书馆中历史课外读本的数量。
	学校校风	积极向上、尊师爱生、秩序井然。
	同伴支持	
教师因素	教师个人特质	教龄、学历和性别。
	教学方式	探究教学。
		促进学生认识发展的教学。
	教学策略	科学推理。
		表扬鼓励学生。
	教学活动任务设计	学习理解类任务设计。
		实践应用类任务设计。
		创新迁移类任务设计。
	师生关系	民主、和谐、宽松。
其他因素	每周课时数、课外学习、课外辅导、作业量、作业难度。	

一、非智力因素和元认知

1. 学习动机

学习动机水平量表可以通过测查学生学习内驱力的大小来表征其学习动机的水平。由于内驱力是一个内在的心理变量，无法直接观察和测量，因此，需要通过一定的外化手段使之显化体现。内驱力是驱动行为产生、维持的潜在的内部力量。内驱力由诱因引发，并具有转化成外显行为的可能性。因此我们认为，学生学习内驱力的大小可以通过学生的学习行为来体现。学习动机中内驱力的大小不同，其产生的学习外显行为也会不同。一般来说，学习内驱力强度大，学生往往会采取主动、积极的学习行为，且通常持续时间较长，反之，如果学生的学习内驱力强度小，学生通常会采取消极、被动的学习行为。基于此，本研究构建了包括消极、被动、主动、积极、创造性5个动机水平的学习动机水平层级，根据这一理论层级结合具体学科的学习实际情况，描述学生历史学习的行为表现。开发的历史学习动机水平测查量表如表4.2所示。

表4.2 历史学习动机水平测查项目

历史学习动机水平层级	对应测试项目
水平1： 消极的历史学习	1. 一提起历史我就头痛，不管谁要求或劝说，我都不愿意学历史。 2. 我在历史课堂上几乎不听讲，而是学习其他科目或睡觉。
水平2： 被动的历史学习	3. 我发现我学习的历史课程并不是非常有趣，因此我只做到及格就行。 4. 在历史课讨论活动中，我不愿意自己思考和参与讨论，只等着大家的讨论结果。 5. 我不愿意花额外的时间在历史学习上面。 6. 当历史与其他学科或活动的时间有冲突时，我会放弃学习历史。 7. 课下我很少主动学习历史。
水平3： 主动的历史学习	8. 在历史交流活动中，我经常能提出自己的观点。 9. 当遇到不了解的历史知识时，我会寻找相关资料来帮助我了解。 10. 当弄不清一个历史问题时，我会找老师或同学来讨论，并澄清我的想法。 11. 我带着我想弄明白的问题进入课堂。 12. 我使用有关策略以学好历史。 13. 我经常反思历史学习中存在的问题。
水平4： 积极的历史学习	14. 我会自己定期归纳、整理以前学过的历史知识。 15. 我主动投入很多时间学习历史。 16. 我自己总结了一套比较有效的历史学习策略和方法。 17. 我花费很多业余时间去探索课堂中所讨论过的关于一些历史问题的更多信息。 18. 我学习历史很有计划性，并且能够按照计划执行。 19. 我会尝试了解一些新的历史研究成果。
水平5： 创造性的历史学习	20. 我在历史学习中能对一些历史知识或观念提出自己不同的见解。 21. 我有一些关于历史的新想法，并且写了一些小论文。 22. 我为将来能成为历史家或从事历史研究，而不懈努力学习历史。 23. 我自修学习更高阶段的历史，如大学历史。

2. 元认知

元认知是指个体对自身认知过程的认识和意识，即关于认知的认知。一般认为，元认知包括元认知知识、元认知体验和元认知监控 3 种成分(刘电芝，1997)。元认知在学生的学习中具有两个方面的重要作用，其一是意识性，就是使学生能够清楚自己正在做什么，做得好不好，目前进展怎样；其二是调控性，就是使学生能够随时根据自己对认知活动的相关认知，不断进行相应的调控和完善，从而使自己的认知活动能够有效地时时指向目标，不断接近目标并最终达成目标。

元认知包括计划、监控和调节 3 个方面。学生在历史学科学习中的元认知一般也包括这 3 个方面。例如，制订历史学习计划或准备考试计划，属于元认知计划；经常检视自己的历史学习情况，及时总结分析历史学习中的障碍点，经常反思历史学习中存在的问题等属于元认知监控；会及时解决历史学习中存在的问题，及时调整历史学习方法等属于元认知调节。

3. 自我效能

自我效能感(Self-efficacy)概念是 Bandura(1977)针对行为主义学派仅重视环境决定论的狭隘论点，融合认知理论提出的一个理论概念，将人类的学习历程作了更完善的阐释。Bandura 对自我效能的概念不断修订完善，最终将其界定为“人们对其组织和实施达成特定成就目标所需行动过程的能力的信念”。学生的学习自我效能感可能会影响到学生学习的努力程度、认知投入、学习策略的运用以及学习的坚持性，从而影响学生的学业成就。关于学业成就影响因素的研究中，自我效能感是备受关注的一个因素变量。张学民、林崇德等(2007)综述已有研究认为，个体学业成就与自我效能感之间联系密切，学生过去的成就高低会对其自我效能感和成就目标产生直接影响，学生的自我效能感会直接影响其成就目标、分析策略和学生未来的成就状况。另外，学生的成就状况又反过来影响其自我效能感，整个影响系统构成一种循环且互为因果的关系。

关于学科自我效能感的测查项目主要是在一般自我效能感量表(General Self-Efficacy Scale，GSES)的基础上，结合历史学科的学习任务类型和基本要求改编而成。学生在历史学科学习中的自我效能测查项目主要包括：我相信我能掌握历史知识和有关技能；不论历史内容简单或困难，我都有把握能够学会；我能冷静地面对历史难题，因为我信赖自己解决历史问题的能力；如果我付出必要的努力，我一定能解决大多数的历史难题等。

4. 情感态度

学生学习过程中的情感体验以及对学习的态度既是学习的结果，又是参与学习过程的重要因素，也是学生历史学科能力的重要影响因素。

本研究主要根据学生对历史学科课程的认识和态度开发情感态度因素变量相应的测查项目。如：我认为历史非常奇妙；历史知识对促进社会发展有积极作用；历史知识对解释我们现实社会中的问题有帮助；历史课程很有趣；我喜欢参与历史活动；我对历史的有关发现很好奇。

二、认知活动

认知活动指的是学生在学习中，获得有关的知识、技能、方法、能力等的过程或一系列活动。认知活动根据不同的依据可以分为不同的类型和水平。本研究对认知活动的刻画，采纳了王磊教授提出的各学科学生学习过程中都会进行的认知活动，包括学习理解活动、实践应用活动以及创新迁移活动 3 个大类。历史学科根据学科的特点，对这 3 类认知活动进行进一步的具体描述，将这 3 大类认知活动进一步细分为 9 个亚类。

学习理解活动包括识记、说明以及概括等活动。如背诵一些重要历史事件的时间、地点就属于识记活动，而建立以前学过的历史概念、术语或观点与历史事实或证据之间的关联属于说明活动。归纳整理已学过的历史知识、建立历史概念之间的联系等则属于概括活动。

历史学习中的实践应用活动是指学生运用习得的程序完成练习或者运用习得的历史知识解决问题。学生基于学习理解活动输入的已有认知，通过联系实际问题解决进行具体的实践应用，在应用中进一步深化理解并使所学的知识内化，为更高层次的探究创造奠定基础。历史实践应用活动包括解释、推论和评价。如用历史知识分析解释一些历史现象属于分析解释类活动；用所学的历史知识对陌生的历史现象等进行推论预测属于推论预测类活动；利用所学的知识对历史人物、事件作出价值判断属于评价活动。

创新迁移活动包括叙述、论证和探究3类活动。如从零散的材料中准确选择相关信息构建自己的历史叙述属于叙述活动。运用相关材料论证给定的观点属于论证活动。提出有关历史的问题、提出自己观点和假设，从不同角度对有关历史问题进行思考和取证、创造性地解决历史开放性问题属于探究活动。

对于特定的历史学习内容来说，学习理解活动、实践应用活动、创新迁移活动的水平依次升高。对于不同的历史学习内容，由于其内容本体的难度不同，即使是相同类型的认知活动的难度也略有差异，但从总体来说，学习者进行高水平的认知活动频率越高，其历史学业成就的水平也越高。

三、资源管理活动

资源管理活动虽然不是以历史学习作为直接的作用对象，但却是作为历史学习的重要辅助和支持活动，因此也是历史学习活动系统的重要构成之一。资源管理活动包括寻求他人支持、充分利用时间以及物质资源的利用等。以历史学科为例，如当弄不清楚一个历史概念时，找老师或同学来讨论，请父母或老师帮忙准备历史探究活动的相关材料等属于寻求他人支持；充分利用课外时间扩展自己的历史知识面、主动协调历史与其他课程的学习时间属于时间管理利用；自己购买历史课外书和习题来帮助强化历史学习结果等属于物质资源利用。

四、教学方式

教学方式是“师生基于对教学存在的观念性反映，在长期的教学实践中形成的把握教学活动的基本样式，是由教学思维方式和教学行为方式构成的有机体”(李森，王天平，2012)。教学方式不是具体的教学策略、方法或技术，而是对教学结果具有决定性影响，对人的发展具有战略意义的方法和形式，既包括观念性的方式也包括其与物质相结合的技术性的方式。方式相对于方法来说，相对比较稳定，具有一定的概括性，是方法、形式、手段等的综合(郝文武，2009)。本研究中我们主要关注教师在教学中使用的促进学生认识发展的教学方式、探究教学方式。具体测查题项的设计结合历史教师使用各种教学方式的典型行为进行表述。

本研究中的探究教学方式，是以组织学生进行历史探究为主的一系列师生相互作用的教学活动。历史探究教学方式中包含的具体的教学活动包括：安排学生围绕某个核心问题展开探究活动；引导学生对问题进行假设，并为了验证假设去有意识地获取证据；组织学生们根据事实和证据对问题进行解释；组织学生交流和论证他们所提出的解释；提示学生通过与他人(包括老师)的解释进行比较，来评价自己所作解释的合理性，进一步完善自己的解释；指导学生总结探究汇报结果，等等。

本研究中的促进学生认识发展的教学方式，是指在历史教学中，为了帮助学生建立认识角度和发展其认识方式类别从而提升学生历史认识发展水平的一系列师生相互作用的教学活动，其中帮助学生建构历史认识模型，是促进学生认识发展的教学方式的重要特征之一。其具体的教学活动包括：在备课时设想学生的已有认识、分析学生面对相关问题的认识思路，并以此为基础设计教学活动，针对学生的认识障碍(学习难点)开展教学活动；在备课时，对所教历史知识的本质及相关的历史知识体系进行再次的思考和分析，并在此基础上挖掘该知识点在过程方法、态度情感等方面的教学价值；有意识地探查教学实施过程中学生认识及解决问题的思路上的困难或障碍点；针对学生的某个观点追问“你是怎样想到的”、“你为什么这样认为”等问题；通过与学生的课堂对话及课下交流，逐渐挖掘并积累了一些关于他们在具体内容学习过程中容易出现的思维障碍及困惑的认识；在课堂引入环节上通过课堂提问、小组讨论等方式让学生展现他们关于核心内容的已有认识，再进一步开展教学；在课堂上安排符合学生认识发展顺序的学生活动，层层深入；重视给学生课堂上表达自己观点和认识的空间和时间；引导学生分析知识的层次结构和知识之间的相互联系；通过各种途径引导学生运用超越具体事实的思维方式对所学知识内容进行思考；组织学生对一些疑点、假设以及论点进行重点讨论，等等。

五、教学策略

“教学策略是教师为了实现教学目标，根据教学情境的特点，对教学实施过程进行的系统决策活动”(周军，2007)。本研究中主要探查的历史教学策略包括：引导学生进行科学推理的教学策略；对学生进行适当表扬鼓励的教学策略。

科学推理是一种逻辑思考模式，经常应用在探究的过程中。历史探究过程中包含提出问题、收集史料证据、评估证据、推论及讨论的思考技能，这些思考技能可以帮助学生理解历史，对历史作出解释。在历史教学中引导学生进行科学推理，对于促进学生对相关历史问题的理解、提升其历史思维能力等，都具有重要意义。引导学生进行科学推理的教学策略在历史教学中的具体活动表现包括：给学生布置利用历史概念原理等进行推理的任务；让学生尝试进行科学推理并汇报推理的结果；要求学生汇报推理的依据；等等。

适当的表扬和鼓励对于促进学生进行积极的历史学习活动具有重要的意义。表扬和鼓励体现了教师对学生的认可和关注，虽然并不属于认知教学行为，但这种情感的交流可以水乳交融地渗透和贯穿于知识传授的全过程，“教师如能在教学中充分运用表扬来肯定学生的能力，将对学生的学习起到不可估量的作用”(周军，2007)。

六、教学活动任务设计

教学活动是为了激发学生学习的内部过程，由教育工作者精心安排和组织的一系列外部活动(顾明远，2002)。如何设计安排教学活动任务才能有效地帮助学生达成预期的学习目标，是教师教学设计要重点考虑的问题。建构主义学习理论认为，教师是学生学习团队中的一员，其任务主要是为学生的学习提供支持，这也是本研究理论构建的一个方面。因此，本研究中教师的历史教学活动任务设计主要是教师为驱动学生的历史认知活动而设计的一系列任务。我们认为，教师在历史教学中设计的教学活动任务对学生的历史学习中的认知活动具有较为直接的推动作用。教师想让学生在历史课堂中进行什么样的认知活动，就需要设计相应类型的教学活动任务。因此，本研究中对历史教学活动任务的设计这一变量从 3 个方面进行表征：其一是学习理解类任务；其二是实践应用类任务；其三是创新迁移类任务。这 3 类教学活动任务的设计意在驱动学生进行 3 类历史认知活动。

七、师生关系

师生关系是指教师与学生在教学活动中结成的相互关系，包括师生彼此所处地位、作用和态度等，构建师生之间良好的相互关系对成功高效的教育教学活动是极为必要的保证(扈中平，2008)。教师在营造良好师生关系中起主要作用。本研究中考查的师生关系包括民主、和谐和宽松 3 个方面。测查的项目包括：历史老师跟我们的关系非常融洽；我们的历史课堂气氛非常活跃；历史老师允许我们对他的教学方式等提出意见和建议；等等。

八、家庭因素

家庭支持对学生在校学习效果也会产生影响。在研究过程中，我们选择已有研究普遍认可的对学生学业成就有正向影响的因素进行研究，主要包括家庭社会经济地位(父母亲教育程度、父母亲职业、家庭收入)、家庭资源(独立的学习房间和学习桌、与历史有关的课外读本)和家庭社会资本(父母期望、父母参加学校活动、了解子女的学习过程)。

家庭社会经济地位变量通过学生父母的教育程度以及家庭收入情况来反映。父母的教育程度包括：(1)没有上过学；(2)小学文化；(3)初中文化；(4)高中(职高)文化；(5)大专毕业；(6)本科毕业；(7)研究生毕业 7 个水平。分别计 1～7 分，教育程度越高，计分越高。家庭收入情况以父母月收入之和来计算，分为：(1)20000 元以上；(2)10000～20000 元；(3)5000～10000 元；(4)3000～5000 元；(5)3000 元以下 5 个水平。分别计 5～1 分，收入越高，计分越高。

九、学校因素

本研究中所指的学校因素主要包括：学校资源、学校校风、师资阵容 3 个方面，这 3 个方面在已有研究中被普遍认为与学生学业成就有显著影响。站在不同的具体学科的研究立场上，学校因素的这 3 个子变量的题项设计也略有变化。在历史学科能力影响因素问卷中，学校资源包括：多媒体设备、图书馆中历史课外读本的数量。学校校风包括积极向上、尊师爱生、秩序井然等。同伴支持则包括：在历史学习方面，我有几个志趣相投的朋友；在历史学习中，我跟同学会互相监督、互相帮助等。

研究中还涉及了每周课时数、课外学习、课外辅导、作业量、作业难度等因素变量。具体题项如：你们每周上几节历史课？你平均每天课外完成历史作业时间是多少？历史作业的难易情况；你每天课外主动学习有关历史内容的时间是多少？你每周家教补习历史或参加课外历史辅导班的时间大概有多少？

第三节　影响因素测查工具及分析方法

本研究主要利用问卷和学科能力测试题①收集相关信息。问卷采用 5 分量表，A 总是，B 经常，C 有时，D 偶尔，E 从不。基本格式如表 4.3。

表 4.3　问卷示例

51. 我主动投入很多时间学习历史。	A	B	C	D	E
52. 我自己总结了一套比较有效的历史学习策略和方法。	A	B	C	D	E
53. 我花费很多课余时间去了解一个历史人物或历史事件。	A	B	C	D	E
54. 我历史课后及时复习。	A	B	C	D	E
55. 我会反思历史学习中存在的问题。	A	B	C	D	E

① 测试题的开发详见第二章。

问卷调查和学科能力测试一起进行，学生先做问卷，然后再做学科能力测试题。信息收集上来以后，采用相关分析和回归分析等方法进行统计分析。

一、相关分析

相关分析(correlation analysis)，是研究现象之间是否存在某种依存关系，并对具体有依存关系的现象探讨其相关方向以及相关程度，是研究随机变量之间的相关关系的一种统计方法。

研究首先利用相关分析探查与历史学科能力表现有显著相关关系的因素变量，分析相关的方向。具体步骤如下：分析研究中涉及的各影响因素变量与历史学科总能力、历史学习理解能力、历史实践应用能力、历史创新迁移能力等是否存在显著的相关关系，如果存在显著的相关，则进一步关注其相关的方向。这些与学科能力存在显著相关关系的因素变量即为我们后面要重点关注的因素变量的重要来源。如分析显示，学生的历史学习动机水平与其历史学科能力表现存在显著相关关系，相关系数为 0.326，表示历史学习动机与历史学科能力存在显著的正相关关系，后面需要进一步分析历史学习动机水平对历史学科能力的影响力。

二、结构方程分析

结构方程模型(Structural Equation Modeling，SEM)是当代行为与社会领域量化研究的重要统计方法，它融合了传统多变量统计分析中的“因素分析”和“线性模型的回归分析”等统计技术，能对各种因果模型进行模型识别、估计和验证。在学科能力的影响因素系统中，有很多因素变量对学科能力的影响并非是简单的线性影响，而是以某些重要因素变量为中介，通过影响这些重要的中介因素进而对学科能力产生显著影响。通过结构方程模型分析，可以寻找到对学科能力存在间接影响的因素变量。

例如，经过对历史学科问卷数据的结构方程模型分析可以看出，学生的非智力因素对学生的历史学科能力存在显著直接影响，教师的教学与学生的认知活动通过学生历史学习的非智力因素对其学科能力产生重要的间接影响。

判断理论假设模型与实际观察数据是否契合是结构方程模型的核心。学者博果择和依(Bogozzi & Yi, 1988)提出了比较全面的鉴定假设模型与实际数据是否契合的参考指标。这些参考指标分为 3 个方面：基本适配度指标(preliminary fit criteria)、整体模型适配度指标(overall model fit)、模型内在结构适配度指标(fit of internal structural model)。整体模型适配度指标是对模型外在质量的检验，内在结构适配度指标主要表征各测量模型的信度和效度，这是对模型内在质量的检验。其中，整体模型适配度指标又可以分为绝对适配指标(absolute fit indices)、相对适配指标(ralative fit indices)、简约适配指标(parsimonious fit indices)。

以上模型的各项适配度指标绝大多数都显示，模型与数据适配。

三、回归分析

回归分析(regression analysis)是确定两种或两种以上变量间相互依赖的定量关系的一种统计分析方法，它基于观测数据建立变量间适当的依赖关系，以分析数据内在规律，并可用于预报、控制等问题。回归分析按照涉及的自变量的多少，可分为一元回归分析和多元回归分析；按照自变量和因变量之间的关系类型，可分为线性回归分析和非线性回归分析。如果在回归分析中，只包括一个自变量和一个因变量，且二者的关系可用一条直线近似表示，这种回归分析称为一元线性回归分析。如果回归分析中包括两个或两个以上的自变量，且因变量和自变量之间是线性关系，则称为多元线性回归分析。

相关分析研究的是现象之间是否相关、相关的方向和密切程度，一般不区分自变量或因变量。而回归分析则要分析现象之间相关的具体形式，确定其因果关系，并用数学模型来表现其具体关系。

一般来说，回归分析是通过规定因变量和自变量来确定变量之间的因果关系，建立回归模型，并根据实测数据来求解模型的各个参数，然后评价回归模型是否能够很好地拟合实测数据；如果能够很好地拟合，则可以根据自变量作进一步预测。

四、方差分析

方差分析是用于两个及两个以上样本均数差别的显著性检验。由于各种因素的影响，研究所得的数据呈现波动状，造成波动的原因可分成两类：一是不可控的随机因素，二是研究中施加的对结果形成影响的可控因素。

方差分析是从观测变量的方差入手，研究诸多控制变量中哪些变量是对观测变量有显著影响的变量。方差分析的基本思想是：通过分析研究不同来源的变异对总变异的贡献大小，从而确定可控因素对研究结果影响力的大小。本研究通过方差分析，探查对学科能力有重要影响的因素变量。

第四节　调查样本信息

本次调查样本来自北京市 A 区、B 区。抽样时尽量按照各类学校各自不同水平学生的原有比例抽取测查样本。测试时间是各年级学习的中段，选取了包括初中和高中共 5 个年级的学生样本。

根据研究目的选定抽取的样本后，采取以学校年级为单位进行集中测查的方法，研究者向施测组织者说明施测要求，施测时监考教师向学生说明注意事项，测查时间为 30 分钟。

施测后，根据学生问卷的作答情况，首先剔除空答、规律作答等明显的无效问卷，然后根据问卷设计的测谎题，进一步剔除无效问卷。A 区、B 区历史学科能力影响因素测查问卷的测查有效样本统计情况如表 4.4 和表 4.5 所示。

表 4.4　A 区测查样本分布情况表

年级	回收问卷数	有效问卷数	有效率
7	409	84	20.53%
8	402	95	23.63%
10	432	108	25%
11	341	91	26.69%
12	203	47	23.15%
合　计	1787	425	23.78%

表 4.5　B 区测查样本分布情况表

年级	回收问卷数	有效问卷数	有效率
7	736	135	18.34%
8	462	48	10.39%
10	257	90	35.02%
11	206	105	50.97%
12	232	69	29.74%
合　计	1893	447	23.61%

第五节　各因素变量对历史学科能力表现的影响

影响学生历史学科能力表现的因素较多，本书重点选择了学生因素、教师因素等数据进行分析。学生因素重点关注学生的非智力因素、认知活动和资源管理等活动，教师因素重点关注教师的教学方式，其他因素则作概括性介绍。

一、学生非智力因素与历史学科能力表现

对学生的历史学习动机水平、情感态度、自我效能感以及元认知等非智力因素与其历史学科能力表现进行相关分析，结果如表 4.6 所示。

表4.6 非智力因素与学科能力表现

	总能力	A	B	C
动机水平	0.168	0.17	0.175	0.167
情感态度	0.24	0.241	0.248	0.248
自我效能感	0.20	0.203	0.21	0.197
元认知	0.179	0.182	0.188	0.177

相关分析数据显示，动机水平、情感态度、自我效能感、元认知与学生的历史学科总能力及各项分能力都显著正相关，说明学生的历史学习动机、对历史学习的情感态度、自我效能感和元认知水平都是影响学生历史学科能力的重要因素变量。历史学习动机水平高的学生更容易获得较高的历史学科能力；在学习历史上有积极向上的良好情感态度和有愉悦体验的学生更容易获得较高的历史学科能力；学生对历史学习的自我效能感越高，越容易获得较高的历史学科能力；学生在历史学习中的元认知水平越高，其越可能获得较高的历史学科能力。根据回归分析也可以看出，学生的非智力因素4个变量中，对学生历史学科能力影响最大的是情感态度(β＝0.175)，其次是自我效能感(β＝0.079)，再次是元认知(β＝0.063)。

由此推测，培养历史学科能力的教学，首先要激发学生历史学习的兴趣，使他们在历史学习的过程中有愉悦的体验；其次，要使学生在学过历史后有成就感，自信能学好历史。

二、学生认知活动与历史学科能力表现

对学生认知活动与学生历史学科能力表现进行相关统计分析，结果如表4.7所示。

表 4.7 学生认知活动与历史学科能力表现

	总能力	A	B	C
记 忆	−0.009	−0.009	−0.018	−0.006
概 括	0.189	0.188	0.188	0.189
说 明	0.213	0.211	0.213	0.208
解 释	0.257	0.260	0.263	0.250
推 论	0.153	0.153	0.165	0.152
评 价	0.116	0.114	0.129	0.124
叙 述	0.332	0.334	0.335	0.324
论 证	0.098	0.097	0.112	0.101
探 究	0.159	0.160	0.174	0.158

从表 4.7 可以看出，学生认知活动的 9 个二级维度变量与历史学科总能力以及各历史学科分能力维度都显著相关，其中历史叙述与学生的历史学科总能力及各项分能力的相关系数最大，均大于 0.3；解释次之，均大于 0.25；再次为说明，均大于 0.2。而记忆与历史学科能力的相关系数最小。根据回归分析的结果发现，3 类活动中，创新迁移活动中的叙述对学生历史学科能力的影响最大(β=0.322)，实践应用活动中的解释次之(β=0.186)，然后是实践应用活动中的推论(β=0.087)，再次是学习理解中的概括(β=0.044)。

在我们定义的学生认知活动中，历史叙述是让学生从零散的材料中准确选择材料，按照时序、因果关系等规则，通过合理想象构建对历史事件或历史过程的完整叙述。解释是要求学生分析历史的因果关系，说明则是要学生将历史概念与具体史实对应，或者将历史观点与支撑观点的证据对应。从数据分析可以看出，历史叙述、解释、说明等活动，都是有助于提升学生历史学科能力的重要因素变量。当然，其他活动也有积极作用，只是相比较而言，这 3 项活动作用更大一些。

三、学生资源管理活动与历史学科能力表现

对寻求他人支持、时间管理和物质资源利用等学生资源管理活动因素变量与

学生历史学科能力表现进行相关统计分析，结果如表4.8所示。

表4.8　学生资源管理活动与学科能力表现

	总能力	A	B	C
寻求他人支持	−0.052	−0.052	−0.045	−0.053
时间管理	0.139	0.139	0.150	0.136
物资利用	0.239	0.239	0.249	0.234

相关分析结果显示，3个学生资源管理活动中时间管理和物质资源利用均与学生的历史学科总能力及各项分能力呈显著正相关关系，说明学生在历史学习中的这两项活动对其历史学科能力有较为重要的影响。其中，物资资源利用的影响最大，而寻求他人支持对学生历史学科总能力及各项分能力都是负面的影响。由此推测，鼓励和引导学生进行课外历史阅读可以有效提升学生的历史学科能力。

四、教学方式与学生历史学科能力

研究中将教师的教学方式分为讲授行为、探究教学、认知发展教学，分别对这3个子变量与学生历史学科能力表现进行相关分析。结果如表4.9所示。

表4.9　教师教学方式与学科能力表现

	总能力	A	B	C
讲授行为	0.119	0.117	0.114	0.128
探究教学	0.168	0.167	0.170	0.171
认知发展	0.177	0.177	0.174	0.174

相关分析结果显示，教师的3种教学方式均与学生的历史学科总能力及各项分能力成显著正相关关系。通过回归分析，发现教师的教学方式对历史学科能力有显著的回归效应(sig.＝0)。其中认知发展教学行为对学生历史学科能力的影响最大(β＝0.112)，探究教学行为次之(β＝0.092)，对学生历史学科能力影响最小的是讲授行为(β＝0.013)。由此推测，教师在历史教学中帮助学生建立认识角度，掌握认识历史的方式，能更有助于提升学生的历史学科能力。

五、其他因素与学生历史学科能力表现

研究中对其他因素与学生历史学科能力表现的关系也作了研究。

相关分析结果显示，教师在教学过程中设计的活动任务均与学生的历史学科总能力及各项分能力成显著正相关关系，但相关系数也较小，表明教师的各类教学活动任务设计均对学生的历史学科能力及各项分能力有切实影响，但直接影响力有限。从这9种教学活动任务对应的相关系数来看，识记类与说明类教学活动对学生的历史学科总能力及各项分能力的影响要更大一些。

根据家庭因素与学生历史学科能力表现的相关分析可以看出，家庭资源、社会资本与学生历史学科总能力及各项分能力均呈显著正相关关系，表明这两个因素对学生的历史学科能力有普遍的影响。而家庭的社会经济地位对学生历史学科能力的影响相对较小。

总之，通过分析可以看出，研究中考查的绝大多数因素变量与学生历史学科能力发展呈显著的正相关关系，包括学生的非智力因素、学生的历史认知活动、教师的教学等因素变量。通过回归分析可以发现，学生的非智力因素对其历史学科能力的影响力较大，且在现有影响因素变量系统中，对学生的历史学科能力有显著的直接影响，其中情感态度对其历史学科能力的影响最大。在学生的认知活动中，综合性的叙述活动对学生历史学科能力影响最大。而教师教学方式中，指导学生探究方法的认知发展教学对学生历史学科能力的影响最大。此外，资源利用中的历史课外阅读对学生历史学科能力的提升也有很大影响。

第五章

促进历史学科能力发展的教学设计研究

历史课教什么？怎么教？目前主要有两种取向：一种是知识取向，一种是能力取向。知识取向的历史教学把历史书中写的内容当作确定无疑的历史事实，通过老师的系统讲授传递给学生，以达传承文化遗产、增强学生国家认同、民族认同等目的。能力取向的历史教学认为书中写的内容是历史家探究历史所得成果，不是特定的、单纯的史事综合。“从主题订定到史料搜寻，史家必须灌注个人的心力与见识，并依循学科特有的概念和思考，进行历史的重建。”“历史之义绝不仅仅是发生于过去的一些事情的积累，历史是一连串研究和重建过去的过程与结果。”(林慈淑，2010)因此，历史教学不能局限于向学生传授知识，而应注重培养学生探究历史的能力。近代学校教育创办以来，知识取向的教学一直占主导地位。新课程改革后，能力取向的历史教学开始受到越来越多的关注。但是在历史教学中培养学生的历史学科能力，并不是件容易的事情，它不仅需要丰富的历史知识，还需要专业的教学设计。

第一节　什么是教学设计

教学设计“指的是把学习与教学原理转化成对于教学材料、活动、信息资源和评价的规划这一系统的、反思性的过程”(P. L. 史密斯，T. J. 雷根，2008)。教学设计工作要回答的基本问题是：第一，我们要到哪里去？(教学的目标是什么？)第二，我们如何到达那里？(采用什么样的教学策略和教学媒体？)第三，我们怎样知道已经到达那里？(我们的测验应该是什么样的？我们如何评价和修改教学材料？)与这 3 个问题对应的活动是：第一，实施教学分析，以确定我们要到哪里去；第二，开发教学策略，以确定我们如何到达那里；第三，开发和实施评价，以确定我们怎样知道已到达那里(P. L. 史密斯，T. J. 雷根，2008)。教学设计依据对象的大小和任务的不同可以分为宏观和微观两个层次。宏观的教学设计，可以针对一所学校，也可以针对一个培训系统、一个新专业、一门课程。微观的教学设计，只是一个单元或一节课的课堂教学，也可称为课堂教学设计。本文所述历史教学设计主要针对一节课的课堂教学，属于微观教学设计。

根据美国教学设计专家加涅的观点，一节课的教学设计主要包括 4 个要素：(1)陈述课的目标及其类型(学习领域)；(2)列出打算使用的教学事件①；(3)列出每一个教学事件赖以完成的媒体、材料及活动；(4)注明每个所选事件中教师或培训者的作用和各种活动(教学的处方)(加涅，2007)。教学设计的核心是制定明确具体的教学目标，针对目标规划教学事件、教学材料和活动。加涅等人以美国独立战争为例，作了说明。该课的一个教学目标是：

给出问题：“根据《独立宣言》起草者的看法，哪些真理是不证自明的？”学生能够用自己的话陈述这些真理。

---

① 加涅把教学定义为嵌于有目的活动中的促进学习的一系列事件，诸如印刷页面的呈现、教员的讲解或一组学生的活动。

为了实现这个教学目标，可以作如下设计：

事件1：引起学生注意

方法/媒体：教师。

教学处方或策略：讲述：“1776年，在这块大陆上的英国殖民者宣布，他们从建立这块殖民地的国家——英格兰独立出来。对这样一个勇敢的宣言，他们用什么理由解释?”

事件2：告知学生目标

方法/媒体：教师。

教学处方或策略：某些理由被认为是不证自明的真理。在这节课中，你将学到这些真理是什么。

教学事件1和事件2相当于我们所熟知的一节课的导入环节。上课开始，教师通过提问引起学生注意，然后明确告知学生这节课的教学目标，导入本课的教学。

事件3：激起对先决条件的回忆

方法/媒体：黑板和分发的材料。

教学处方或策略：要保证学生理解材料，需界定一些词的意义：不证自明、赋予、不可剥夺、成立、获得。句法结构也需要识别和理解。

教学事件3是在学习本课新知识前，扫清学习的障碍。本课要让学生学习《独立宣言》的相关段落，段落中有些术语、词汇、句法等学生以前可能没有学过，或者虽然以前学过，但是时间一长不记得了。这时需要老师提示或讲解。只有把这些术语、词汇等理解了，才能读懂本课提供的新材料。

事件4：呈现刺激材料

方法/媒体：分发的材料。

教学处方或策略：呈现《独立宣言》中的相关段落“我们认为下述真理是不证自明的：人生来平等……”

事件5：提供学习指导

方法/媒体：在分发的材料上留出列表和精加工的地方。

教学处方或策略：让学生把该段文字中的“真理”编号，从(1)“人生来平等”开始，要求学生通过把每条观点与其他熟悉的思想联系起来而对每条真理进行精加工。例如，把“生存权”与对死刑的争论联想在一起，把“自由权”与抓人质联想在一起等等。

教学事件4是给学生呈现本课要学习的新内容，事件5是教师指导学生阅读，将新材料中的每条“真理”与自己熟悉的事情联系起来，以理解材料中那些真理的含义。

事件6：引出行为表现

方法/媒体：让学生阅读——引出不同的反应。

教学处方或策略：让学生不用逐字重复上段内容，回答问题：“什么真理被认为是不证自明的?”

事件7：提供反馈

方法/媒体：教师。

教学处方或策略：根据意义来核实对该段文字的学习和保持情况。在出现错误或遗漏时给予纠正。

事件8：测量行为表现

方法/媒体：教师。

教学处方或策略：要求学生回忆整段文字，根据回忆出的“意义单元”评分。

教学事件6、事件7和事件8是对所学内容的即时评价。事件6教师提问：“什么真理被认为是不证自明的?”要求学生用概括性的语言回答，而不是重复材料中的原话。以此检验学生是否读懂原文。事件7是教师根据回答判断该学生是否已经掌握该段文字的含义。如果发现学生有错误或遗漏，教师及时纠正。事件8是再次检测学生是否完全掌握整段文字的含义。

通过上述教学设计，基本实现教学目标：“给出问题：‘根据《独立宣言》起草者的看法，哪些真理是不证自明的?’学生能够用自己的话陈述这些真理。”然后进入教学事件9。

事件9：促进保持与迁移

方法/媒体：教师。

教学处方或策略：言语信息经过练习(应用)后记得最好。提问学生："英国政府将对《宣言》中提出的每条真理作何反应?"或者"为什么殖民者认为这些权利的每一条都受到了侵犯?"

事件9是对已经掌握的新知识的应用。老师提出一个新问题，例如"英国政府将对《宣言》中提出的每条真理作何反应?"学生需要回忆出每条真理是什么，然后推测英国对每条真理的态度。通过这种应用，进一步巩固对所学新知识的理解和记忆。

上述9个教学事件，实际上相当于一套教学流程，这套流程能实现多个教学目标。

从上述例子可以看出，教学设计的起点是教学目标，后面的一系列教学事件、教学策略，都是针对目标而设。要通过历史教学培养学生的历史学科能力，首先要确保教学目标中包含有明确具体的能力要求。换言之，教师首先要知道什么是历史学科能力，并且明确历史教学的目的就是要培养学生的这种能力，然后才能采取相应的教学策略，以实现这个目标。

第二节　怎样设计教学培养能力

历史学科能力不可能通过死记硬背历史教科书知识获得，必须要亲身实践，在运用历史学科思想方法解决历史问题的活动中获得。要落实能力培养目标，就必须设计培养能力的教学活动，以探究性问题为核心组织教材内容，展开教学。本文以英国历史教材(Ben Walsh，2001)中"第一次世界大战的原因"一课为例，加以说明。

在知识取向的历史教学中，教师一般是平铺直叙，把一战原因分为一、二、三、四或甲、乙、丙、丁，告诉学生，让学生记住即可。这种教学可能几分钟或者十几分钟就能够完成。而在能力取向的历史教学中，则需要设计探究问题，围绕问题提供各种材料，在分析材料的基础上得出答案。这种深度探究的教学可能需要几节课的时间才能完成。具体流程如下：

第一步，确定探究的历史问题。历史问题大致有3种类型：(1)事实性问题——回答是什么。例如："我国古代四大发明有哪些？"(2)解释性问题——回答为什么。例如："秦朝为什么要实行郡县制？"(3)评价性问题——对问题的认识。例如："谁应该对第一次世界大战负责？"事实性问题一般不需要思考，能直接从历史书中找到答案。解释性问题和评价性问题没有现成答案，可以从多角度来阐释，有利于思维能力的提高。其中评价性问题要基于史实作价值判断，更适合作为历史探究的主题。第一次世界大战的原因是一课内容，其探究的问题如下：

谁应该对一战负责？

探究主题阐释：第一次世界大战是一场致命的战争，成千上万的人死于战火。那时，英国人和法国人毫不犹豫地将世界大战的起因归咎于德国。现如今，许多历史学家质疑其他国家是否也应该为此次战争负责。

在本章中，你将发现为什么欧洲在第一次世界大战前分裂为两大联盟。你将探究每个欧洲国家为什么以及怎么建立自己的陆军、海军，又是怎么为战争作打算的。最后，你将对于战争的起因是该归咎于德国还是其他国家也应该负责这个问题拥有自己的想法。

"谁应该对第一次世界大战负责？"属于评价性问题，隐含有价值评判，需要学生基于历史史实形成对该问题的认识。要回答这个问题，需要了解一战前的各种相关史实。这是第二步要做的工作。

第二步，呈现多样化的材料，设计系统的、有层次的问题或任务。在教学中，要给学生提供多种形式的材料，如文字材料、统计数据、历史图片、历史地图等，从多种角度印证历史事实。材料要配相应的问题，用问题引导学生论从史出，通过事实认识历史。问题不是随意提出，而是要有系统化设计，形成有逻辑关系的问题链。这样，问题与材料互相配合，引导学生深入思考。

材料一：萨拉热窝刺杀事件。(事件过程的详细叙述，略)

材料二：斐迪南大公夫妇照片及介绍。(略)

材料三：斐迪南大公夫妇被刺杀当天的行程路线图。(略)

学生任务：

1. 在1914年6月28日这天，有很多时刻可以让暗杀事件有不同的结果。学习材料1中关于暗杀的记述资料，并列出任何时刻的一个不同选择，使得斐迪南大公夫妇免于暗杀的命运。

2. 你认为，如果斐迪南大公夫妇免于杀害，一战是否可以避免呢？说出你的理由。(这仅是你的第一反应，之后你可以更改你的观点)

对于萨拉热窝事件，提供了文字叙述、人物照片、路线图3种不同形式的材料，创设出历史情境，让学生感受，然后完成相关任务。第一个任务是要认识历史的偶然性。材料一通过跌宕起伏、扣人心弦的历史叙述，使学生能深深感受到历史偶然性的存在。第二个任务是由偶然性引出对历史必然性的思考："如果斐迪南大公夫妇免于杀害，一战是否可以避免呢?"如果只了解上述材料，学生可能会说一战可以避免。但是随着后续材料的出现，答案将会改变。

材料四：1914年协约国和同盟国地图(标明协约国、同盟国及其军事力量，中立国等)。

材料五：奥匈帝国民族分布地图及文字说明。

材料六：1914年的欧洲联盟漫画。

课文正文：

对同盟国中德国、奥匈帝国、意大利所面临的国际关系问题的介绍。(略)

对协约国中英国、俄国、法国所面临的国际关系问题的介绍。(略)

核心任务

1. 草拟如下一个表格：

	德　国	奥匈帝国	意大利
英　国			
法　国			
俄　国			

2. 用材料中对这些国家之间关系的描述，完成这个表格，展示引起这些国家关系紧张的原因。你可以不必填完所有空格。

3. 哪一种是引起关系紧张的最主要原因？

4. 说明以下因素是如何引起欧洲国家关系紧张的？

A. 殖民地　B. 想要独立的人们　C. 军事力量的增强

材料四、材料五、材料六和课文正文是关于1914年欧洲国际关系的图文材料。学生要根据这些材料完成相关任务。核心任务1：帮助学生建立分析问题的框架；核心任务2：要求学生根据材料分析引起国家关系紧张的多种原因；核心任务3：要学生确定引起国家关系紧张的多种原因中的主要原因；核心任务4：提示学生用具体事例说明引起欧洲国家关系紧张的原因。通过这种层层递进的任务，引导学生深入探究。

材料七～材料二十一。（略）

课文正文：战争计划。

许多国家都确信，战争必然会到来，只是时间早晚的问题，所以他们开始进行非常详细的部署，如果战争真的来了，他们该做什么。

各国的战争计划。（略）

学生活动。（略）

材料七～材料二十一呈现了1914年欧洲各主要列强海外殖民地分布图、经济资源数据表、军事力量对比表、外交档案等等，加上课文正文的叙述，使学生感受到1900—1914年，欧洲的氛围就像即将点燃的“火药桶”。然后，安排学生活动，要求学生列出可能导致战争的各种因素，并区分主要因素和次要因素。有了这些铺垫之后，再回到本课探讨的核心问题：“是德国导致了战争的发生吗?”给学生安排的具体任务是从4个裁决中选择一个，并说明理由。

核心任务：

是德国导致了战争吗？你怎么看？

你的任务是找出证据来支持你自己的判断。你必须从下面4个裁决中选择一个。

裁决一：德国应该对引发这场战争负全责。

裁决二：德国应该负主要责任，但是其他国家也有责任。

裁决三：所有的主要国家共同导致了这次战争，他们应该共同负责。

裁决四：谁也不负责。各国力量的发展不可避免地导致战争，这是无法阻挡的。

下面是进行裁决的方法，可以独自完成，也可以小组完成。

1. 填写下列表格：

证　人	证人支持哪个判决？	证人提供了什么证据支持该观点？	我能相信证人吗？

2. 阅读所有证人的陈述。完成(上表)第一、第二列。

3. 在第三列里，记录下证人提供了什么证据去支持他或她的观点。

4. 在第四列里，记录下什么会让证人值得信任或怀疑。

考虑一下：每份证据的日期和来源，证人是否牵涉进了当时的事件中，每份证词的可信度以及价值。

5. 浏览这一课的其他资料，看是否还有你需要的其他证词。

6. 从裁决一至四中选择一个。

7. 选择了一个裁决后，总结证据，解释你为什么选择这份裁决而拒绝其他裁决。

8. 用你完成的表格和解释参加课堂辩论。

上述进行裁决的方法非常具体，可以有效指导学生如何运用证据来说明自己的观点：1 填写表格，提供了进行裁决的整体思路；2～4 是具体的操作指导，教学生如何填写表格，通过填表完成对证据的阅读分析，鉴别选择；5 是回顾本课其他内容，补充证词；6 是作出最终裁决；7 是运用证据解释自己的裁决；8 是对自己研究成果的应用，通过应用进一步加强对研究结果的认识。教材提供了 9 条不同来源的证据，有一手史料，也有后人的研究成果。选摘几条如下：

证据一：德国过去50年的军国主义在这25年中仍然发挥着恶劣影响。这是他们教育的必然结果。发生这场战争太糟糕了。

——1914年，美国驻英国大使沃尔特·海因斯写于伦敦。在这次战争中美国是英法的同盟，并在1917—1918年参战。

……

证据五：一战是由俄军总参谋部的某些官员直接挑起的。但是他们的行为人为地被操纵在奥地利外交部长的罪恶活动中，而且这转而帮助了柏林的刑事犯罪行为……

但是他们并不想引起任何一场战争。和其余百万平民一样，他们不希望在各种原因的交错作用下演变成世界范围内的战争。

——《大英百科全书》，1926年

证据六：我们被迫承认对这场战争担负全责：这些出自我口的话是一个谎言。我们并不想推脱德国应负的责任……然而，我们强烈否认德国应该被迫对这场德国人认为是保卫战的战争担负全责。

——德国代表团团长布罗克多夫-兰曹，凡尔赛，1919年

……

证据九：

德皇授权我去通知我们仁慈的陛下：在这种情况或在任何其他情况下，我们或许都要依赖德国的全力支持……德皇指示，这次行动不能延迟……俄国没有为战争做好准备，会在伸出援助之手前思虑再三……如果我们真正认识到了对塞尔维亚采取军事行动的必要性，而没有利用目前我方胜券在握的情势，德皇将会懊恼。

——奥地利驻柏林大使施策居尼伯爵在1914年7月报告与德皇的著名谈话

学生需要根据每份证据的日期和来源，证人是否牵涉进了当时的事件中等，判断每份证据的可信度以及价值。

通过上述一系列活动，学生对于“谁应该对第一次世界大战负责”得出自己的认识。

综上我们可以归纳出培养学科能力的探究式教学设计的要点：第一，呈现、定义探究主题；第二，提供系统、多样化的材料；第三，设计系统、有层次的问题或任务；第四，根据材料和问题展开探究；第五，回扣本课探究主题，表达探究成果。

第三节　培养能力的教学对历史教师素养的要求

探究式教学要求发挥学生的主体作用，引导学生主动学习、探究历史，在探究的过程中培养能力，这符合21世纪初开始的课程改革的理念。课程改革已进行了十多年，其倡导的新理念受到广大教师的拥护，但是在实施过程中却面临很多困难。正如一些老师所说，“对于理念我们是相当拥护的，我们就是该这么改，但是在操作中感到很无奈”(郑林，2013)。影响新课程实施的因素是多方面的，其中教师的历史素养是一个重要方面。从一定程度上说，只有教师具备了落实新课程理念的历史素养，才能保证课程改革顺利进行。要落实新课程改革的理念，培养和提高学生的历史学科能力，教师自身应该具备相应的素养。俗话说，要给学生一杯水，教师自己要有一桶水。在新课程改革的背景下，教师应该有怎样的一桶水？以下从历史素养的3个主要构成要素历史知识、能力、情感态度价值观略作分析。

历史教师必须具备扎实的历史专业知识，这是没有疑问的。问题是：怎样才算具备扎实的历史专业知识？是把中学和大学历史教材中写的中国历史、世界历史的内容都记住？抑或是在此基础上阅读其他历史专业书籍，知道更多的历史知识？怎样才算真正掌握了历史知识？我们先看看高中历史教科书中的一段叙述：

“开眼看世界”：

林则徐在广东主持禁烟期间，为了解对手，设立译馆，将“所得夷书，就地翻译”……林则徐成为近代中国开眼看世界的第一人。(人民教育出版社，2007)

有人对“林则徐成为近代中国开眼看世界的第一人”提出质疑。认为在近代中国，林则徐之前就已经有人了解外部世界(戴自鹏，2014)，并引用陈旭麓的话为证："经鸦片战争，继之以第二次鸦片战争，沿海及少数官员开始注视外部世界，较早的有杨炳南撰述的《海录》之后有林则徐的《四洲志》……"(陈旭麓，1982)

这里，人们质疑的是什么？是历史观点。林则徐在广州主持禁烟期间设译馆，编译介绍外国情况的资料，属历史事实。而"林则徐成为近代中国开眼看世界的第一人"则是历史观点，是根据相关史实得出来的主观认识、历史结论。历史教科书中的文字叙述，主要由这两类历史知识构成。如果把这些历史知识不加区分都作为客观历史给记住，并不是真正掌握了历史知识，认识了历史。相反，结论性的知识掌握得越多，对历史认识的偏差可能会越大。因为结论性知识会受得出结论的人所掌握的史料的准确性和充分程度的制约，依据的史料有差别，得出的认识结果也会有差异。教科书只选择了一种结论，也许还会有别的看法。那么，作为历史教师怎样才算真正掌握了历史知识？

首先，对历史教材中的文字叙述要能区分出史实与历史观点。其次，对书中历史知识所反映的史实要有较全面、准确的把握。无论大学历史教材还是中学历史教材，一般都是对历史的概括叙述，书中对历史史实概括得是否准确，取决于编写者的水平。我们要想正确理解书中所叙述的某段历史，不仅需要读懂教材，还需要查阅相关的史料，在充分掌握证据的基础上，形成对这段历史的认识，尽量做到准确无误。最后，对教材中的历史观点要追根溯源，看看有没有准确、充分的史实为依据。简言之，教师要真正掌握历史知识，不能仅仅凭借一两本历史书的叙述，而应该参阅各种历史著述和史料，经过分析和综合，形成比较全面的认识。

以上只是从掌握人类已有历史认识成果的角度所作分析。传统历史教学的任务是让学生把人类已有历史认识成果当成实际发生的历史记住，教师只要具备丰富的历史知识，就可以基本完成这一任务。现代历史教学的任务是引导学生探究历史，形成对历史的认识。教师只具备现成的历史认识成果就不够了，还需要把握历史认识成果形成的过程。过去实际发生的事情我们无法重演，只能通过史料重建。怎样通过史料重建历史？这需要教师具备相应的历史学理论与方法知识。

只有具备了这类知识，教师才能真正转变教学方式，引导学生自主探究历史，在分析研究史料的基础上形成自己对历史的认识。中学历史教师可以适当关注史学研究，有条件的可以运用历史学理论与方法做些历史研究，解决历史问题，形成较强历史学科能力，为培养学生的能力打下基础。

历史学科能力的养成与历史知识的学习密不可分。学习、理解历史知识，探究历史问题的过程，就是培养历史学科能力的过程。如果老师在这一过程中对历史有了透彻的认识，就具备了较强的历史学科能力。情感态度价值观也是在历史学习过程中产生的。在学习过程中有了对历史的透彻认识，自然会形成正确的态度和价值观。在学习中看到令人感动的历史情景，自然会生成爱憎的情感。老师对历史理解透了，才能给学生讲明白。老师被历史感动了，才能用历史去感动学生。总之，只有老师具备了较高的历史素养，才能在教学中培养学生的历史素养，促进学生历史学科能力的发展。

第四节　历史课堂教学目标设计要领

历史教学目标是师生在历史教学活动中所要达到的预期结果，它是教学设计的基础，所有教学过程都是为实现教学目标而设计的。它也是教学评价的依据，检验教学效果的好坏主要就是检验教学是否达到了预设的教学目标。可以说，教学目标设计得恰当与否决定着整个课堂教学设计的质量。

历史教学目标有宏观和微观之分。宏观的历史教学目标是指某个学段历史课程的总目标，微观的历史教学目标一般指每节课的教学目标。历史课堂教学目标设计是把历史教学总目标转化为具体的课时教学目标的过程。初中或高中历史教学的总目标新课改前的教学大纲中称为“教学目的”，新课改后的课程标准中则称为“课程目标”。虽然都是指历史教学的总目标，但是其理念和内涵却发生了很大的变化。由于对这种变化理解得不够透彻，目前中学历史课堂教学目标设计中还存在着诸多问题。一是目标定位仍以教师为中心，例如，“使学生……”，“激发学生……”，“培养学生……”等。这种表述多为教师要学生怎样，教学目标的行为主体是教师而不是学生。二是目标表述笼统、不规范，无法有效操作和检测。例如，“培养分析历史问题、解决问题的能力”，“掌握历史发展规律、体会历史唯物主义观点和方法”，这样的目标表述很难确定教学目标是否达到，难以对教学活动发挥应有的指导作用(李英顺，2010)。三是“过程与方法”教学目标内涵混乱。有的以教师的教学过程和教学方式方法，代替学生学习、思维、参与学习的过程和学生学习的方式方法；有的将“能力”与“方法”混淆(陈光裕，2007)。

怎样避免上述问题，设计出规范、具体、可操作的历史课堂教学目标？本书结合实例略作探讨。

一、目标的行为主体

历史教学目标是历史教学所要达到的预期结果，其预期的对象在新课改前后是不一样的。新课改前，预期的对象是教师；新课改后，则是学生。例如，1992年初中历史教学大纲中的教学目的规定：“初中历史教学，要求教会学生初步掌握记忆、分析、综合、比较、概括等方法”，“培养学生学习和表述历史的能力”等等。这里，是要求教师教会学生什么方法、要求教师培养学生什么能力。历史教学大纲中的教学目的是预期教师要达到的目的。再看2001年初中历史课程标准中的课程目标的表述：“能够对历史现象进行初步的归纳、比较和概括”，“学习解决历史问题的一些基本方法”。历史课程标准中的课程目标是预期学生要达到的目的。新课改后的课程目标一般用“行为目标”来陈述。行为目标描述学生通过学科的学习以后预期产生的行为变化。“既指出要使学生养成的那种行为，又言明这种行为能在其中运用的生活领域或内容”(拉尔夫·泰勒，1994)。美国课程专家拉尔夫·泰勒所说的这种行为目标包含两个要素：行为主体——学生，行为对象——学习的内容。这是宏观的行为目标，通常用于课程标准中课程目标或内容标准的陈述。课堂教学中的行为目标要具体化、可测量，通常包括5个要素：行为主体、行为动词、行为对象、行为条件、表现程度。例如：“提供一篇历史材料，学生能将材料中阐明历史事实与发表议论的句子进行分类，至少

90%的句子分得正确。”其中“学生”是行为主体，“将……进行分类”是行为动词，“材料中阐明历史事实与发表议论的句子”是行为对象，“提供一篇历史材料”是行为条件，“至少90%的句子分得正确”是表现程度。在课程标准中，陈述目标时通常把行为主体学生省略，但是通过行为动词可以看出，发出动作的主体是学生。教学目标是对课程目标的具体化，应该与课程目标的陈述方式保持一致。但是在实践中，很多教师写的教学目标，行为主体依然是教师，而不是学生。例如：“用图片形式列出西欧经济发展变化情况，让学生逐步掌握运用图、表、数据等分析相关历史问题的能力”，“通过阅读教科书祖冲之内容，训练学生提取关键词语，概括要点的方法”。这些目标的行为主体都是教师，是对教师教学的要求，而不是学生学习某个历史内容后预期产生的行为变化。新课程改革以前，用这种陈述是可以的，它与教学大纲的“教学目的”陈述形式一致。但是新课程改革以后，再用这种形式来陈述教学目标就不规范了。

二、目标的分类陈述

新课程改革后，历史课程标准中的课程目标是分为3个方面来陈述：知识与能力、过程与方法、情感态度与价值观。教师们在写历史教学目标时，一般也套用这种分类方式。但是在具体陈述目标时，往往3个方面交叉重复。例如人教版7年级上册第21课“承上启下的魏晋南北朝文化(一)”，有老师撰写了如下的教学目标：

知识与能力：

(1)了解祖冲之和圆周率、贾思勰和《齐民要术》、郦道元和《水经注》。

(2)培养阅读、理解历史资料和提取、处理历史信息的能力。

过程与方法：

(1)通过阅读教科书祖冲之内容，训练学生提取关键词语，概括要点，转化为简洁语言表述的能力。

(2)通过观察《贾思勰种植农作物》图，指导学生按顺序、有重点、从人物的形——动作外观，到人物的情——情感内心读图识图的方法。

情感、态度、价值观：

(1)通过学习圆周率、《齐民要术》和《水经注》了解我国古代科技的辉煌成就，增强民族自豪感。

(2)通过学习祖冲之、贾思勰和郦道元的事迹，培养学生科学求实的探究精神。

其中的过程与方法目标(1)“通过阅读教科书祖冲之内容，训练学生提取关键词语，概括要点，转化为简洁语言表述的能力”，把能力目标放到了“过程与方法”目标 中。另外，这个目标行为动词的主语还是教师，“教师训练学生……”。情感、态度、价值观目标(1)“通过学习圆周率、《齐民要术》和《水经注》了解我国古代科技的辉煌成就”，把知识目标放到了“情感、态度、价值观”目标中。

还有些老师在陈述过程与方法目标时，把教师在这节课要用的方法放了进去：“依据文字和图片资料通过合作学习的方式学习李贽、黄宗羲、顾炎武、王夫之等思想家的思想”，“课堂上通过材料学习法和观察学习法了解欧盟建立的过程和影响”等等。这些案例说明教师对课程目标中每个维度的内容到底指什么没有认识清楚，导致在陈述教学目标时各个维度的目标界限不清楚，相互之间交叉重合，甚至把不属于教学目标范畴的内容也写入教学目标中，显得很不规范。规范的教学目标陈述应该做到以下几点：

第一，涵盖3个维度的目标，每个维度的目标界限清楚，不重复；

第二，每个维度的目标都针对本节课的具体历史内容；

第三，目标要用动词表现学生行为，行为动词的主语为学生。

仍以人教版7年级上册第21课“承上启下的魏晋南北朝文化(一)”为例，修改后的教学目标如下：

知识与能力：

(1)了解祖冲之和圆周率、贾思勰和《齐民要术》、郦道元和《水经注》。

(2)能够通过阅读教科书祖冲之内容，提取关键词语，概括要点，并用简洁语言表述。

过程与方法：

通过观察《贾思勰种植农作物》图，掌握按顺序，有重点，从人物的形——动作外观，到人物的情——情感内心读图识图的方法。

情感、态度、价值观：

(1)认识圆周率、《齐民要术》和《水经注》在我国古代科技史上的辉煌成就，增强民族自豪感。

(2)感受祖冲之、贾思勰和郦道元的事迹，树立科学求实的探究精神。

经过这样的修改，知识与能力，过程与方法，情感、态度、价值观 3 个维度的目标内涵清楚，界限分明，具有较强的指导教学的意义。

三、目标的具体可操作性

历史教学的目标有宏观和微观之分。宏观目标只对历史教学要达到的结果提出总体要求，指明大方向，并不规定具体要做到什么程度。在历史课程标准中，“课程目标”就属于宏观目标，它规定了在中学开设历史课的总目标。例如高中历史课程目标：“在义务教育的基础上，进一步认识历史发展进程中的重大历史问题，包括重要的历史人物、历史事件、历史现象和历史发展的基本脉络。”认识哪些重大历史问题，哪些重要历史人物、事件和现象？认识到什么程度就算达到标准了？这些在课程目标中并没有规定。“内容标准”比“课程目标”要具体一些，它规定了通过具体历史内容的学习要实现的目标。例如“了解宗法制和分封制的基本内容，认识中国早期政治制度的特点”(教育部，2003)。“知道《九章算术》，讲述祖冲之推算圆周率的史实，了解中国古代的数学成就”；“知道《水经注》《齐民要术》《天工开物》等重要著作”(教育部，2001)。通过内容标准的这些规定，我们可以知道要学习哪些具体知识，但是，学到什么程度？在能力方面，情感、态度、价值观方面要到达什么标准，并不清楚。教师需要根据“课程目标”，学生的学情，以及自己对“内容标准”所涉及的历史知识的理解来设计课堂教学目标，把这些问题说清楚。而在实践中，许多老师只是把“内容标准”原封不动地变为课堂教学目标。例如“内容标准”中规定：“知道唐太宗和‘贞观之治’，……初步认识唐朝兴盛的原因”(教育部，2012)。教师在“知识与能力”教学目标中也写成“知道唐太宗和'贞观之治'，……初步认识唐朝兴盛的原因"。再另外写一条能力目标"通过对历史事实的分析、综合、比较、归纳、概括，培养历史思维和解决问题的能力"。"知道唐太宗和'贞观之治'"是要学生知道"唐太宗"和"贞观之治"这两个名词就行了，还是要知道唐太宗的事迹、贞观之治的内容，抑或是要知道贞观之治是唐太宗统治时期出现的繁荣局面，或者是别的什么要求，并不清楚。另外，"通过对历史事实的分析、综合、比较、归纳、概括，培养历史思维和解决问题的能力"，是历史课程在能力培养方面的总目标，这节课到底要培养学生什么能力，也没有说清楚。教学目标不清晰，就不好根据目标设计教学过程，教学完成后也难以根据目标检测教学效果的好坏。那么，上述教学目标应该怎样写才比较清晰、便于操作呢？可以尝试将能力、方法、情感等要求融入具体的历史内容中。例如"唐太宗与贞观之治"的教学目标可以陈述为：

呈现相关史实，（学生能够）归纳贞观之治的主要内容；

提供多种材料，（学生能够）分析贞观之治出现的原因；

在充分掌握史实的基础上，正确评价唐太宗。

分析、归纳等学生的行为表现既包含方法，又包含能力，很难把两者分开。方法是操作程序，属于程序性知识。如果能够用某种方法解决具体问题，就说明学生具备了某种能力。如果学生能够用分析历史问题的方法完成分析"贞观之治出现的原因"这一任务，那么他就具备了一定的分析历史问题的能力。归纳也同此理。评价则包含了方法，能力和情感、态度、价值观。评价需要掌握某种方法，如果能用这种方法评价唐太宗，说明学生具备了评价历史人物的能力。评价需要对历史上的人或事作出自己的价值判断，表达出爱或憎、赞许或批判等情感或态度。因此，评价本身又包含有情感、态度、价值观。在陈述历史教育的总体目标时，3个方面可以分开表述。但是如果针对具体的历史内容，分开表述往往会交叉重合，各个维度之间界限不清。有鉴于此，在设计具体的历史课堂教学目标时，不必非要像总目标那样把3个维度拆分开来陈述。

四、教学与目标的一致性

教学与目标的一致性，是指预设的每一条教学目标必须有相应的教学活动来实现。如果在教学过程中没有相应的活动，目标就成了摆设，失去了意义。因此，检验教学目标是否合理、是否可操作，也可以看教学过程中有没有与教学目标相对应的活动，这种活动设计是否能实现预定的目标。具体可操作的教学目标，在教学过程设计中肯定有相应的教学活动。例如前面所提"承上启下的魏晋南北朝文化(一)"的知识与能力目标(2)"能够通过阅读教科书祖冲之内容，提取关键词语，概括要点，并用简洁语言表述"，情感、态度、价值观目标(2)"感受祖冲之、贾思勰和郦道元的事迹，树立科学求实的探究精神"。在教学过程设计中相应的活动如下(郑林，2013)(只节选了和祖冲之、贾思勰相关的部分内容)：

教师活动和教学资源	学生活动	设计意图
[教师指导]祖冲之成就取得的原因：指导学生阅读教材第118页相关内容，联系上面教学内容思考。 (1)祖冲之取得伟大成就的因素有哪些？ (2)教材"动脑筋"：祖冲之是我国古代伟大的科学家，你认为他最值得你学习的地方是什么？ [指导]将冗长的回答言语凝练成简洁的词语。 [据学生回答，将答案要点整理成板书写在黑板上] 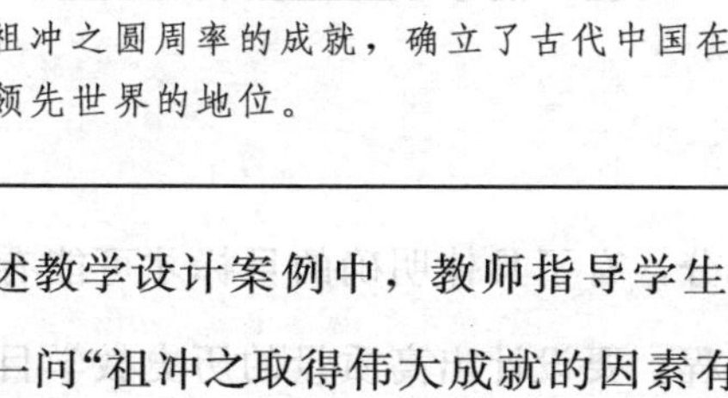 小结：祖冲之圆周率的成就，确立了古代中国在数学领域长期领先世界的地位。	阅读教材，了解成就。 阅读分析教材第118页："他从小就对科学研究兴趣浓厚，注意学习前人的成就，但又不盲从。""祖冲之利用并发展前人创造的'割圆术'……" 做好笔记。	学法指导：寻找教科书关键词语，概括成要点，转化为简洁语言表述历史问题。 认识升华：感悟科学巨匠成才的历史条件，创新求实的科学精神，彪炳史册的伟人风范。

上述教学设计案例中，教师指导学生阅读教科书祖冲之内容，提了两个问题。第一问"祖冲之取得伟大成就的因素有哪些？"需要学生通过阅读教材找答案并用自己的话表述出来。学生的表述内容很长，教师指导学生将冗长的回答言语

凝练成简洁的词语，并根据学生回答，将答案要点整理成板书写在黑板上。这一系列活动对应的是知识与能力目标(2)：“能够通过阅读教科书祖冲之内容，提取关键词语，概括要点，并用简洁语言表述。”活动的实施将有助于这一目标的实现。第二问用的是教材中“动脑筋”栏目的问题：“祖冲之是我国古代伟大的科学家，你认为他最值得你学习的地方是什么?”需要学生在感知祖冲之相关史实的基础上发表自己的看法。对应的是情感、态度、价值观目标(2)：“感受祖冲之、贾思勰和郦道元的事迹，树立科学求实的探究精神。”

过程与方法目标“通过观察《贾思勰种植农作物》图，掌握按顺序、有重点、从人物的形——动作外观，到人物的情——情感内心读图识图的方法。”也有相应的活动设计：

教师活动和教学资源	学生活动	设计意图
[看图说话] 观察教材第119页《贾思勰种植农作物》插图。 [指导] 观察全图：图中所画反映的是生产过程中的哪一步骤？ 观察图中人物形象：整体、上肢、下肢。 观察图中人物表情：面部神态、内心。 [设问]画中人物的劳作形态和表情，告诉我们什么信息？	观察图片，讨论。 除草，松土。 工具：锄头。 躬身，弯腰，双手握紧锄头；双脚踏实，表情专注，神态从容，倾心于农事劳作。 耕种。	通过观察《贾思勰种植农作物》图，指导学生按顺序、有重点，从人物到动作，从表情到内心的读图识图方法。

总之，这节课的教学目标设计得具体、明确，教师很清楚教学过程中要做什么，因此每条目标在教学中都有活动一一对应，能够很好地实现预设的目标。

五、小结

教学目标是教学设计的重要组成部分，有了具体明确的目标才可能有针对性地选择教学内容和方法，设计好教学过程。要设计出高质量的历史教学目标，首先要理解新课程的理念，了解新课程下教学目标陈述的基本规范；其次要全面了解课程标准的要求，从课程总目标、模块或每段历史的教学要求到各个专题或主题的内容标准都要仔细分析，而不能仅看内容标准；最后，要熟悉历史内容，发掘出历史的教育价值。其中，最后一条对于提升历史课堂教学目标的设计质量尤其重要。熟悉历史内容并不仅仅是熟悉历史教科书上写的文字，而且要熟悉历史教科书所写这段历史本身的内容。把历史事实搞清楚，才能进一步分析这段历史有什么教育价值，从而设计出针对具体历史内容的、可操作的教学目标。

第五节　历史教学过程设计要领

学生历史学科能力的培养受多方面因素制约，教师应该抓住关键，以激发学生历史学习兴趣为先导、以具体明确的历史学科能力培养分层目标为核心来展开教学。

一、激发学生历史学习兴趣

学好历史的前提是对历史学习有兴趣，而目前很多学生对历史学习没兴趣。为什么会这样？除了学校、社会大环境的影响外，还有中学历史课程内容本身的问题，主要是内容枯燥乏味，与现实没有关系。社会环境因素教师无法掌控，但是历史课程内容教师是可以把握的。中学历史教科书，特别是目前的高中历史教科书，对历史的叙述大部分是宏观、大跨度、高度概括性的叙述。抽象枯燥，学生不易理解。如何把枯燥的内容变得生动有趣？下面举两个例子说明。

例一　文艺复兴中的人文主义

人教版必修 3 第 6 课“文艺复兴和宗教改革”，在讲人文主义时，教科书的叙述顺序是先介绍人文主义的概念，“文艺复兴的核心是人文主义，主张以人为中心而不是以神为中心，认为人是现实生活的创造者和主人，要求肯定人的价值和尊严”(人民教育出版社，2007)，然后从文学、艺术领域选几个代表人物及其作品，概括说明。如果教师在教学中也按照教科书那样讲，很难引发学生的学习兴趣。如何把教科书抽象概括的文字叙述转化为具体生动、学生易于接受的教学内容？教师可以调整教学的顺序，先出示具体形象的图片资料或文学著作的精彩片断，让学生直观感受文艺复兴时期的作品，再分析提炼作品所反映的思想，最后归纳人文主义的概念。

例如，有教师在上这一节课时，先出示图片拉斐尔笔下的圣母像和中世纪圣母像，让学生比较两幅作品，归纳各自的特点。拉斐尔笔下的圣母像生动，逼真，反映人的慈爱。中世纪圣母像呆板，规矩，反映神的威严。再出示莎士比亚作品的片段："人是多么了不起的一件作品！理想是多么高贵，力量是多么无穷，仪表和举止是多么端正，多么出色。论行动，多么像天使，论了解，多么像天神！宇宙的精华，万物的灵长。"让学生阅读欣赏，归纳出莎士比亚作品表达的思想：赞美人的尊贵。在选择典型作品分析归纳之后，再提炼出人文主义的核心：主张以人为中心而不是以神为中心，认为人是现实生活的创造者和主人，要求肯定人的价值和尊严。这样处理教学内容，遵循了从具体到抽象的教学原则，符合学生的认知规律，容易引发学生的学习兴趣。

例二　鸦片战争

人教版高中必修 1 第 10 课"鸦片战争"，其课文由 3 个子目组成："虎门销烟"、"鸦片战争"、"战火再起"。"虎门销烟"介绍了 3 个内容：18 世纪中后期的英国，同时期的清朝，中英贸易概况及英国走私鸦片对中国的危害。"鸦片战争"概述了战争的经过、结果和影响。"战火再起"概述了第二次鸦片战争的原因、经过、结果和影响。教科书的叙述结构清晰，逻辑严密，环环相扣。但是概括性强，内容抽象、平淡，不易引发学生兴趣。

怎样让内容变得生动、具体，引人入胜？英国历史教科书(Jamie Byrom，1999)的编写方式给我们以启示：

1841 年，一支中国舰队在广州港外巡游。一艘英国蒸汽船"奈米西斯"号，出现在了中国舰队的后方。中国船上的海军战士们十分吃惊，因为他们以前没见过像这样的轮船。这是一艘配备有致命武器的桨轮蒸汽船。只是一击，就把中国舰队中的一艘击沉。

当时的中国舰队没有一点机会。他们的武器只有弓箭，他们的大炮是300年之前设计制造的，甚至没有开火船就下沉了。战斗开始才2个小时，500多名中国海军战士就已经牺牲了，英国舰队长驱直入占领了广州。

想一想：

1. 为什么英国那么容易就取得了胜利？

2. 你觉得为什么英国和中国的武器差别如此之大？

接着叙述英国的国情，中国的国情，推导出中英之间爆发鸦片战争的原因。

从上述英国历史教科书的叙述我们可以发现一种让内容变得生动、具体，引人入胜的方法：采用倒叙、插叙等手段提供具体生动的历史情景，设计问题引导学生思考，由表及里、由近及远，层层深入。

二、根据历史学科能力分层目标设计教学

关于历史学科能力，历史课程标准中主要提到“阅读和通过多种途径获取历史信息的能力”以及“历史思维和解决问题的能力”(教育部，2003)。至于这些能力具体指什么，在教学中怎么操作，则没有进一步的说明。为了便于说明在教学中如何培养学生的能力，本研究尝试按照历史信息的输入和输出过程，对学生历史学科能力的表现进行分类分层。通过学生的表现，证明其具备哪方面的历史学科能力。初步的分类示例见下表。

历史学科能力分类	历史学科能力表现
学习理解能力	信息提取、归纳概括，用资料证明观点等。
实践应用能力	运用已学知识解释历史现象、评判历史观点等。
创新迁移能力	提出问题，收集资料进行研究、解决问题等。

有了对学生历史学科能力表现的明确界定，就可以做相应的教学设计来培养这些能力。

案例一　学习理解能力的培养

有教师在讲人教版高中历史必修3第17课“空前严重的资本主义世界经济危机”时，引用了一则材料：

寒冷的北风呼啸着，一个穿着单衣的小女孩蜷缩在屋子的角落里。

“妈妈，天气这么冷，你为什么不生起火炉呢?”小女孩在瑟瑟发抖。

妈妈叹了口气，说：“因为我们家里没有煤。你爸爸失业了，我们没有钱买煤。”

“妈妈，爸爸为什么失业呢?”

“因为煤太多了。”妈妈回答。

读完这段材料，教师接着说：这是1929—1933年经济危机期间一个美国煤矿工人家的场景。这场危机是怎么爆发的？今天，我们就来探讨这个问题。由此导入新课，用材料、图示向学生解释危机爆发的原因。这种教学用了很多具体生动的材料，能够引起学生兴趣，也便于学生理解，但是整个教学过程感觉平淡，很难培养学生的能力。如果变换一下方式，用同样的材料，会产生不同的教学效果。

调整后的教学流程如下：

先出示上述材料，并说明是20世纪30年代一个美国煤矿工人家的场景。然后提问并随着学生的回答追问：

1. 根据材料，这个煤矿工人家庭出现什么困难?

可能的回答：冬天很冷却没钱买煤，生活艰难。

2. 为什么会出现这个困难?

可能的回答：工人失业了。

追问：为什么会失业?

答案：煤太多了。

这两个问题的答案学生可以直接从材料中找到，提问是为了引导学生思维的过程。第一步，概括该煤矿工人家庭的生活状况。第二步，概括产生这种状况的原因。这两步都是从材料中提取信息来概括，训练学生的阅读理解、提取信息的能力。

3. 为什么煤太多了？为什么工人家里缺煤？

第三个问题也就是第三步，是要引导学生分析煤矿企业生产过剩的原因。学生从材料中找不出答案，需要老师提供理论观点，并用数据资料证明。老师出示了一则材料：

一切真正的危机的最根本的原因，总不外乎群众的贫困和他们的有限的消费，资本主义生产却不顾这种情况而力图发展生产力……

——马克思《资本论》

这句话比较拗口，学生不易理解，老师转换成学生容易理解的话：群众的购买力有限而资本家却盲目扩大生产，造成生产相对过剩。并提供材料进一步论证。

材料一：1920—1929 年，美国工人的工资增长 2%，而工厂中生产率却增长 55%。农业工人的工资还不到非农业工人的 40%，到 1929 年，美国国家财富的 1/3 由只占人口总数的 1%的人拥有。

请学生阅读并说明材料反映了当时美国的什么经济状况。

可能的回答：贫富悬殊，占人口多数的工人购买力低，资本家却在不断增加生产。

材料二：1928 年 8 月底，美国股票市场的平均价格相当于 5 年前的 4 倍。1929 年夏季的 3 个月中，通用汽车公司的股票由 268 美元上升到 391 美元，美国钢铁公司的股票从 165 美元上升到 258 美元。

请学生阅读并说明材料反映了当时美国的什么经济状况。

可能的回答：股票市场繁荣。

材料三：当时美国的流行说法是："一美元首付，一美元月供。"据统计，1924—1929 年，分期付款销售额从 20 亿美元增加到 35 亿美元。那时，农民贷款购买土地、化肥和农用设备；城里人贷款买汽车、收音机、洗衣机；投资者贷款买股票。1926 年约有 70%的汽车，是用分期付款的形式购买的。

请学生阅读并说明材料反映了当时美国的什么经济状况。

可能的回答：人们用分期付款的方式购物。

在引导学生阅读理解了上述材料之后，教师就可以进一步建立三者之间的关联，对美国当时的经济状况作一个整体描述：由于贫富悬殊，群众购买力低，企业通过股票融资扩大生产，通过分期付款和银行信贷刺激群众消费。表面上看市场繁荣，实际是虚假的繁荣，不可持续。生产和消费的矛盾最终会导致经济危机的爆发。

以上教学设计侧重培养学生的学习理解能力：信息提取、归纳概括、用资料证明观点。

案例二　实践应用能力的培养

实践应用能力的培养要以已经掌握的历史知识为前提。例如，要培养学生运用已经学习过的知识评价各种不同的历史观点，评价活动应该安排在学习完一课或一个单元的内容之后，这样学生才有相关的历史知识，做到论从史出。设计问题时，提供的材料应该是新的，问题或任务可以用学过的知识来完成，训练学生运用已有知识的能力。

下面是英国历史教科书(Jamie Byrom，1999)中鸦片战争一课主要内容完成后的思考题：

历史学家L. C. B. 西曼说："中国人盲目自大、愚昧无知，并且无能。从叫外国人为野蛮人时，这个问题就开始显现了。拒绝平等对待外国人，而且还妄断外国人不能打败他们，这些都是自找麻烦。"

历史学家丹尼斯·贾德说："鸦片战争是英国不知羞耻的侵略行径的一个例子。中国贸易的大门被嚣张的军事干预击碎。"

请解释西曼的观点与贾德的观点有什么不同。

你同意谁的说法，西曼还是贾德？运用你这节课学的知识来回答。

这种设计侧重培养学生的实践应用能力：运用所学知识评判历史观点。

案例三　创新迁移能力的培养

有教师在上北师大版初中历史7年级上册"甲骨文与青铜器"一课时，先出示甲骨文图片，让学生观察并提问：对于甲骨文，同学们有什么疑问？学生们提出各种问题：甲骨文是怎么被发现的？甲骨文每个字的含义是什么？甲骨文记录的是什么内容？甲骨文是做什么用的？教师引导学生利用教科书、课前收集的资料对上述问题一一作出解答。

上述教学用学生的问题组织历史教学内容，侧重培养学生的创新迁移能力：提出问题，收集资料进行研究、解答问题。对于初中生，能提出问题，在教科书和其他历史书中找到答案就行了。高中生则可以尝试进一步探究：教科书中的答案是从哪来的？可靠吗？为什么？要解答这些问题，就需要查找史料，甄别历史文献或历史叙述的作者或资料来源，辨别历史事实与历史解释，分析历史的因果联系等等。学生多经历这种探究过程，可以逐渐培养出高层次的历史学科能力。

综上所述，培养学生的历史学科能力首先要对学生的能力表现有比较清晰的界定，然后以史学理论与方法为依托设计教学过程，通过环环相扣的材料与问题引发学生思考，进而实现能力培养的目标。

第六节　促进历史学科能力发展的区域教学改进实践

2015 年至 2016 年，课题组同时在北京市海淀区、朝阳区和丰台区进行了“促进学生历史学科能力发展的教学改进研究”，利用本组开发的历史学科能力表现指标体系指导中学历史教师改进教学。教学改进基本思路是，以课或单元主题为单位，根据历史学科能力表现指标体系检视原有教学设计，提出改进意见和措施；每个主题选择初高中共有的历史学科核心知识，主要内容不会因为课改而发生变化；同课异构，教学设计体现初高中能力培养的差别，或高中新授课和复习课能力培养的差别；重点关注每课的内容组织结构、材料运用和问题设计，以及各部分内容之间的逻辑关系。

一、研究主题的选择

根据“初高中共有的历史学科核心知识”这一选题标准，经过和各区老师协商，我们确定了如下研究主题：

(1)百家争鸣

(2)秦的统一

(3)戊戌变法

(4)辛亥革命

(5)十一届三中全会与改革开放

(6)古希腊

(7)1929—1933 年经济危机与罗斯福新政

这些课题都是初高中分别出一名教师，共同备课。我们希望通过这种形式让初中老师知道高中的教学内容和要求，高中老师知道初中的教学内容和要求，以便在教学设计时照顾到初高中历史内容的衔接和历史学科能力的进阶。后来根据高中教师应对高考的需求，又增加了一些高中复习课。有常规复习课，如新文化运动、美苏“冷战”等。也有专题复习课，如货币的历史、隋唐时期的经济、中国外交史等。每课也是有 2 名老师同时备课，一名老师讲与本专题相关的新授课，一名老师讲复习课。通过这种形式研究两种课型在教学内容和能力培养上的差异。

二、每个主题的研究内容

研究课的主题确定之后，主要研究以下几个方面的问题：

第一，初中和高中课程标准对该主题的要求有什么差别？(初中用 2011 年版教材)如何根据课程标准要求分别设计初高中的教学，以适合不同年龄段学生的接受能力？

第二，该主题对初中生和高中生的能力培养有什么差别？初中阶段侧重培养学生哪些能力？高中阶段侧重培养哪些能力？如果是高中的同课异构，则研究新授课和复习课的差别。

第三，怎样撰写该主题基于历史学科能力培养的教学目标？怎样根据教学目标开发能力测试题？

第四，该主题在史学界有哪些最新研究动态？如何把史学研究新成果运用于教学？

第五，该主题有哪些典型的史料和其他相关资料，如何运用这些材料培养学生能力？

通过上述研究预期能够取得下列研究成果：

(1)设计出该主题的初中和高中历史学科能力教学目标；

(2)开发出该主题的初中和高中历史学科能力测试题；

(3)完成该主题的教学过程设计；

(4)面向全区做一节公开课。

三、教学改进流程

每学期的教学改进研究，大体按照以下步骤进行：

步骤一，教学改进项目安排会。会议参加者为全体课题组成员，会议主要内容是确定各学校项目的具体实施时间以及授课教师；每个教师研究的主题。一般每个区每学期两个主题，每个实验学校每学期负责一个，每个主题同时准备初中和高中课，或高中新授课和复习课。

步骤二，教学改进项目培训。主要是由项目首席专家做专题讲座，帮助项目校参与教师理解历史学科能力和学科素养的具体内涵、教学设计的要领、项目的流程和要求等。

步骤三，原始教学设计诊断。参加实验项目的授课教师提供该主题原来的教学设计和课件，由北师大项目组诊断问题，提出改进意见。在现有教学设计基础上改进教学目标，突出能力培养。

步骤四，集体备课。在项目校的教学组、区教研员和北师大专家团队共同参与下进行集体备课研讨，进一步改进教学设计。重点关注教学设计中的能力培养活动设计，初高中同一主题的内容差异和能力差异，初高中内容的衔接，或高中新授课与复习课的衔接。

步骤五，试讲。项目校教师选择一个班级为试讲班级进行试讲，试讲后与专家和老师们研讨，继续改进教学设计。

步骤六，正式讲课。一般是全区公开课展示。

步骤七，课后研讨。

步骤八，课后测验。按照相关课题内容在正式讲课后进行历史学科能力测试，检测目标达成情况。进行学生访谈，调查学生对本课的反应。

步骤九，形成教学改进的研究报告，总结交流。每学年的教学改进研究完成之后，总结经验，形成年度教学改进报告。参加课题研究和授课的老师与全区教师分享教学研究经验，项目主持人作总结汇报。

第六章

初中与高中历史教学衔接研究

我国中学历史课程内容的编排多以螺旋式结构为主，同一知识点在初中和高中两个阶段重复出现，逐渐拓宽加深。21 世纪初的课程改革虽然对初高中历史课程结构作了很大改变，但是仍然有许多内容是重合的。正在修订的高中历史课程标准必修课，以通史的叙事框架展示中外历史的基本过程，与初中重复的知识会更多。面对同一个历史知识点，初中和高中教师在教学中如何处理？本研究从学科素养的视角，采用初高中同课异构的方式作了一些探索。

第一节　基于学科素养的初高中历史教学衔接

正在修订的《普通高中历史课程标准(征求意见稿)》将历史学科核心素养定义为:“学生在学习历史过程中逐步形成的具有历史学科特征的思维品质和关键能力,是历史知识、能力和方法、情感态度和价值观等方面的综合表现。”从这个定义可以看出,历史学科核心素养包括历史知识、能力、方法和情感态度价值观等等,但不是这些要素的简单相加,而是“有机构成与综合反映”。对于学科核心素养,可以有不同的分类。实验版课程标准中“知识与能力、过程与方法、情感态度与价值观”是一种分类;高中修订版课程标准最初提出的“时空观念、史料实证、历史理解、历史解释、历史价值观”是一种分类,后来修改为“唯物史观、时空观念、史料实证、历史解释、家国情怀”也是一种分类。国外与历史学科素养相关的课程目标也有其自己的分类,如英国国家历史课程标准中的“关键概念(Key concepts)”和“关键方法(Key processes)”,美国国家历史课程标准中的“历史理解(historical understanding)”和“历史思维(historical thinking)”,等等。历史学科素养不管怎么分类,其本质都是一样的。我们只要抓住本质特征,就不会被各种各样的分类表述困扰。历史学科素养的本质是什么?应该是“能够从历史和历史学的角度发现问题、思考问题及解决问题”(吴伟,2012),或者说是能够用历史学科特有的思想和方法解决历史或现实问题(郑林,2016)。历史学科素养的高低集中体现在解决问题能力的高低上。“历史学科的能力培养是历史素养的重要组成部分。甚至可以说,学科能力如何,决定着历史素养的程度”(吴伟,2012)。因此,我们可以把历史学科能力作为历史学科素养培养的突破口,通过能力培养提升学生的历史学科素养。

本研究重点关注历史学科素养中的知识和能力,聚焦于初高中历史教学衔接的两个方面:一是初高中历史知识的衔接,一是初高中历史学科能力的进阶。初高中历史知识的衔接主要指初中历史知识要为高中阶段历史知识的学习作铺垫,同时要避免初高中知识简单重复。历史学科能力进阶主要指在初中和高中的历史教学中，对学生历史学科能力的培养要体现出由低到高的层次。历史学科能力的进阶受历史知识的广度和深度的制约。只有具备一定广度和深度的历史知识，才有可能进行较高层次的能力训练。从初中到高中，历史知识由浅入深，历史学科能力的要求也由低到高，呈现出依次递进的关系。研究采用初高中同课异构的形式，选择初高中课程标准中共有的历史知识，如古希腊文明、辛亥革命等，由初中教师和高中教师共同备课，研究相关主题初高中教学的衔接。下面以古希腊文明为例展开探讨。

一、初高中历史知识的衔接

古希腊文明相关内容在初中历史课程标准中的要求是："知道希腊城邦和雅典民主，初步了解亚历山大帝国对东西方文化交流的作用。"(教育部，2012)高中历史课程标准中的要求则是："(1)了解希腊自然地理环境和希腊城邦制度对希腊文明的影响，认识西方民主政治产生的历史条件。(2)知道雅典民主政治的主要内容，认识民主政治对人类文明发展的重要意义。"(教育部，2003)初中和高中都涉及古希腊城邦和雅典民主，在教学中如何选择内容？我们认为，可以从 3 个方面考虑：第一，初中和高中历史知识体系；第二，学生的认知水平；第三，初高中历史知识的衔接。

《义务教育历史课程标准(2011 年版)》(以下简称《课标》)将初中历史学习内容划分为中国古代史、中国近代史、中国现代史、世界古代史、世界近代史、世界现代史 6 大板块。古希腊属于世界古代史板块。这个板块从文明史角度建构知识体系，"以各文明出现的时间概念为经，各文明所处的空间概念为纬"设计学习要点，"涵盖了主要文明发展历程及其成果"。"选取每一个文明，每一个历史发展时期最具典型性、代表性的知识点"建构起世界古代各文明发展的进程和脉络(齐世荣，徐蓝，2012)。就古希腊文明而言，课程标准选择了两个典型知识点——希腊城邦和雅典民主，希望学生通过这两个知识点的学习，感知、了解古希腊文明的主要特征。

根据上述分析，我们将初中这节课的课题定为“希腊的城邦文明”，希望学生从整体上感受一下城邦的经济、政治和文化，在此基础上突出对雅典民主的认知。

历史是人的历史、人类社会的历史。如果学生在历史学习中只见政治、经济、文化等抽象概念，见不到人，会感觉枯燥乏味、难以理解，也不感兴趣。因此，初中课从古希腊民主政治的社会环境、城邦中人们的生活讲起，以贴近学生。但限于初中学生的认知水平及历史课时的限制，不可能面面俱到，只能精选几个典型的知识点。比如，城邦的生活，可用一些非常具体的事例把古代希腊，尤其是雅典当时人们的生活状况展示出来。首先，用图文并茂的形式说明什么是城邦，然后进一步探索在城邦中生活的人分为哪些社会阶层，各个阶层中的人们是怎样生活的。教师可通过一个雅典公民的家庭来阐释城邦生活，从家庭的人员构成、成员的分工一直讲到经济活动，由此延伸到希腊的经济及其地理分布。然后概述以斯巴达为代表的农业经济和以雅典为代表的手工业和商业经济，接着又引申出海上贸易。通过这种呈现使学生对整个希腊城邦社会是个什么样的状况有比较清楚的认知。在此基础之上探究城邦的政治是什么样。古希腊的政治制度归纳起来主要有贵族制和民主制两大类。教学中不可能把两种都详细展开，所以先概述一下古希腊有两种政治体制，然后点明我们重点讲雅典的民主政治。民主制有个发展过程，但是在初中不可能把发展过程详细展开。在初中课程知识体系中，古希腊文明属于整个古代文明中的一个，我们是要通过这一个单元的课来了解古代亚非等国不同的文明。这些文明不可能展开讲，把它们的来龙去脉都弄清楚，而是有一个整体的印象即可。这个整体的印象从哪儿来？可以抓住重点，从一个文明发展的最高形态来把握。本课教学中我们选择的是雅典民主政治最完善的一个阶段，也就是伯利克里改革以后，用这个阶段代表雅典的民主政治。把这个点选出来之后，先整体概述雅典的民主在伯利克里时代是什么样子，然后举例说明公民是什么，公民大会是什么，五百人会议是什么。通过这样一个教学流程使学生了解伯利克里时代雅典的民主。雅典的文明成就很多，这节课我们突出的是它的政治文明，对思想文化方面的成就采用概述的方法，利用图片展示古希腊在哲学、思想、艺术等方面的成就。整节课一方面把整个古希腊文明是什么给学生有个整体印象，同时又突出了重点——雅典的民主。

《普通高中历史课程标准(实验)》采用中外历史合编，按模块和专题组织课程内容。其中必修课分为历史(Ⅰ)、历史(Ⅱ)、历史(Ⅲ)3个学习模块，包括25个古今贯通、中外关联的学习专题，分别反映人类社会政治、经济、思想文化、科学技术等领域的重要历史内容。古希腊相关内容位于必修历史(Ⅰ)学习专题6"古代希腊罗马的政治制度"。古代希腊、罗马是古代世界文明中心之一，"本专题设置的目的在于了解希腊、罗马政治制度方面的各自特点及其对人类文明发展的意义"。就古希腊而言，"教师应使学生了解雅典民主政治与其地理环境和城邦制度的关系，了解雅典民主政治中公民直接参与国家管理的形式……在此基础上认识雅典民主政治的价值和意义"(朱汉国、王斯德，2003)。通过必修历史(Ⅰ)模块中"古代希腊罗马的政治制度"以及其他各个专题的学习，教师要引导学生"学会从历史的角度来看待不同政治制度的产生、发展及其历史影响，理解政治变革是社会历史发展多种因素共同作用的结果，并能对其进行科学的评价与解释"(教育部，2003)。

从对高中历史课程标准的分析可以看出，同样是讲古希腊文明，高中侧重政治文明的发展历程，专注于古希腊雅典的民主政治。初中古希腊文明的内容大体是按照通史的框架叙述，到高中则是按照专题史的框架叙述。初中课的重点在于让学生体验古希腊城邦是什么，雅典民主政治是什么。到了高中则要在初中基础上展开，建立城邦与民主政治的联系，让学生理解雅典民主政治是怎么一步一步发展起来的，我们如何评价它。进而思考雅典民主政治的发展历程对今天我国民主政治建设的启示。

在初中历史课上，学生对古希腊文明是什么，当时的人分为哪些阶层，人们是怎么生活的，雅典的民主是怎么回事，这些问题都有了整体的认知。在此基础上讲高中的课，就比较容易了。对于地理环境和城邦这些学生比较熟悉的内容，老师略讲，而把重点放在城邦与雅典民主政治的关系上。初中已经对伯利克里时期雅典的民主政治有比较详细的介绍，高中可对这部分内容略讲，而把重点放在追溯这种民主政治是怎样建立起来的，最后再对民主政治进行评价。

根据这种思路，我们在高中课的整体设计中串了一条线，即贵族与平民的斗争。用这条线把梭伦、克利斯提尼和伯利克里3个人的改革串起来。每个人都有一个侧重点，比如梭伦改革侧重财产等级制度的建立和债奴制的废除，伯利克里改革侧重10个地区部落和五百人议事会的建立，用前后对比的方式呈现民主政治逐步完善的过程。最后是对雅典民主的评价，看看当时人怎么评价，后来人怎么评价，然后让学生自己去评价。依据学情，初中课较多地运用了形象的图片材料，帮助学生感知、理解相关史实；而高中课则用了很多文字资料，引导学生阅读材料，从材料里寻找关键信息，让学生去分析、思考，得出结论。

二、初高中历史学科能力的进阶

对于初中和高中教学中的历史学科能力进阶问题，本研究利用了国家社科基金教育学重点课题《中小学生学科能力表现研究历史学科子课题》的成果，把历史学科能力分解为识记、说明、概括，解释、推论、评价，叙述、论证、探究3个层次9个要素。前3项是第一个层次，属于通常所说的学习能力，学习理解已有的历史研究成果；中间3项是第二层次，属于知识的简单应用能力，运用已掌握的历史知识学习新材料，分析解释历史的因果联系，评价历史事件、人物、制度；最后3项是第三层次，属于高级应用或创新能力，类似历史学家的研究能力，能对历史提出自己的看法，进行一些简单的研究，建立古今之间的联系，并用历史学科的规范表述研究成果(郑林，2015)。初中教学侧重第一层次能力的培养，但教学中也不排除第二、第三层次能力的渗透。高中教学侧重第二层次和第三层次能力的培养，其中也覆盖第一层次的能力。

历史学科能力的培养需要在教学中设计相应的活动来实现。从历史学习的角度来讲，第一步是感知和理解历史，把历史事实搞清楚。实现历史理解这一目标的教学方式可能有多种。在这节初中课中，老师整体上还是以生动形象的讲解、讲述为主，当中穿插了一些引导学生概括提炼信息的活动。这种教学，内容生动有趣，课堂气氛轻松活跃，符合初中生的特点。按照我们设计的学科能力层级，第一个层次学习理解，要求学生对史实本身要搞清楚。怎么搞清楚？比如对古希腊城邦这一概念。什么是城邦？古希腊城邦有什么特点？老师出示相关的地图、图片和文字材料，通过具体的史实来说明这些概念。呈现史实以后，老师让学生进行归纳、概括。再如，要体现希腊城邦小国寡民的特点，老师设计了一个与同时期周朝的面积、人口比较的活动，学生通过比较，概括出希腊城邦小国寡民的特点。在老师生动具体的讲述过程中，通过设问引导学生思考，从而训练其比较概括能力，是本课在历史学科能力培养上的特点。现在一些老师在教学中引用大量的史料，主要是训练学生从史料中提取信息。这也是一种能力培养，但不是历史学科的能力，而是一种通用的语文阅读理解能力。历史的理解能力是要通过各种材料中的史实来理解历史是什么，这是我们要培养的历史学科能力。这节课以学习理解能力的培养为主，但是也包含一些高层次能力的培养。比如在评价雅典城邦文明的时候，老师引用了一句话："罗马在征服希腊的时候，成了希腊文化的俘虏。"然后问学生认同吗？为什么？这就是在培养学生的应用能力。老师创设了一个新情境，要求学生用刚才学过的知识来解答问题。这节课教学过程中，学生自发地提了很多问题。学生有问题可问，说明他们被老师的教学所吸引，有所思、有所想。从学生的反应可以看出，这节课的教学效果很好。由此也可以证明，初中历史教学中老师的讲述非常重要。讲得好可以引发学生兴趣，激发学生思考。讲述不是念教科书中的条文，而是要把条文背后的史实非常生动地呈现给学生，让学生理解，理解之后才会产生问题。如果学生有了问题，这时候就可以探究了，所以我们说探究要在对史实理解的基础上才能展开。由于只有一节课，很多内容不能在课堂上展开，但通过本课的教学确实引起学生的思考，引起学生对历史学习的兴趣。老师因势利导，布置了课后的探究任务，提供参考书目，学生们对这节课什么方面感兴趣可以看这些书，将探究延伸到课外去。

如果初中是通过具体的史实感知历史，那么高中就是通过感知形成概念，用概念来解释史实之间的关系。历史解释是历史学科的核心素养之一，建立在对历史理解的基础之上。通过理解，从具体史实中抽象出概念，然后用概念来解释史实之间的关系，建立一个逻辑链条，完成对历史的建构。这是在高中教学中的高层次的能力要求。但是过于抽象的东西可能也难引起高中学生的兴趣，所以高中课也需要生动形象的内容。这节高中课的导入设计了一个生动的历史场景，针对情境设问，引发学生思考，然后通过层层历史情境和问题的设计，展开后续的教学。

课一开始，老师通过希波战争中希腊和波斯的实力对比来问学生：如果你作为一个雅典人面对这种情况怎么办？很多学生说跑。老师回应说，这实际上是一个非常明智的决定，因为实力实在太悬殊了。但是老师接着又说，我们来看当时的雅典人是怎么解决这个问题的。然后出示一段视频，展示了面临战还是降，雅典公民作出决策的过程。看过之后老师点明这就是雅典的民主。然后设问：雅典的民主政治是怎么建立起来的？进入这节课的教学。雅典的地理环境学生初中学过了，所以用概述。重点落在雅典民主政治是怎么建立起来的。初中我们讲的是雅典民主高峰阶段，给人的感觉很好，公民人人都享有权利，但这样一种民主并不是一蹴而就的，而是有一个非常曲折的发展过程。高中课要把雅典民主制度怎么一步步发展过来的讲清楚。在讲每一次改革的时候，首先分析为什么要改，也就是改革的背景。老师通过呈现材料反映当时雅典面临的问题，比如梭伦改革的时候出示了两则材料，从两个不同的角度反映了当时雅典的平民遇到了什么问题，在这种情况下应该怎么解决，然后顺势引出梭伦一系列的改革措施。后面几次改革也都是按照这样一种模式展开。探讨每次改革的背景、措施都是在材料下设一系列问题，先让学生理解每段材料说的是什么，然后引导学生分析材料所反映的史实说明了什么问题，最后得出一个历史解释。这样，以3次改革为主线，老师层层设计，一步一步创设情境，一个一个铺设阶梯，通过一步步地引导，使学生把握雅典民主政治的发展历程。有了这些铺垫，再让学生谈对雅典民主的看法，学生就有话可说了。因为在学生脑子里有大量的史实，他们可以通过比较分析来说自己的看法。如果时间允许，老师可以引导学生进一步思考雅典民主对我们今天社会主义民主政治的启示，这就属于第3个层次，创新迁移能力了。雅典民主政治是在特定的环境里产生的，是在解决当时面临的社会问题和阶级矛盾的过程中不断改革，逐渐完善起来的。我们国家的民主政治，也要依据我们的国情，在解决各种问题的过程中不断完善。通过这样一种历史思维训练，让学生理解每一种政治文明都有自己独特的发展历程。现状是历史发展的结果，也将随时间的推移进一步发展和完善。文明具有多样性，各种文明都有各自的特点，有其存在的理由，不能盲目崇拜某种文明，而否定其他文明。如果在经历了历史的学习之后，学生能够理性地看待纷繁复杂的社会问题，不盲从盲信。那么，我们可以说他们已经具备了较高层次的历史学科能力、学科素养。

第二节　初中“古希腊城邦文明”教学改进研究

能力是历史学科素养的重要组成部分，培养学生的历史学科能力，是历史教育的主要目标之一。在初中历史课程中如何培养学生的历史学科能力，是本节要探讨的问题。本研究所用教材为初中课程北师大版8年级下册第四单元第18课“蓝色的地中海文明”。本课教材内容包括古希腊城邦与罗马的基本情况、雅典民主政治的发展和罗马的崛起。为了教学的集中和知识的完整，以及便于研究初高中相同内容的教法差异，我们将课题更改为“希腊的城邦文明”，内容聚焦在古希腊。下面，就以这一课为例，展示具体教学实践中以学科能力为标准的教学改进。

一、教学设计的改进

2011年版《课标》要求“知道雅典民主政治”，在内容标准的指导下，教师完成了初步的教学设计，其知识结构如“初期・结构设计”所示。经专家、教研员反复研讨后，认为这一设计主要存在两个问题：第一，设计的考量依然是知识标准，只关注了教师怎么梳理整合教材上提及的历史知识，以期把雅典民主政治讲得系统全面些，没有培养学科能力的意识；第二，忽视了初中生的认知水平，过分关注历史知识的完整与系统，时间跨度大，知识容量大，学生学习的难度也就必然增大。“学生的主体地位”和“学科能力”，都被无意识地忽略了。认清了自己的问题后，教师将自己重新放回原点，读学生，读教材。教师随机选取了访谈对

初期·结构设计	中期·结构设计
一、城邦崛起	一、城邦崛起
二、民主建立	二、雅典民主
1. 贵族统治	1. 贵族统治
2. 梭伦改革	2. 民主政治
3. 伯利克里时期	3. 历史评价
4. 历史评价	三、希腊化时代
三、走向衰落	

（初期·结构设计）　（中期·结构设计）

象，并进行了课前问卷调查，了解到如下学情：

首先，在学习内容方面，8年级学生对古希腊历史的了解程度远低于教师的预期，绝大多数人没听过“城邦”，不知道古希腊的位置所在，一小部分人仅仅是听过雅典和斯巴达的名字，只有极少数人能够对雅典和斯巴达有个较为正确的描述。本课内容属于世界古代史，学生初次接触，距离学生现实生活较远，难以产生共鸣。政治制度又相对枯燥，难以激发兴趣。

其次，在认知水平方面，8年级学生的思维兼有具体形象和抽象逻辑的成分。而学生借助首师大附中的博识课程，走进博物馆，在教师的引导下进行初步的探究学习，具备了一定的历史学习能力，如收集材料—提取信息、阅读文本—分析问题、运用旧识—联系新知等。

再次，在兴趣关注方面，呈现发散特点，大多数学生关注古希腊的神话、人们的生活、斯巴达的军事统治、柏拉图、亚里士多德、阿基米德等名人的生平，几乎没有人提及对政治制度感兴趣。

准确掌握了学生情况之后，教师重读教材，尝试在学生和教材内容之间找到一种平衡。中期探讨时，教师删减了“梭伦改革”和“伯利克里时期”的内容，统而概之，关注民主政治的特点。知识结构如“中期·结构设计”所示。但整体设计依旧存在着之前提到的问题，此外还有知识层次混乱：“城邦崛起”是古希腊层面的，“雅典民主”又聚焦在雅典一个城邦，而最后的“希腊化时代”又将知识层面放大到了古希腊文明的影响上。

经过多次研讨、修改、试讲和反思，教学设计最终成型(见下表)。先“体验古希腊生活”，再“理解古希腊政治特色”，最后“探究古希腊文明的影响”。设计思路是将学生认知历史的顺序与培养历史学科能力相结合，以“历史学科能力体系”为指导，通过体验感知，学生产生初步认识，激发兴趣；通过学习理解，学生概括说明历史现象；通过探究延展，学生迁移整合所学内容。

• 教学目标： 1. 通过阅读材料，提取信息，概括出古希腊的自然地理环境和古希腊城邦的特点； 2. 通过分析古希腊城邦的社会生活状况，探究城邦政治的社会背景和物质基础； 3. 通过解读政治制度示意图和材料，说明雅典民主制度的特点； 4. 通过联想迁移，概括总结，探究古希腊文明在人类历史长河中的贡献。 • 教学重点： 说明古希腊城邦和雅典民主的特点。 • 教学难点： 探究城邦政治的社会背景和物质基础，探究古希腊文明在人类历史长河中的地位。 • 教学框架： 一、城邦生活 贴近学生的认知水平，借助生动形象的漫画和图示来激发学生学习的兴趣，增强学生对古希腊城邦的建立、特点、社会结构、经济发展等内容的理解。 二、城邦政治 简单介绍古希腊城邦的主要政治类型，重点讲述雅典民主政治极盛时期的表现及特点。利用政治制度结构图，具化抽象概念；列举实例，设置情境，引导学生体验雅典民主政治制度。 三、文明摇篮 由政治扩展到文学、哲学、科学、体育等领域，带领学生感受古希腊的城邦文明，启发学生探究古希腊城邦文明对于后世的影响。

二、教学过程的改进

教学实践中，如何培养学生的学科能力是教学的重心。各项学科能力要素都不是割裂、独立存在的，它们之间互有包含。能力的培养也绝非是一朝一夕之事，而应是一个过程性的提升与发展。一节课的教学，不宜承载过多的培养任务，应以2～3项能力要素为主要培养目标，不断改进教学活动和细节处理。本课集中关注学生的概括和探究能力项目。

示例1　概括能力培养：概括古希腊城邦的特点

初稿的设计是给出地图和文字材料，让学生根据材料，概括古希腊城邦的特点：

最大的城邦斯巴达面积也只有8400平方公里，人口最多时约40万。希腊更多的是蕞尔小邦，优卑亚岛面积3770平方公里，却分布着6个城邦，每邦人口不过几万。此外，希腊还有几千人的弹丸小邦。

——齐世荣主编，杨共乐、杨骏民著《璀璨的古希腊罗马文明》

终稿则是减少部分文字材料，简化地图；增加城邦遗址图和城邦状况描述：

最大的城邦斯巴达面积也只有8400平方公里，人口总计约40万。雅典为2556平方公里，人口最多时约40万。……此外，希腊还有几千人的弹丸小邦。

——齐世荣主编，杨共乐、杨骏民著《璀璨的古希腊罗马文明》

城邦对外独立，对内享有完全的自主权。经济上，自给自足；政治上，互不隶属，它们都是独立的主权国家。

——晏立农、马淑芹等编著《图说古希腊文明》

根据材料，提取关键词，概括古希腊城邦的另一个特点。

设计意图：在实践检验中发现，初稿仅仅涉及了城邦“小国寡民”的特点，且这部分文字冗长、地图信息杂乱，容易让学生注意力分散，增加概括的难度。而单是依靠教师讲述，学生对较为抽象的“独立自主”特点难以产生深刻印象。终稿中，补充了城邦“独立自主”特点的相关信息。一方面，以城邦在地图上的点状分布，结合简短的文字说明，来形象表现出古希腊城邦的“星罗棋布”，“地域狭小”；设问中以“周王朝 320 万平方公里，人口 2000 万”和“广土众民”的状态描述，给学生提供对比信息，使学生轻松而准确地概括出“小国寡民”。另一方面，用图片呈现出唐纳德·卡根在《古希腊历史介绍》一书中总结的“城邦的形成”——“在一个平原的中心扎根，因为那里适合农业生产，然后建起一座高大的卫城，并逐渐发展为集市。”同时，引导学生阅读文字资料，在设问中给予学法指导——“提取关键词”，从而启发学生概括出“独立自主”的城邦特点。精简化的材料，清晰明白地给人直观感受；对比式、学法提示的设问，降低了学生的分析和理解难度，使其能够迅速地概括出对应的信息。

示例 2　探究能力培养：根据古希腊家庭生活，探讨城邦的社会特点

初稿中选用的材料是雅典城邦公民的家庭结构示意图：

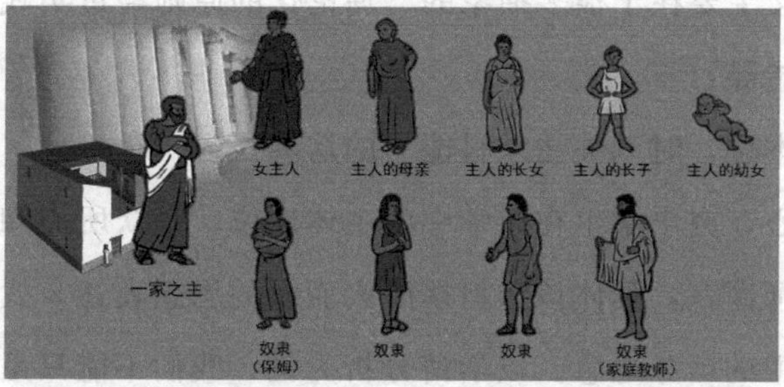

终稿则展示的是这位公民的房屋构造剖面图和家庭主要人物类型：

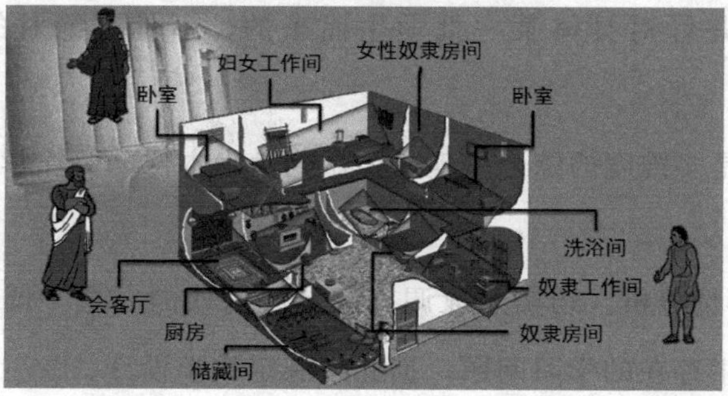

设计意图：在初稿中，学生只能从中推出家庭的基本构成、身份差异。材料给出的信息单调，学生很难产生合理想象和推论；而在终稿中，与中国古代房屋构造截然不同的格局设计，激发了学生的学习兴趣。学生可以根据房屋的功能设置，结合前面城邦的特点和教师的讲述，分析出以雅典城邦为典型的古希腊世界的基本生活状况和经济发展特点。如从奴隶和奴隶工作间可以推论出古希腊城邦经济属于奴隶经济；从男主人(会客厅)和女主人(卧室和妇女工作间)在家的主要活动区域，可以探究出雅典社会男女的地位差异——男性公民有资格参与社交活动，而女性则没有资格。这些形象生动的信息，不仅为后面全面认识、评价雅典民主政治作了铺垫，更通过家庭生活的再现拉近了古希腊历史与学生生活的距离，活跃了课堂氛围，激发了学生的好奇心。

三、教学反思

通过此次参与“促进历史学科素养关键能力发展的教学改进”课题，教师在反复的“设计—推翻—反思—验证”过程中，成长了许多。从自身的收获角度来谈，参加该课题的意义主要在于很多抽象的、理论化的原则经过实践之后，变成了切实可操作的行为指导：

第一，学生本位，时刻关注学科能力的培养。

以学生为中心，突出学生在教学中的主体地位，是众所周知的教育原则。然而，对于很多教师而言，具体该如何摆脱大而空的思想表述，找到切实可行的实践方法，是教学中的当务之急。以学情分析为例，我们不能只是口头上说说或是心里想想，要以学生为中心。我们自己知道的、断定的多半来自于经验，而这经验是过去了的，是针对具体某一批学生而来的，不具有绝对的普遍性和可迁移性。

学生的思维是多维度的综合呈现，要做到学生本位，关注学科能力，就应达到 4 方面的统一：

(1)课前的学情分析。切实采取调查问卷或访谈的方式，调查学生的真实认知水平，分析学生存在的学习问题，据此来制定教学设计。

(2)建立在引导学生体验、理解历史基础上的教学方法。从现实与历史知识之间找联系，创设情境，引导学生体验历史，进而借助讲解法、描述法、图示法等方法来启发学生理解历史。

(3)课后的后期测评。改变过去教师单方面的设计，让学生全面参与到学习评价中，让学生在评价标准设计中明晰自己应当达到的境地，在真实性任务的解决过程中提高和发展自己，在多种学习表现形式中展示和证明自己，在评价报告体系中获取足够的反馈，进而激发学生的主动反思和发展。

(4)教师的教学反思。结合课前、课中、课后3个阶段的教学体会和实践经验，进行持续的反思。根据具体的教学环节，提出并在实践中检验、改进自己的教学方法，同时回读教育理论，提升个人的教育素养。

第二，把握课标之下的学科能力，与学生生活建立联系。

脱离了《课标》，就失去了大纲的指引；忽视了学科能力，就成了知识内容的堆砌，教学的价值和意义都会有所缺失。一般经验不足的青年教师，多半都会受到大学研究的思维干扰，习惯去拓展和挖掘知识的学术系统，往往忽视了学生的认知水平、《课标》的能力要求和课堂的教学容量等，又不舍得删去多余内容，常使得教学显得冗乱和枯燥。除此以外，青年教师容易过分追求知识的深度和难度，不注意与学生的实际生活建立关系。在“希腊的城邦文明”一课的前期备课过程中，授课教师就出现了上述的问题。

教学内容的甄选，一定要依据学生的学习心理和认知水平，以提升学生的学科能力为目标，以与学生生活建立联系为手段。正如美国教育家杜威所言：“把学科独立，与儿童实际生活脱离关系……学科先与真生活脱离，其次变成纸上的假东西，再次不能实际应用。……儿童因为没有兴趣，所以视学为困苦的事。一般人不晓得这个道理，以为人类的天性是不喜欢求学的，而人类的生活是不得不求学的，于是想尽种种方法去训练他，使他不得不求学。讵知他学了仍然不能知道。这就是学的东西与人生日用社会没有关系的缘故。”历史虽然是过去存在的事物，但在教学中还是可以与学生认知、生活建立联系的。比如讲家庭生活，纵使过去的方式与现在千差万别，但总逃不过衣、食、住、行，可以给学生以对比和体验；讲文学成就，虽找不到现实依据，但可以通过设置情境，引导学生去感受作者的思想等。联系是可以建立的，也是必须建立的。

第三，增进教学反思，提升教师素养。

在参与课题的整个过程中，对教师个人而言，意义最大的便是反思意识的增强。从课前到课后，反思始终在路上。教学设计前后修改了近 10 稿，一份材料的使用亦经过了六七次的实践验证，每一处设问都是反复推敲、字斟句酌的结果。除了不断促进教学设计的改进，反思意识也会激励教师去拓展阅读，借鉴学习，开阔思路。目前，授课教师正在研读美国世界史教材，里面专门有一章为"Skillbuilder Handbook"，介绍了历史学习的 4 个能力层面：研究性阅读、高阶批判性思维、探究证据、创新观点，每一个能力层面又涵盖了数种具体的操作项目。这些无疑帮助教师打开了思路，借鉴之中，更推动了教师主动探究所教学生的历史思维和认知特点，并期待自己能够在继续的实践与反思中制定出我们自己的学科能力提升手册。

反思的意识，令教师从一个课题的执行者，转变为了主动的探究者。正如我们在教学中所欲促成的学生自主学习一样，教师的自主改进何尝不是教学的意义所在。

第三节　高中"古代希腊的民主政治"教学设计

新一轮的高中历史课程改革已经拉开序幕，并提出了历史学科核心素养(唯物史观、时空观念、史料实证、历史解释、家国情怀)作为高中生应该达到的目标。历史学科素养是历史知识、能力和方法、情感态度价值观等方面的综合表现。"历史学科的能力培养是历史素养的重要组成部分。甚至可以说，学科能力如何，决定着历史素养的程度"(吴伟，2012)。如何利用课堂有限时间，让学生在掌握具体历史知识的基础上，培养历史学科能力，是每位老师在进行教学设计时应该解决的关键问题。传统课堂注重学生掌握具体的历史知识，对于问题的讲解停留在罗列、阐述的层面上，这对于学生学科能力的培养和以后课程的学习作用不是很大。通过死记硬背获得的知识是一个孤立的存在，而且容易遗忘。学生的历史学科能力，只能在具体实践中，通过运用历史学思考方法解决问题获得。这就要求教师在进行教学设计的同时，根据教材内容，挑选组织材料，设计问题，让学生从实践中培养自己的历史学科能力，获取相关知识(郑林，2016)。本节以高中“古代希腊的民主政治”一课为例，作了一些探索，以期促进学生学科能力的提高。

一、教材内容分析和教学目标的制定

本课所用教材为人教版必修 1，进行同课异构的初中教材为北师大版 8 年级下册。初中课本在内容上体现一个“广”字，而高中课本体现一个“专”字。初中课程可以看作是一部简单的通史，高中历史则是一部专门史。初中历史课程的意图是理清历史发展的脉络，让学生对于世界历史的发展有初步的概念。高中课程则在初中课程的基础上，把每个重要的问题进行细化和加深。对于古代希腊的历史，高中的处理方式是将古代希腊最有代表性的雅典民主政治进行深度发掘。高中历史的课程要在初中课程的基础上进行探究，所以对待同一知识点，初高中存在较大差异。教材内容分别以 3 个子目阐述雅典民主政治产生的原因、过程及其影响，深挖一点而非全面铺开。这就要求教学设计要体现出高中的“专”字。

教育部 2003 年颁布的《普通高中历史课程标准(实验)》对必修 1 第六专题“古代希腊罗马的政治制度”要求如下：“(1)了解希腊自然地理环境和希腊城邦制度对希腊文明的影响，认识西方民主政治产生的历史条件。(2)知道雅典民主政治的主要内容，认识民主政治对人类文明发展的重要意义。”初中历史课标的要求为“知道希腊城邦和雅典民主”。高中课标使用了“知道、了解、认识”3 个行为动词，初中使用的动词是“知道”，对学生能力要求不同。高中课标要求学生对于历史事件的本质有更深一层的了解，而不仅仅是史实表面的感知。

根据课标的要求，本课第一个需要达到的教学目标是要学生了解雅典民主政治产生的大背景。初中课程对于希腊自然地理环境及其影响已经进行了较为详细的讲述，因此学生对于该内容已经有初步了解，但是对希腊城邦制度及其与民主政治的关系却十分陌生。高中历史课堂需要强调地理因素背后更深层次的东西，即这种小国寡民的环境以及公民群体的存在，与雅典民主政治的关系。这是西方民主政治产生的背景。

本课第二个教学目标是要学生掌握雅典民主政治改革的内容，并能理解雅典民主政治的建立对于人类社会的影响。这一部分是教学过程中的重中之重，学生的能力要求也从“知道”提升为“了解”和“认识”。学生应从背景出发，探究雅典民主政治建立的过程，从而让学生联系古今，主动探究，进一步提升历史学科能力。在教学中需要补充材料，设计问题，开阔学生的思路，碰撞出思想的火花。

综上所述，本课突出高中历史课程“专”的特点，深挖“民主”这一概念，强调学生历史学科能力的培养。围绕这一理念，笔者通过史料，引导学生围绕本课课程目标，推动学生思维由浅入深地认识雅典民主。

综合课标的要求和课程内容，笔者制定如下的教学目标：(1)能够准确概括雅典城邦特点，推论其对雅典民主政治的影响；(2)概述雅典民主政治建立的过程及其内容，比较3次改革的异同；(3)评价3次改革，探究希腊民主制度对于西方社会的影响。

二、教学过程设计

导课：教师讲述希波战争发生的历史背景，将作战双方兵力进行对比。提出问题：在这种情况下，希腊人会作出什么选择？播放古雅典投票的历史情景模拟视频，学生初识古代雅典的民主。

设计意图：学生对于民主这一概念并不陌生，所以容易先入为主，对古代雅典的民主观念产生偏差。本课导入设计旨在通过希波战争的故事，呈现当时的情景——雅典面临战与不战的抉择，进而通过视频将雅典人抉择的方式即民主投票的情景展示给学生。通过此导入，激发学生的兴趣，给学生直观的印象，初步认识雅典的民主。

教学环节一　城邦

（一）城邦：城市＋村落

展示古希腊所处地理环境地图，揭示古代希腊的地理环境，提出问题：(1)观察希腊地形图，概括希腊的地形特点；(2)希腊多山临海的环境对古代希腊产生了怎么样的影响？通过设问，引导学生了解城邦形成的地理因素，通过图片了解城邦的定义：从地域角度看，城邦是城市和村落的结合体。

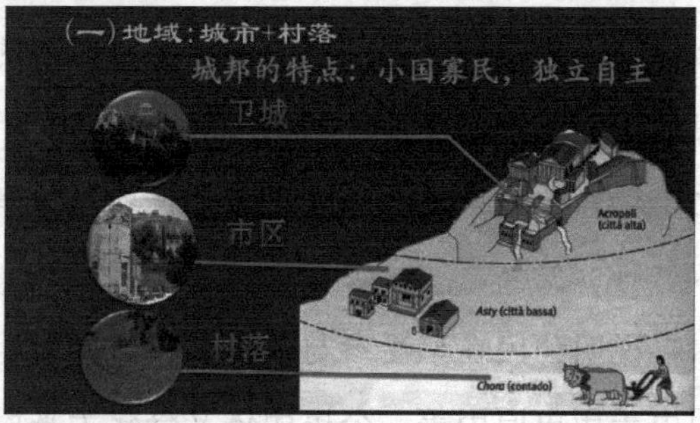

设计意图：这一部分与初中课程有重叠。从学生历史学科能力培养的角度看，要求学生读图总结，能力层次上属于A学习能力的层次，具体为概括能力和说明能力。从初高中知识衔接的角度，这一部分采取略讲方式，点出古希腊城邦小国寡民、独立自主的特点即可。

（二）城邦：公民团体

材料一：城邦不论是何种类型，其最高权力属于公民集体，公民集体实际上就是城邦制度。

通过亚里士多德的话引出城邦另一重要概念——公民。

材料二：凡能自备武装的人有公民权利，这些人进行选举。

材料三：规定享有公民权利之人仅以父母双方均为公民者为限。

材料四：未及登籍年龄的儿童作为一个公民，可说是不够充分资格的。

材料五：在雅典强调公民权利与财产状况有关，规定只有富有公民才能担任重要的行政职务。

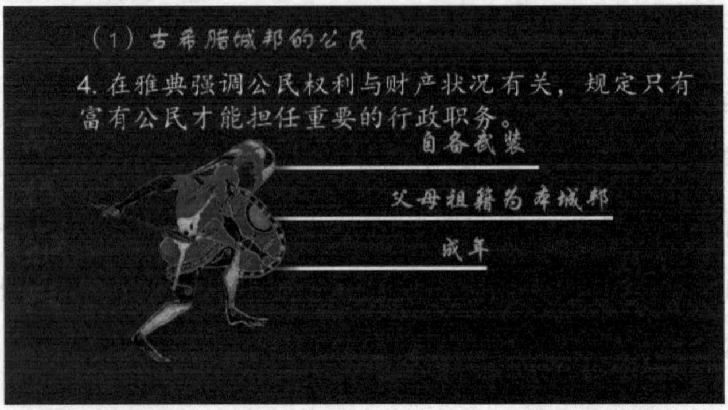
（1）古希腊城邦的公民
4. 在雅典强调公民权利与财产状况有关，规定只有富有公民才能担任重要的行政职务。
自备武装
父母祖籍为本城邦
成年

提出问题：什么样的人才能成为公民？学生寻找材料中的关键词，进而整合相关信息，得出公民的概念。

材料六：公民之于城邦恰恰好像水手之于船舶，各司其事的水手齐心合力于一个共同的目的，即航行的安全。

通过分析材料六，说明公民在享受参与政治的权力同时，还需要承担保卫城邦的义务。教师点明由于历史原因等，公民团体又分化为平民和贵族。

设计意图：初高中历史课程对公民概念要求不同，高中的核心是雅典民主政治，作为实行民主政治的主体，公民团体是非常重要的概念。公民概念的理解，是对城邦概念的深化。如何帮助学生理解这一概念，这里采取的突破方式是，选取多则材料，让学生拾取历史史料中的碎片，自己总结出公民概念。从能力培养上来看，依然是 A 层次，学生概括和说明公民的概念。材料六的意图是使学生的思考更深一步，通过已学内容，分析新的材料，属于 B 层次中 B2 推论能力。公民有政治权利，更有政治义务，城邦存在和稳定的基础是公民团体。但是在当时存在平民和贵族，权力和待遇上的不平等已经影响到城邦的生存。通过这一环节的教学，学生不仅仅加深了对公民概念的理解，更引出雅典民主政治建立的背景。

教学环节二　雅典民主政治的基础——梭伦改革

材料七：如果他们（平民）交不起地租，那么他们自身和他们的子女便要被捕；所以在群众眼中，宪法上最残酷和苛虐的部分就是他们的奴隶地位。

出示材料七，首先提出问题：当时的平民面临什么危机？通过材料，学生能够回答出当时平民面临的问题是大量沦为债务奴隶。继而在此基础上进一步设问：大量平民沦为债务奴隶对雅典城邦有什么影响？通过之前讲述城邦的概念以及公民的义务，学生可以得出公民基础受到威胁，公民人数减少。这样便威胁到了城邦的生存。

材料八：他们（平民）对于每一件别的事也一样感到不满，因为他们觉得他们自己实际上什么事都没有参与。

出示材料八，提出问题：平民想要参与什么事情？通过材料，学生得出平民没能完全参与到政治生活中去。进而追问：是谁阻碍了公民参与城邦政治生活？引导学生与公民的分化联系起来，得出结论：雅典城邦贵族把持政权，影响到公民行使公民权。教师讲授贵族如何把持当时的政权，并点明平民和贵族的矛盾冲突导致当时的雅典城邦处在了分崩离析的边缘。通过材料七和材料八阐述清楚梭伦改革的背景。引出梭伦其人。

材料九：

黑色的土地，将是最好的证人，

因为正是我，为她拔掉了众多的债权标，

以前她备受奴役，而今已重获自由。

许多被出卖的人们，

我已使他们回到这神所建立的雅典。

提出问题：债权标指的什么？被出卖的人又是谁？重获自由是什么意思？让学生理解材料中名词的意义，继而得出梭伦改革的内容是废除债务奴隶制度。在此基础上设问：债奴制度的废除对雅典城邦有怎么样的影响？学生回答，保护了公民的财产，扩大了公民的基础。

对比财产等级制度与之前的公民等级划分，提出问题：这种不同给雅典民主政治带来什么影响？通过层层设问，让学生理解财产等级制度带来的影响。通过对比梭伦改革前后政府机关的变化，使学生明白梭伦改革在机关设置上保证了公民的权力。教师总结梭伦改革的内容，提出问题：梭伦改革的措施会对雅典民主政治发展有什么影响？学生通过总结梭伦改革的内容和影响，得出结论：梭伦改革奠定了雅典民主政治的基础。

材料十：我所给予人民的适可而止……我拿着一只大盾，保护两方，不让任何一方不公正地占据优势。

但是梭伦改革并不是完美无缺的，贵族和平民都对梭伦不满，贵族依然通过四百人议事会控制了雅典城邦的政权，梭伦改革是不彻底的。继而为克利斯提尼改革奠定了基础。

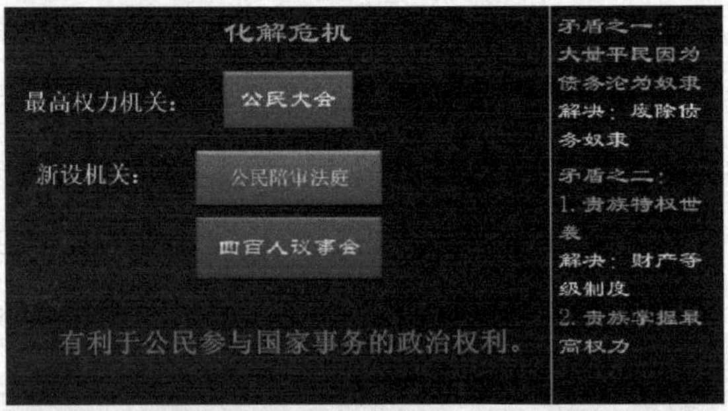

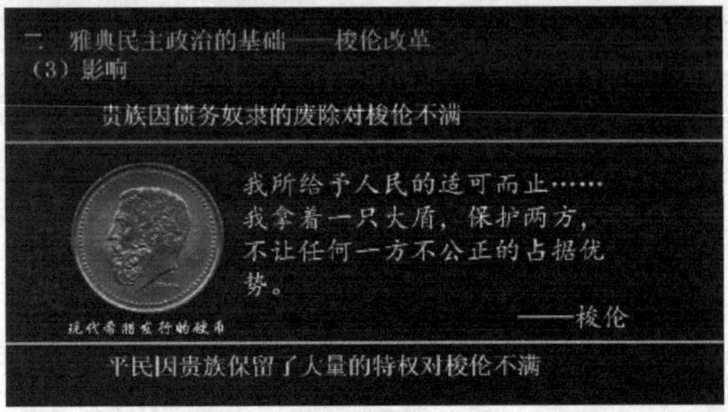

设计意图：在初中历史课程中，梭伦改革只是在小字部分进行了说明，高中则对这一知识点提出了更高的要求。作为雅典民主政治的奠基人，梭伦改革是整节课承上启下的部分。一方面，上承雅典民主政治改革的背景；另一方面，下启克利斯提尼改革。本节首先通过史料，层层设问，激发学生思考问题，引导学生由浅入深地提取材料中的信息。材料七和材料八都立足于概括材料中的关键内容，总结当时雅典城邦的危机，属于A层次能力。浅显的问题是为了向更深层次的思考铺垫好基石。学生通过阅读材料，首先可以发现平民与贵族之间的矛盾所在，然后再结合之前所学知识，探究这种矛盾背后雅典城邦所隐藏的危机，为学习梭伦改革做好铺垫。通过材料九引导学生寻找关键词，概括史料，总结改革的措施。通过对比梭伦改革前后的财产等级制度和雅典机构变化，学生发现其中的差异，分析梭伦改革会给雅典带来怎么样的影响。最后对本节内容进行总结，引导学生对历史事件进行评价，培养学生 B3 评价能力。本课设计没有止步于此，材料十的给出，是让学生全面评价梭伦改革，发现梭伦改革的不足。从背景、改革、措施形成一个完整结构，学生能力也从 B 层次向 C 层次迈进，让学生完整阐述梭伦改革，培养学生 C1 叙述能力。

教学环节三　雅典民主政治的确立——克利斯提尼改革

梭伦改革遗留了很多问题，最主要的就是贵族通过血缘选举的四百人议事会控制了雅典城邦的政权。克利斯提尼改革的主要内容便是解决梭伦改革所遗留的问题。这一部分通过图示和动画的方式，给学生展示克利斯提尼 10 个地区部落建立的方法。

10 个地区部落与以前的血缘部落相比是全新的部落，而五百人议事会也取代四百人议事会，发生了很大的变化。提出问题：克利斯提尼所组建的新的部落与以前的部落相比有什么不同之处？学生根据所讲的地区部落的产生方式可以回答：旧部落内部的血缘关系被打破。这是第一层问题。在此基础上进一步设问：这种不同对雅典政治有什么影响？联系之前所讲梭伦改革遗留的问题，学生可以回答：基本解决了梭伦所遗留的问题，即基本铲除了旧氏族贵族的政治特权。

接下来让学生阅读课本，了解克利斯提尼其他改革措施，教师补充陶片放逐法的相关内容。最后让学生评价克利斯提尼改革，思考克利斯提尼改革的影响。

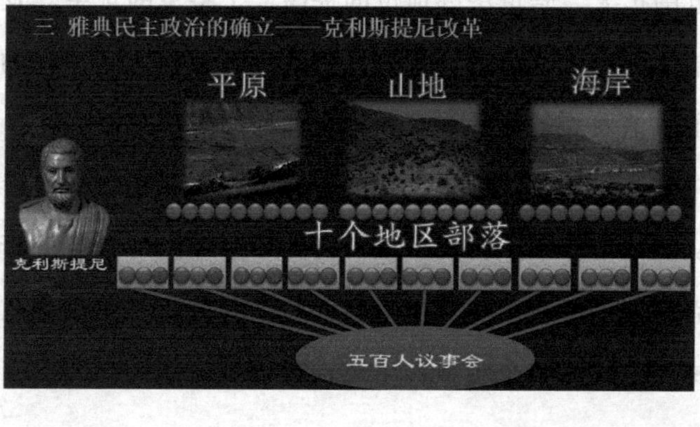

设计意图：克利斯提尼改革承接梭伦改革，解决其所未能解决的问题。改革的重点是10个地区部落的建立，而10个地区部落建立的目标就是为了解决旧贵族通过血缘部落和四百人会议控制雅典城邦的政治。对于其他的内容则采取略讲的策略，详略得当。这一节要解决的问题是克利斯提尼怎样进一步深化雅典民主政治。为突破这一难点，首先通过图示的方式，直接讲述克利斯提尼改革的内容，学生先对克利斯提尼改革内容有一定了解。再通过与梭伦改革进行对比，思考两者前后的变化，以及这种变化背后的意义。在此基础上层层递进，让学生思考更有深度的问题：评价10个地区部落的建立及其影响，培养了学生B3评价能力。最后让学生阅读教材，并讲解陶片放逐法，完善整个课程体系。

教学环节四　公民当家做主——伯利克里改革

雅典民主政治到伯利克里改革的时候达到了顶峰，展示伯利克里改革前后雅典政治的不同，提出问题：对比分析，伯利克里时期民主政治有哪些进步？学生从参政公民的范围扩大、陪审法庭地位的提高、十将军的选举、发放工资等方面分析，自己总结伯利克里改革后，雅典民主政治是怎样达到顶峰的。通过图片的方式将雅典民主政治发展的历程展现在学生面前，作出总结。

设计意图：伯利克里改革措施在初中有完整介绍，在教学设计中不再进行详细解释，但是从能力培养和学科要求上，需要学生深入地进行分析。通过对比伯利克里改革与克利斯提尼改革，让学生自己总结和分析雅典民主政治达到顶峰后的表现，以阶梯的方式对整个雅典民主政治过程进行总结。

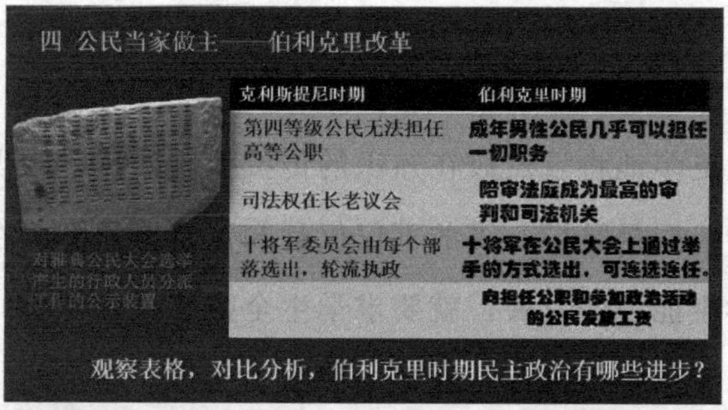

教学环节五　雅典民主大家谈

给学生提供对雅典民主政治的不同看法、雅典民主政治对今天的影响的材料，让学生分组探究以下问题：

(1)在伯利克里看来，雅典民主政治有怎样的特点？

(2)产生五百人议事会的方式为近代西方民主政治提供了哪些借鉴？

(3)你如何看待雅典民主政治？

设计意图：对于雅典民主政治的评价包含多方面的内容，如：积极评价与消极评价，对当今的影响与当时的影响，对自身的影响和对世界的影响等。学生通过前面的学习，已经熟悉了雅典民主政治建立的背景和过程，如果仍采取读材料、回答问题的方式，或是传统教学罗列讲述的方式，学生思考的深度就会局限于此；冒然抛出如何评价雅典民主政治，学生则没有史料支撑，容易信口开河。在这一部分给学生提供各种不同的说法，学生自己去解释、去探究。整个课堂在热烈的讨论中结束，最后由老师进行总结，学生的收获更大。

三、教学反思

传统历史课堂更多地将重点放在知识的传授上。诚然，知识的传授是一堂课的基础，而知识的传授是“讲”，讲的不仅仅是知识，更是隐藏在知识背后的能力与方法。要促进学生能力的发展，就要求学生全身心投入课堂，开动脑筋，在教师的指导下主动思考、合作探究，让整个课堂动起来。这里的“动”不仅仅是形式上的动，更是思维上的碰撞。通过本课的讲授，从历史学科能力的培养方面教师和学生收获都很大。对教师而言，在备课过程中更多地考虑了学生能力的培养，而不是单单为一堂课而讲一堂课。每设计一张图片，一个问题，都在考虑怎么引导学生主动思考。在课堂中提供给学生最多的是方法，是能力。让学生以后在面对不同的问题，不同的知识的时候，也能通过相类似的方法去解决问题，分析问题。学生得到锻炼的不单单是知识点的记忆，更多的是能力方法的培养。

在实际教学过程中，首先让学生自己提取关键信息进行总结，理解雅典民主政治建立的基础——公民集体。其次通过将材料分解、层层设问的方式，引导学生探究问题，得出结论。另外还采取了对比分析的方法，让学生理解雅典民主政治是如何达到“黄金时期”的。最后，在评价雅典民主政治这一环节，让学生在分析学案材料的基础上，充分思考，发散思维。教师引导学生自己形成问题，研究问题，最后解决问题。通过将问题分解，培养学生的历史学科能力，同时也达成了教学目标。

第四节　初中“孙中山与辛亥革命”教学研究

初中课程标准对本课相关内容的要求是：“了解孙中山早年的革命活动，知道孙中山是中国民主革命的先行者；了解武昌起义和中华民国成立的史实，认识辛亥革命的历史意义。”

8年级学生喜欢表达自己的观点和想法，但认识上仍然处于感性认识阶段。

根据课程标准要求和学生的认知特点，在“孙中山与辛亥革命”这节课中，采用以人带事的方法，以孙中山这个人物作为线索，设计了4个题目：一、走上革命道路；二、创建革命政党；三、领导辛亥革命；四、建立中华民国。通过孙中山的革命历程，将辛亥革命的相关内容串联起来。

一、设情境，巧激趣——激发学生探究的热情

著名教育家第斯多惠曾经说过：“教学成功的艺术就在于使学生对你教的东西感兴趣。”如果学生对所学知识不感兴趣，那么他就会失去学习和探究的热情。为了激发学生的探究欲，本课在“走上革命道路”这一子目设计了一张表格，展示康有为和孙中山在同一时间段的求学经历。

康有为	孙中山
18岁，拜崇信宋明理学的朱次琦为师。	13岁，夏威夷檀香山教会学校。 17岁，香港拔萃书院后转皇仁书院。
21岁，开始接触西方文化。	20岁，广州博济医学院。
24岁，到北京参加会试，经上海，进一步接触到资本主义的事物。	21岁，香港西医书院。 26岁，在澳门行医，后移居广州。
31岁，开办万木草堂，宣传变法。	28岁，上书李鸿章提出改革主张，但未被接受；创办革命团体兴中会。

提出问题：康有为和孙中山两人年轻时的求学经历有何相同？有何不同？

设计意图：通过让学生比较康有为与孙中山求学经历的相同点和不同点，激发学生的探究热情和学习兴趣，锻炼比较和概括能力，同时了解了孙中山的早年经历。在此基础上老师再进一步介绍：孙中山青年时代更多的是接受西式教育，在夏威夷期间，夏威夷发生了革命，建立了共和国，对孙中山的革命也产生了一定的影响。孙中山最终选择了革命道路，希望通过革命的方式救中国。

二、设情境，巧点拨——促进学生思维的发展

教材在处理武昌起义前的背景时，没有叙述之前的多次起义，只简单提到了黄花岗起义，接下来便是武昌起义的成功。如果按照教材上的编排向学生讲述，

就会显得很突兀，学生会对推翻清王朝的武装起义的艰难性缺乏足够的认识，进而也就不能全面认识辛亥革命。为了避免这样的问题，教学中把兴中会成立后的重大起义用地图和表格的方式展示给学生。提出问题：1906 年后为何起义更加频繁？

引导学生思考 1906 年前的重大历史事件，1905 年同盟会成立后，起义有了统一的政党领导，因此出现了汹涌澎湃的多次起义，但这些起义由于势单力孤，力量分散，先后都失败了。

	年份	起义名称
①	1895 年	广州起义
②	1900 年	惠州起义
③	1906 年	萍、浏、醴之役
④	1907 年	黄冈之役
⑤	1907 年	惠州七女湖之役
⑥	1907 年	安庆之役
⑦	1907 年	钦廉之役
⑧	1907 年	镇南关之役
⑨	1908 年	云南河口之役
⑩	1910 年	广州新军之役
⑪	1911 年	黄花岗之役

同盟会领导和影响下的诸多次起义中，影响最大的是黄花岗起义。孙中山对这次起义给予了高度评价：

> 事虽不成，而黄花岗七十二烈士轰轰烈烈之概，已震动全球，而国内革命之时势，实已之造成矣。
>
> ——孙中山《建国方略》

通过以上的引导和讲述，学生认识到武昌起义的成功并不是一蹴而就的，这与多次武装起义积累了丰富斗争经验，保路运动武昌的军队调入四川等客观因素的综合作用有关。

设计意图：学生通过问题的思考，通过对孙中山等先辈前仆后继投身革命的事迹，认识到革命的艰难性。

三、设情境，巧探究——搭建学生思考的平台

在“建立中华民国”这一子目，首先展示南京总统府孙中山就职典礼的蜡像图片，引导学生从中找到中华民国成立的相关信息。(时间、地点、国名、国旗)

设计意图：通过观察图片，引导学生尝试自己去发现问题，让学生更多更主动地参与学习的全过程，这样可以提高学生的主体参与意识和能力，点燃学生学习潜能。

从1911年10月10日到1912年1月1日，仅仅83天，这样迅速的胜利在世界上其他的任何伟大的革命中都是罕见的。这次革命到底给中国带来了什么？这就要求学生能总结出辛亥革命的功绩，这既是本节课的重点，又是本节课的难点。以初中学生的认知水平来说这确实是一个难题。因此，在总结辛亥革命的功绩时，首先给学生展示了瞿秋白对辛亥革命的评价。

皇帝倒了，辫子割了。

——瞿秋白

这句话的展现降低了学生理解的难度，但是当学生看到这句话的时候也只能意识到辛亥革命推翻了清王朝，剪掉了辫子，深层次的含义就很难理解了。为了让学生更全面、更深刻地理解辛亥革命的功绩，作了如下设计：

展示资料：

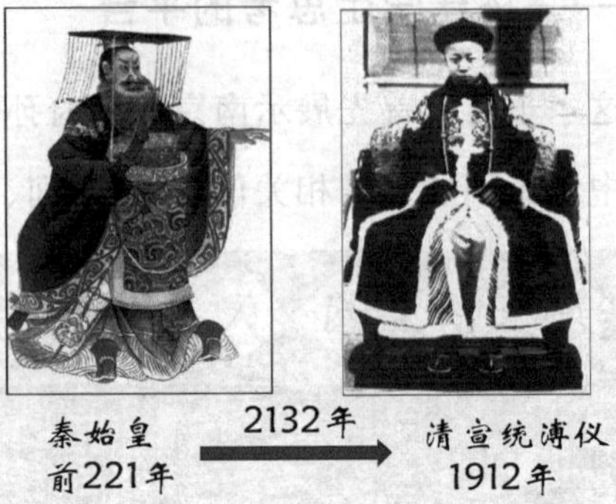

学习古代史，懂得皇帝的权威是至高无上的，从秦始皇到清宣统，2132 年的历史都是帝制。辛亥革命用铁和血为帝制的历史画上了一个句号。只有漫长的历史才能称量出这个句号的真正意义和重量。所以皇帝倒了的深层含义应该是推翻清王朝，结束帝制，建立资产阶级共和国。

剪掉辫子，学生的理解就是长辫子变成了短头发。但是当时中国人剪掉辫子却经历一个痛苦的心路历程。为了让学生感知这段痛苦的心路历程，作了这样的设计，展示资料：

清朝男子的大辫子

革命志士纷纷剪掉辫子

1911 年 2 月法国《小日报》的上海张园剪辫子运动

在辛亥革命之前，革命志士纷纷剪掉了辫子，普通群众也有一些追随者，但是并没有形成全社会的热潮。1912 年中华民国成立后，这一热潮就出现了。

展示资料：

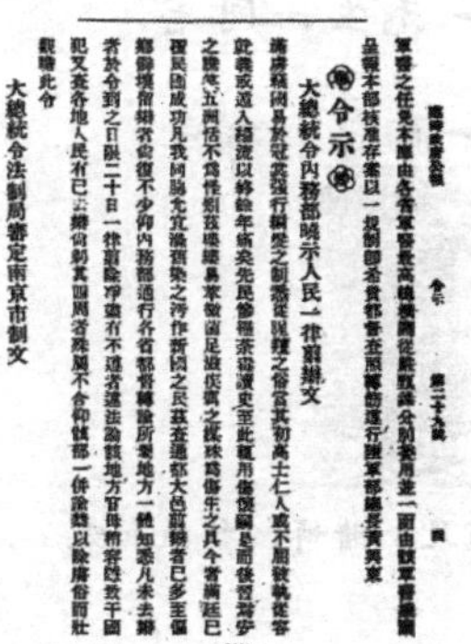
令示
大總統令內務部曉示人民一律剪辮文
滿虜竊國，易吾冠裳，強行編髮之制，悉從腥羶之俗。當其初，高士仁人或不屈被執，從容就義；或遁入緇流，以終餘年。痛矣先民，慘罹荼毒，讀史至此，輒用傷懷。嗣是而後，習焉安之，瞭焉五洲，恬不為怪，矧茲縷縷，易萃微菌，足滋疾癘之媒，殊為衛生之害。今者滿廷已覆，民國成功，凡我同胞，允宜滌舊染之污，作新國之民。茲查通都大邑，剪辮者已多，至偏鄉僻壤，留辮者尚復不少。仰內務部通行各省都督，轉諭所屬地方，一體知悉：凡未去辮者，於令到之日，限二十日一律剪除淨盡，有不遵者，以違法論。該地方官毋稍容隱，致干國犯。又查各地人民有已去辮，尚剃其四周者，殊屬不合，仰該部一併諭禁，以除虜俗而壯觀瞻。此令
大總統令法制局審定南京市制文
(0628)

今者满廷已覆，民国成功，凡我同胞，允宜涤旧染之污，作新国之民……凡未去辫者，于令到之日限二十日，一律剪除净尽，有不遵者以违法论。

——中华民国临时政府剪辫法令

袁世凯在就任临时大总统前，剪掉了他的大辫子，最后连最不应该剪掉辫子的溥仪也因为他的英文老师的嘲笑，剪掉了辫子。

1912 年 3 月，法国《小日报》刊登袁世凯剪辫子

1920 年末代皇帝溥仪剪掉辫子

提出问题：剪掉辫子后，人们的其他方面发生了怎样的变化？

随着辫子的剪掉，人们之间的称呼和礼仪也悄悄发生了改变。

展示资料：

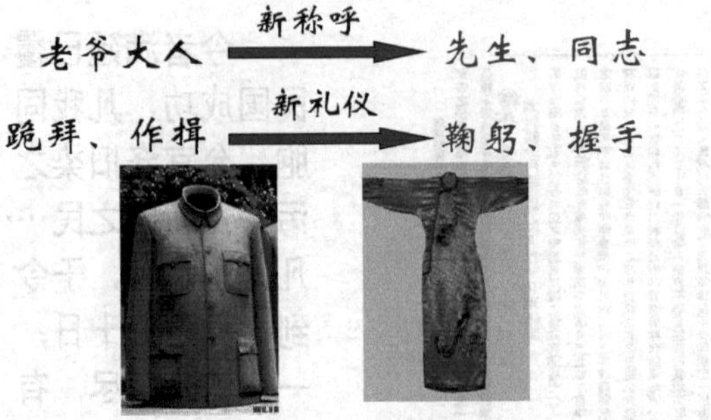

南京临时政府还颁布了禁止缠足、赌博、种植和吸食鸦片的法令。

通过这些图片的展示，学生明白辫子割了的更深层次含义应是社会习俗的变化。

提出问题：辛亥革命是否还有其他的功绩？

展示材料：《中华民国临时约法》节录：

1. 中华民国之主权，属于国民全体。2. 中华民国人民一律平等。人民享有言论、著作、刊行及集会、结社各项之自由。3. 中华民国之立法权，以参议院行之。4. 临时大总统副总统由参议院选举之。临时大总统代表临时政府，总揽政务，公布法律。5. 国务员辅佐临时大总统负其责任。国务员于临时大总统提出法律案公布法律、发布命令时，须副署之。6. 法官独立审判，不受上级官厅之干涉。

提出问题：第 1 条和第 3、4、6 条体现了什么民主原则？

第 1 条体现主权在民原则。第 3、4、6 条体现了三权分立原则。

提出问题：《中华民国临时约法》的颁布说明了什么？

约法颁布奠定了民主共和的基础；民主共和观念开始深入人心。

总结辛亥革命的功绩

皇帝倒了	推翻清王朝、结束帝制，建立资产阶级共和国
辫子割了	社会风俗发生了变化。
约法颁布了	奠定了民主共和的基础，民主共和观念开始深入人心。

设计意图：通过瞿秋白对辛亥革命的评价，为学生的思考搭建平台。同时学生通过总结辛亥革命的历史功绩，认识到辛亥革命的伟大之处。

四、设情境，巧升华——提升学生认识的高度

本节课导入是国庆节期间人山人海的中山陵，为了做到首尾呼应，结尾依然选用的是导入的图片，引导学生观察中山陵的台阶。台阶总共是392级，象征当年中国三亿九千二百万国民。从地下向上看的时候，看见的是一级一级的台阶。寓意是：你想达到成功的顶点的话，必须要经过不断的努力，一级一级去攀登。

设计意图：学生认识到任何成功与成长都是努力付出后的结果。

五、教学反思

辛亥革命这节课应该说是很成熟的一节课，很多老师曾经做过这节公开课，各有千秋。因此在接到这一课题时，授课教师心里还是有一定的压力的。一是那么多优秀的老师尝试过，二是对这节课真没有太多的灵感。为了完成任务，授课教师买了几本有关辛亥革命的书，还特意去了一趟南京寻找灵感。读万卷书，行万里路，这话一点也不假。也就在中山陵等地的参观过程中，在有关辛亥革命的书籍中找到了设计灵感。但是因为长期从事高中教学，所以在教学设计的深度和知识的密度上难免带有高中的痕迹，在教研员赵文龙老师、张威老师和北京师范大学历史学院郑林教授的帮助下，设计才渐渐更贴近初中的教学。在授课过程

中，学生的积极参与和高涨的热情出乎意料。因此有理由认为这节课是很成功的一节课。贴近学生的教学情境，对激发学生学习兴趣、发挥学生主体性、挖掘学生学习潜能、提高学生学习的积极性至关重要。在这节课中每一个子目都精心设计了教学情境，这种教学情境贴近学生的心理特征和认知水平，因此整个课堂具有凝聚力、吸引力和感染力。

当然，本课也有不足之处。教师应站在学生的角度，设计教学内容时应该考虑到不同层次的学生，难中易相结合，使水平稍差的学生不至于因为知识难度较大而放弃对知识的学习，水平高的学生不至于因为问题较浅而缺乏成就感。授课班级是个好班，学生的整体水平偏高，因此在备课过程中应该设计一些难度更高的思考题。同时在讲课时，应该敢于叫不举手的同学，这样才能挖掘每一位学生的潜能，让他们感觉有用武之地，有成就感。

苏联著名教育家苏霍姆林斯基认为："在人的心灵深处，都有一种根深蒂固的需求，这就是希望感到自己是一个发现者、研究者、探索者。"这种需求也就是主动参与的需求。而学生主动参与的意识和能力的培养，关键取决于教师教学情境的设计，所以教师在教学过程中要精心设计教学的每一个环节，努力创设最佳的情境，尊重每一个学生，引导学生主动参与教学的全过程，在为全体学生提供充足的参与机会和参与时间上进行深入的研究和探讨。

第五节　高中"辛亥革命"教学改进

历史课程标准中提出：要发挥历史学科的教育功能，以培养和提高学生的历史素养为宗旨。促进学生历史素养提升的一个最重要的组成部分，便是历史学科能力的培养。学科能力的培养和训练需要教师在实际的教学中，根据授课内容和学生特点而有所侧重。"辛亥革命"是高中历史必修 1 的一节课，课标要求：简述辛亥革命的主要过程，认识推翻君主专制制度、建立中华民国的历史意义。关于辛亥革命的主要过程，学生在初中课中已经有所了解，高中课将沿着近代化这一主题线索展开，使学生对辛亥革命由感性认知上升到理性认识。通过教学中问题的精心设计，从而更加有效地提升学生的历史学科能力。

一、教学设计思路

近代化包括政治上的法制化、民主化，即从人治到法治、从专制到民主等；经济上的工业化，即从传统农业到现代工业、从自然经济到商品经济等；思想文化上的科学化、理性化；社会生活的现代化。辛亥革命是中国近代化过程中的典型事件。在近代化这一主题思路框架下，课程一开始便引用孙中山名言："世界潮流，浩浩荡荡，顺之者昌，逆之者亡。"对"世界潮流"这一名词发问，结合时代背景提出世界近代化的概念，带领学生明晰近代化的概念和主要表现。20世纪的中国如何在孙中山先生的愿望与行动的推动下走向近代化呢？本课进行了这样的三段设计：

(一)走向共和——一场改良与革命的博弈(背景)。展示清政府的新政、孙中山从事革命的具体史实内容，同学分析评判新政在近代化历程中发挥的作用，归纳辛亥革命的历史背景。

(二)共和建制——历史在这里转弯(影响)。展示辛亥革命后政治、经济、思想观念、社会习俗的成果，通过精心挑选材料、设置问题，层层分析和推进，同学归纳总结其实质和作用，运用近代化的概念得出结论：辛亥革命——中国迈向近代化的里程碑，与课题的主题线索形成一个完整的呼应。

(三)共和未来——一个未完的历史结局(结果)。通过辛亥革命后革命果实落入袁世凯之手和民国后的混乱状况展示，指出辛亥革命促进中国社会近代化转型的过程并没有顺利如愿，中国需要进入一个更高的层次——思想文化的近代化转型，中国的方向和命运即将发生新的变化。这样的结局让人感觉意犹未尽，达到延伸近代化主题的目的，也为接下来继续学习近代史的发展作引导和铺垫。

二、培养能力的途径

在本课中为训练学生的学科素养和能力，进行了这样的设计：指导学生通过解读教材、设计“辛亥革命背景”简表，培养有效获取历史信息的概括能力；教师展示清末新政、《中华民国临时约法》等内容，学生结合所学，对其作出评价，从而训练论从史出，提高评价历史问题的能力；教师展示辛亥革命后一系列历史资料和图片，带领学生重温百年前的历史记忆，学生从政治民主化、经济工业化以及人们思想观念和社会生活的变化等角度进行归纳，进一步认识辛亥革命在推动中国近代化进程中的积极作用。

在这样的设定下，本课侧重锻炼学生的两种学科能力：历史评价能力和概括能力。评价能力指评价历史人物、事件、制度在历史进程中的地位、意义的能力。概括能力指将已学史实按一定标准归类；从材料中提炼要点，概括中心思想；从史实中抽象出本质特征等能力。接下来就结合教学中的实例谈谈如何在备课中通过不断改进教学设计，以求达到较好地对学生进行历史学科能力培养的目的。

三、教学过程示例

例一　清末新政的评价

多媒体展示

训练新兵，奖励实业，废除科举，兴办新学，派留学生出国，改革官制等。(展示新政内容与图片)

皇统永远世袭，皇权不可侵犯；皇帝总揽国家立法、行政、司法大权；统率陆、海军，亲自裁定对外宣战、议和、签订条约的大权；有权召集和解散议会；法律议案未经皇帝核准，不得实施等。

——1908 年《钦定宪法大纲》摘编

1911 年皇族内阁(共 13 人，皇族 7 人)：

内阁总理：庆亲王奕劻(皇族)；内阁协理：那桐(满族)、徐世昌(汉)；外务：梁敦彦(汉)；民政：善耆(皇族)；度支：载泽(皇族)；学务：唐景崇(汉)；陆军：荫昌(满族)；海军：载洵(皇族)；司法：绍昌(皇族)；农工商：溥伦(皇族)；邮传：盛宣怀(汉)；理藩：寿耆(皇族)

初始设计

提出探讨问题：

1. 新政从措施而言有利于中国进步么？哪些方面进步？

2.《钦定宪法大纲》让你看到了哪国宪法的影子？你怎么评价中国皇帝的权力？

3. 1911 年千呼万唤始出来的责任内阁，共 13 人，皇族占了 7 人，人称皇族内阁。表明权力实际集中在谁的手里？

针对这样的问题设计，专家提出意见：对清政府的改良措施的问题设置过于细碎，同学分析用时会较长，且不利于整体上体会清末新政与近代化主题之间的联系。在同学已经清楚近代化概念的情况下，应该相信高中同学整体分析和看待问题的能力，让问题设置与近代化主题紧密联系。

改进后课堂实录

问题探讨：从走向近代化的角度，你会如何评价清政府所进行的这些改良行为呢？

同学甲：宪法大纲模仿德日，内阁成员是皇室构成，一些实权部门都由皇族掌控，权力还是在皇族手中，实质上还在加强君主专制，是一场作秀。

同学乙：颁布了宪法，确立了内阁，实现了一定程度的民主，是有积极进步意义的。

同学丙：新政开始创办近代教育，培养了一批现代化人才，有利于提高国民素质，发展近代军事，有推动近代化的作用。

同学丁：虽然有了一些小小的改革和进步，但不够彻底，起不到实效。皇族掌握大权，实质是皇帝掌握大权，宪法还是皇帝专制，跟之前没有本质变化，没有从根本上起到推动近代化的作用。

老师总结：从走向近代化的方向而言，一定程度上促进了中国进步，近代教育、军事和政治都有所触动。但宪法大纲参照 1889 年由明治天皇颁布的《日本帝国宪法》制定，实质体现的是君权至上、君主专制。皇族内阁表明权力依旧集中在皇帝手中，从皇帝到政府都是皇帝一家人的统治。由此可以说，这 11 年的改革之路，近代化的发展还是远远不够的。

设计意图：改进后的问题提出虽然简化，但却留给学生更宽泛的思维空间，同学们对照近代化的概念，从多方面多角度对新政内容进行评判，甚至形成争论，活跃了学生的思维，也加深了学生的认识。

例二　辛亥革命背景

问题探讨：阅读下列观点，他们认为革命成功有哪些原因？

辛亥年，武昌发生的那点事，是一场意外……毁了一个王朝。

——张鸣《辛亥，摇晃的中国》

1911 年 10 月 13 日电：证据表明，清国叛乱并非偶然……在孙博士领导下，由一批最精明的进步人士组成革命团体，经他们精心策划和秘密组织才取得今天的结果。

——《帝国的回忆·〈纽约时报〉晚清观察记》

“毫无疑问，大多数老百姓是希望换个政府的。不能说他们是革命党，但是他们对于推翻清朝的尝试是衷心赞成的。”“我看在不久的将来，一场革命是免不了的。”

——1911 年 5 月，长沙税务司伟克非，选自《20 世纪中国史》

学生回答后，教师归纳：有利时机；革命人士努力；民心所向。3 种观点实际上阐明了革命发生的必然性、可能性和偶然性。

学生任务：阅读课本，概括资产阶级革命派在思想推动、建立组织、军事活动等方面做了哪些工作。

学生归纳列表：

必然性：人民为何想要推翻清政府？	民族危机深重；清王朝统治危机加深。
	经济基础：民族资本主义发展。
	阶级基础：资产阶级力量壮大。
可能性：中国社会具备的条件，资产阶级革命派的努力。	思想推动：民主革命思想传播，革命纲领提出。
	组织力量：民主革命团体和政党的兴起。
	军事活动：一系列武装起义。
偶然性：革命爆发的有利时机。	保路运动：有利时机。

设计意图：通过指导学生完成这项任务，锻炼其从材料中提炼要点、概括中心思想和从史实中抽象出本质特征的概括能力。提炼3个观点让学生从3个角度思考辛亥革命的背景，思维层次更加丰富。再以问题推动读书概括，也激发了学生读书的动力和乐趣。

例三　分析评价《中华民国临时约法》

这是本课从政治、经济、思想、生活习俗4个方面探讨辛亥革命促进中国走向近代化进程中最重要的一环，也是难度最大的一项内容。

初始备课时设计展示《中华民国临时约法》节选

第一章　“总纲”，规定：“中华民国之主权属于国民全体”。

第二章　“人民”，规定：“中华民国人民一律平等，无种族阶级宗教之区别”；“人民有保有财产及营业之自由”；人民得享有人身、居住、财产、言论、出版、集会、结社、通信、信仰等自由。

第三章　“参议院”，规定：“中华民国之立法权，以参议院行之”。

第四章　“临时大总统副总统”，规定：“临时大总统代表临时政府，总揽政务，公布法律”。

第五章　“国务员”，规定：“国务员辅佐临时大总统，负其责任”；“国务员于临时大总统提出法律案、公布法律及发布命令时，须副署之。”

第六章　“法院”，规定：“法官独立审判，不受上级官厅之干涉。”

要求学生填充表格，评价《中华民国临时约法》。

项　目	清王朝	《中华民国临时约法》
主权归属	君主（皇帝）	
元首及产生方式	君主，世袭	
立法权、行政权、司法权	君主	
人民权利	封建等级特权	

这个设计意图是学生根据内容填完表格，老师再带领同学将表格内容总结归纳为：主权在民、三权分立、责任内阁制、自由平等重要理念，从而得出这部宪

法是一部真正的资产阶级性质的宪法的结论。力图做到降低难度，让学生容易理解。

专家提出这样的意见：清王朝与《中华民国临时约法》放在一起对比不妥，将清王朝各种权力进行这样的划分不科学，建议去掉。能不能换一种方式锻炼学生的分析评价能力？同学已经学习了西方民主制度建立的内容，可以让学生根据已有的学习经验来分析感受临时约法的内容，体会约法的实质。

改进后课堂实录

问题探讨：依据你对西方民主政治的所学知识，谈谈《中华民国临时约法》在内容和设计上是怎样体现维护民主、反对专制独裁的？

同学甲：我从约法的第三、四、六章的规定中看到了立法权给国会、司法权给法院、行政权给总统，体现了三权分立。

同学乙：我从第一章里看到了主权属于人民，直接反对君主专制。

同学丙：第二章反映出人民享有权利，具有平等和自由权。

同学丁：我从第五章里还看到了设置国务员，他在牵制和限制总统的权力，也能制约专制的出现。

同学分析完后，教师列表归纳：

《中华民国临时约法》

项　目	《中华民国临时约法》
主权归属	主权在民
人民权利	自由平等
权力制衡	三权分立、责任内阁制

性质：中国第一部资产阶级民主宪法。意义：反对专制制度的进步意义。

改进后的问题放开了对学生的思维约束，让学生能够充分思考和体会法律内容，运用自己已经学到的英法美德的宪法知识来评价和分析《中华民国临时约法》，从而锻炼了学生的历史评价能力。

以上是本课设计中几处典型案例，来说明加入课题研究后给教师教学设计带来的新的提升和帮助。而本课通过几次这样的修改，最终达到不错的教学效果。

四、反思与收获

通过参加本次教学改进研究，授课教师有以下认识：

第一，教师需要明确学生需要具备怎样的历史学科能力，有的放矢地进行训练。

历史课程标准明确提出需要不断提高学生的历史素养，而学科能力培养对提升学生历史素养起着至关重要的作用。教师明确学生需要具备怎样的学科能力并关注这些学科能力，才能在实际教学中有目的地对学生进行多种学科能力的培养，以达到培养提升学生素养的目的。在参加本课题研究前，教师常常是设计好教学流程后再归纳总结自己采用了哪些方式提升学生的某些能力，这样的教学设计存在很多的盲目性，缺乏规划。经过课题历练，教师会有意识地在课程设计中预先思考能力训练的方向，并尝试设计一些以前不怎么涉及的能力训练，以提高学生的综合能力水平，感觉受益良多。

第二，关注初高中学生能力发展的侧重点，根据学生水平，使能力培养设计更具科学性。

现在学生所学的历史课程，初高中在一些主要内容上都存在二次学习的过程。如果不注重初高中学生能力发展的不同特点和需求，在教学中只是一味地简单重复一般能力训练，学生很难在能力上获得更好的提升。就以本课为例，在评价清末新政和《中华民国临时约法》的两个问题上，初始设计安排都更为细致，注重降低难度，给学生提供了思考的台阶。然而这样的能力设计方式，实际上对于已经具有知识基础和思维水平渐趋提升的高中学生来说，已不能提升他们运用已经掌握的知识来综合分析和评判问题的能力。长此以往，学生的能力水平提升就会受限。而根据学生认知水平和能力来设计符合他们特点的问题，才能有效地促进学科能力的提升。尤其面对高中教学，更需要研究学生特点，精心设计问题，达到训练和提升学生能力的效果。

第三，在对学生多方面学科能力培养的过程中，更加注重问题设置的科学性、课程推进的节奏和逻辑，提升课程的整体设计。

在教学整体的推进过程中，既要注重学科能力的设计，又务必要与整节课的内容推进形成和谐的统一。毕竟学生的各项能力的锻炼是建立在对历史知识掌握的基础之上的，当学生具备了相当的知识基础，才有可能运用各种方式提升其学习理解、实践运用、创新迁移能力。切莫只关注能力设计，忽略知识基础和情感价值观，只有统筹全局，方是一节综合全面优质的好课。

第七章

促进学科能力发展的初中历史教学研究

在初中历史课程标准中，对于历史教学的要求大部分用行为动词“知道”和“了解”来表述，如“知道洪秀全，了解太平天国运动的兴衰”。这大致对应我们学科能力层级中的学习理解，即识记、说明和概括。也有一部分要求是用行为动词“认识”、“分析”等来表述，如“初步认识洋务运动的作用和局限性”，“分析《辛丑条约》对中国民族危机全面加深的影响”。这大致对应我们学科能力层级中的实践应用，即解释、推论和评价。根据课程标准要求和学生认知特点，初中教学侧重第一层次能力的培养，但也不排除第二、第三层次能力的渗透。而教学活动的设计，思维方式的引导则是实现能力培养的主要途径。

第一节　巧设问，善追问——“‘洋务’热潮”教学研究

“‘洋务’热潮”是北师大版7年级下第二单元的第1课。该单元的题目为“近代化的起步”，其历史背景是近代列强侵略的步步加深、民族危机不断加深。洋务运动则是面对第二次鸦片战争这一外患及太平天国运动这一内忧情况下清政府采取的一次主动的自救运动。

本课的课标要求是：了解洋务派创办的主要军事工业和民用工业，初步认识洋务运动的作用和局限性。

一、整体思路

依据课标要求，对本课教学设计有如下3点思考：

其一，通过地图、图片、文字等史料，带领学生层层分析，了解洋务派创办的主要军事工业和民用工业的情况和作用；

其二，用发展的观点带领学生认识洋务运动为近代中国带来的变化；

其三，因课时局限，本节课重在对洋务运动内容及作用的学习，不对洋务运动破产的原因作探究。

7年级学生是第一次接触独立的历史学科。他们在小学的《品德与社会》学科中对一些历史人物或事件略有了解，但仅仅是停留于此，缺少对历史学习方法、思维方法与角度的认知。作为历史教师，需要从7年级的第一节历史课开始，步步引领学生从地图、图片、文字等史料中层层分析，以促进学生历史学科能力的培养。

基于这些考虑，将本课的教学重点定为了解“求强”与“求富”的具体措施，教学难点为认识洋务运动的作用；在突破重难点的过程中，学生学会从历史地图、图片、文字中提取有效信息的历史学习方法，并依据洋务运动内容有理有据地阐释观点和看法。

二、整合教材，创设情境

如何让历史鲜活起来、让历史课丰满起来，从一上课就吸引学生的目光，这需要通过整合教材、创设情境来完成。老师将本节课分为 3 个部分："大清帝国的忧伤——内忧外患"、"大清帝国的抉择——洋务运动"、"大清帝国的一米阳光"。3 个小标题不仅上承前两节课的两次鸦片战争和太平天国运动，下启本节课的洋务运动，而且还将洋务运动放在了那个时代来整体学习，便于学生整体认识。

创设情境还需要抓住导入环节。此处老师设计了一个问题："前两节课我们学习了 19 世纪中期(40—60 年代)的中国，如果让你给当时的中国涂上颜色，你会选择哪种颜色？用一个词来描述一下这种颜色？"目的是以涂颜色的方式吸引学生，提升学生学习探究的兴趣。在学生用颜色及语言描述之后，老师给出了晚清地图，从图例开始带着学生用学过的历史事件来读历史地图，目的是利用地图帮助学生建立时空观，在此基础上，学生不难概括出当时清政府的处境是"内忧外患"。由此导入新课。

三、环环设问，层层分析

清政府面对内忧外患该怎么办呢？先不妨让学生来出出主意吧！接着带着学生看看李鸿章的观点。

材料："中国欲自强，则莫如学习外国利器，欲学外国利器，则莫如觅制器之器，师其法而不尽用其人。"

——李鸿章

问题：李鸿章认为中国要想自强应该怎么办？

学生不难回答出"学习外国先进技术"，接着老师就追问："还学什么？""什么是'制器之器'？""你觉得李鸿章认为首先制造的'器'应该是什么？"在这些追问中，学生需要根据时代背景来理解材料中每一个字的含义。

洋务运动的内容主要涉及兴办军事工业、民用工业、创建近代海军、兴办近代教育 4 个方面：

内容 1 “自强”——近代军事工业

军事工业中最有代表性的是李鸿章于 1865 年在上海创立的江南制造总局。

图片对比：江南制造总局炮厂的机器房和炼钢厂、中国传统的旧式冶炼作坊。（略）

问题：和中国传统的旧式冶炼有什么不同？

通过图片，学生能够直观地找到不同点在于“机器生产”。接着老师追问：“站在机器旁的这些人叫什么？”“工人工作的场所叫什么？”两个问题配合图片帮助学生了解工厂和手工作坊的简单区别。然后设问“机器从哪来的呢？”告诉学生江南制造总局最初拥有的一批机器是从美国购买来的，第一座炼钢炉是从英国购买的。知道了这个史实然后再追问：“直接买多好，有钱就行，可是不是长久之计呢，为什么？”“那怎么办呢？”学生在这些问题的追问下认识洋务运动不是简单地购买外国机器，还要自己制造。李鸿章聘请外国技师教给中国工人生产和操作机器的技术，这样江南制造总局就从引进机器到逐渐能够制造机器。他们的业绩如何？

材料：1867—1904 年制造车床 138 台，制成钻床、锯床、翻砂机、卷铁机等 117 台，起重机 4 台，汽炉机 32 台，抽水机 77 台，轧钢机 5 台，其他机器 135 台……

——《江南制造局记》

这段材料中，学生很容易就知道江南制造局制造了哪些机器，学生不知道的是“车床”，因此老师要在这里解释其含义：就是制造机器的机器，也就是李鸿章说的“制器之器”。除了生产机器外，江南制造总局还造武器。

图片：江南制造总局仿美国造雷明敦中针枪。（略）

出示这张图片后，很多学生并不知道其先进之处，于是老师又出示了图片《清军鸟枪图》。两张图片一对比，学生就有了直观的感受，然后再引导学生从时间上查找资料发现：这款枪是美国雷明顿公司在 1865 年生产的，江南制造总局随后就购买了14400支进行仿制，成为19世纪70年代生产的最具代表性的枪支。随后，西方枪支更新，19世纪80年代奥国的曼里夏1888直拉式步枪最先进，江南制造总局在19世纪90年代开始仿制这样的步枪。用这样的思路查找资料进行比对也是学习历史的一种方法。

江南制造总局创造了很多的第一：近代中国的第一批步枪、第一门钢炮、第一磅无烟火药、第一炉钢，江南制造总局还设有造船厂制造了中国第一艘铁甲钢板军舰。到19世纪90年代，江南制造总局已发展成为中国乃至东亚技术最先进、设备最齐全的工厂。这些数据让学生感受着江南制造总局的辉煌历史。后来江南制造总局经历了一系列变迁，在中华人民共和国成立后迎来了新生，改称江南造船厂，1996年改制为江南造船有限责任公司，后隶属于中国船舶工业集团公司，直到今天，它仍是中国第一造船大厂。从江南制造总局建立那一年1865年到今年，150多年的历史了！江南造船厂的历史遗迹还在吗？2010年上海世博会上，世博园的D区里由老厂房改建的中国船舶馆，就保留了江南造船厂的历史遗迹。老师通过补充材料，一方面有利于学生对江南制造总局后来的发展历史有整体的了解，另一方面有利于学生感受洋务运动为中国带来的作用。

除了江南制造总局，19世纪60年代，洋务派还创办了其他一些军事工业。

表格：洋务派创办的军事工业。（略）

提问：学到这里，大家对军事工业有什么感受？

在学生谈完感受后，老师又接着追问：“就没有同学会觉得有什么问题吗？”比如创办的经费、是不是盈利？以此引发学生进一步探究的兴趣。

材料：（福州）船政局的全部经费均由官款拨发，生产不计成本，产品归政府调拨。随着生产规模逐渐扩大，而清政府的财政日益匮乏，对船厂的拨款日益减少。

——丁贤俊《洋务运动史话》

提问：（1）材料告诉我们经费从哪里来？（2）会出现什么问题？（3）产品赚钱吗？

3个问题都能从材料中提取有效信息，为接下来的洋务派创办民用工业的背景介绍做好铺垫。

内容 2 “求富”——近代民用工业

什么是民用工业？这个看似简单的问题，同样需要从材料中获取答案。

表格：洋务派创办的主要民用工业简表。（略）

提问：涉及哪些行业？有什么共同特点？

这两个问题中，第一个问题是为第二个问题而服务的，是思考特点的一个角度。知道了民用工业的含义后，接着就可以来学习中国近代第一家民用工业，即李鸿章创办的轮船招商局了。

材料：中国近代第一家轮船航运企业；中国第一家股份制企业；1873 年招商局“伊敦”号由上海首航香港，“永清轮”首航天津，第一次打通中国沿海南北航线；“永宁”号从上海开至汉口，第一次在中国内河航线航行；“伊敦”首航日本，中国商轮第一次在国际航线上航行；1877 年，收购美资旗昌轮船公司，第一次收购外商资产。

从这段材料中，学生很容易就看到了轮船招商局的辉煌，但这不是出示这段材料的目的，因此老师作出了如下的提问：

提问：轮船招商局创立之初赚钱的目的实现了吗？

这个问题就将学生带回到了洋务派创办民用工业的初衷上，学生很容易回答出：“实现了。”于是老师接着追问：“从哪里能看出来？”引导学生从材料中寻找证据。学生的结论是否正确呢？老师又出示了一组数据来进行印证。

材料：1873 年盈利 6.7 万余两，1879 年盈利 67 万余两。

如此简短的数字材料也是需要带着学生来看的，先注意看时间，什么时候就开始赚钱了？——开办第二年；再看数字，6 年翻了几倍？——翻 10 番。

除了赚钱还产生了什么结果？同样需要从材料中获取信息。

材料：李鸿章：“华商运货水脚，少入洋人之手约二三千万两。”（解释：运货：不仅包括货物还包括乘客，水脚：运费）

提问：轮船招商局还发挥了什么作用？

寻找关键词是阅读史料提取有效信息的方法。学生通过阅读材料找到关键词“少入洋人之手”，也能用通俗的语言表述出来，即“洋人赚的钱少了”。在此基础上，老师再用历史的语言对学生的语言进行规范——“分洋商之利”，一定程度上打破了外国的垄断、减少了对外商的依赖，在轮船运输行业至少有了自己的一席之地。

像江南制造总局一样，轮船招商局经历了种种变迁后仍存在至今。只不过建立时的总部在上海，现在的总部在香港。轮船招商局变过很多名字，但所有的名字里都有招商局3个字，继承着它创办时“招天下商，通五洲航”的理想。现在它叫招商局集团有限公司，拥有中国规模最大的超级油轮船队。

提问：轮船航运企业要正常运转，是需要许多配套产业的协助才能继续下去，比如当时使用什么燃料呢？

学生能想到是煤，于是老师接着问：“买洋煤多贵，怎么办?”这样就很自然地过渡到了近代中国第一家大型煤矿开采企业——李鸿章创办的开平矿务局。煤产量怎么样呢？

柱状图：1881—1889年开平矿务局的煤产量；1881—1886年天津进口的洋煤总量。（略）

提问：反映了什么信息？

柱状图表怎么获取信息呢？引导学生先看图表的标题——一个是开平矿务局的煤产量，一个是进口的洋煤量。然后再看柱状图显示出的变化趋势——开平矿务局的煤产量增加、进口洋煤总量逐渐降低到最后几乎没有。由此再得出结论——分洋人之利。

这么多煤要运到各个工厂当燃料，就需要解决更快捷的陆地运输问题，于是就有了中国人自建的第一条铁路——唐胥铁路。

地图：唐胥铁路路线。（略）

学生从地图中能够读出起止地点——唐山到唐山市丰南区胥各庄镇，这段铁路长20里。但20里有多长呢？学生头脑中没有概念，于是老师举出学生熟悉的地点——从学校出发到鸟巢，在学生惊呼太短的时候，老师给出了这样的评价：

"再短，也是中国自己修建的第一条铁路"，在潜移默化中实现情感态度价值观的培养。

提问：人和货物的运输可以靠轮船靠铁路，信息的通达靠什么？

通过这样的设问将洋务派创办的民用工业的各行业联系起来。

提问：洋务官员通电报，除了便利商人百姓，其实他们最想干什么？

在即将讲完民用工业的时候，这个问题将学生带回到洋务派兴办洋务运动的目的——自强练兵，同时开启下一个"创建近代海军"的内容，使整节课始终贯穿一个主题。

内容 3　创建近代海军

地图：3 支海军。(略)

提问：观察地图，大家发现洋务派创建近代海军的目的是什么？

在学生回答的过程中，注意引导学生结合两次鸦片战争的史实进行表述。李鸿章于 1888 年创建的北洋舰队最牛。据当时世界军事年鉴的统计，大清帝国的海军居世界海军的第 8 位，排名仅次于英法美德等海上列强，远远地把日本甩在身后。

图片：军舰内部洋员和军官在军舰鱼雷发射舱内指挥士兵练习鱼雷发射的情景图。(略)

提问：猜猜这些人在干什么？

在学生回答的基础上进行追问："在兴办洋务的过程中，还需要哪些人才？"由此导入下一内容。

内容 4　创办新式学校

图片：京师同文馆；传统私塾。(略)

提问：大家看看他们学的是什么？

引导学生观察图片，找出新式学堂的不同。为了满足洋务事业的发展。从 19 世纪 60 到 90 年代，洋务派一共兴办了 24 所各类学校，涉及语言、军事和科技类。除了创办新式学堂，清政府还派遣留学生去国外学习。

图片：洋务运动各内容图片集。（略）

提问：我们一起来说说洋务运动给中国带来了哪些变化？

在学生回答这个问题的时候，需要特别注意学生语言的表述，即“史实＋结论”，如兴办新式学堂，培养了一批新式人才，这样的完整表述有利于提升学生语言表述的逻辑能力。伴随着学生开放式的回答后，老师写下了“大清帝国的______阳光”的标题，进而提问“老师为什么在标题的阳光前还空这一块儿地方，该填个什么修饰词呢？”，吸引学生再去回读李鸿章的话。

材料：“中国欲自强，则莫如学习外国利器，欲学外国利器，则莫如觅制器之器，师其法而不尽用其人。”

——李鸿章

提问：洋务派希望通过什么方式实现什么目的？

这是在一上课就出示解读的一段材料，此时学完洋务运动后再拿出来看又可以从另一个角度来挖掘。洋务派希望通过学习西方先进技术以实现“自强”的目的，也确实都这样做了。可是在随后的甲午中日战争中上至清政府、洋务派，下至中国百姓都没有看到中国的扬眉吐气，而是再次的惨败，于是老师让学生把标题补充完整。在学生的推荐下，老师写出了自己的想法——“一米”阳光。有阳光，但这束阳光太有限了，该如何让当时的中国摆脱黑暗呢？这个小问题为下一节课做好引子。

关于对洋务运动的认识这项内容，本节课仅限于作出积极评价，因考虑到课堂密度及与下一节课即“甲午中日战争”之间的联系性，故“洋务运动没有使中国走上富强道路”这项内容不在本节课讲解。同时“洋务运动失败的原因”这项内容不适合7年级学生的知识水平和能力水平，故舍弃之。

四、总结与反思

本节课的实际教学，学生在课堂上的呼应很好，并能利用获取的新知识、新方法解决问题，取得了较好的教学效果。课后有以下两点思考：

第一，教学方法的选取上，并没有追求很新颖的形式，如“小组合作”、“合作探究”，而是采用较为传统的教学方法，通过教师的讲授及相关知识的补充，带领学生学习；通过丰富的地图、图片、图表和文字等相关历史资料，帮助学生理解洋务运动为近代中国带来的变化。

第二，伴随新课改的实行，知识取向的教学已经不能满足对学生历史学科能力发展的要求，能力取向的历史教学开始备受关注。在本节课的教学过程中，无论是地图、图片、图表史料，还是文字史料，教师都通过提问、追问的方式，带领学生进行阅读、提取、分析、获取新知。从实际授课来看，效果较好，一个个问题链引导学生不断发现、不断思考，因此整节课，学生的思维一直在老师的引导下跳跃着。同时，将获取的新知运用历史语言进行有逻辑的表述也是在本节课贯穿始终的能力培养。

第二节　运用评价量规指导学习方法
——“五四运动”教学研究

2011 年版《义务教育历史课程标准》在课程目标的设定中，提出“了解历史的时序，初步学会在具体的时空条件下对历史事物进行考察，从历史发展的进程中认识历史人物、历史事件的地位和作用”，“学会用口头、书面等方式陈述历史，提高表达与交流的能力”的要求，这对应于我们历史学科能力层级中的评价与叙述能力。历史评价与叙述能力的重要性不言而喻，然而怎样在有限的教学时间中有效地帮助学生提升这两项能力呢？关键是掌握评价与叙述的方法，而评价量规具有注重并指导学生的学习过程与方法、促进学生更主动地投向学习过程的优势，因此我们尝试在“五四运动”一课中采用评价量规来指导学生掌握评价与叙述的方法。根据课程标准对五四运动内容的要求，设计了 3 个评价量规，从叙述五四史实、评价五四影响、体会五四精神 3 个方面分别掌握叙述与评价的基本方法。3 个评价量规的使用并不能帮助学生马上提升能力，主要是为学生展示学习的过程与方法，打开思路，引导学生运用所学方法在以后的学习中尝试独立叙述与评价历史事件或人物。

一、教学目标分析

2011 年版《义务教育历史课程标准》对五四运动课程内容要求是：知道五四运动的基本史实，认识五四运动是中国新民主主义革命的开端。在教学建议中还提出：重走五四路线，实地考察，体会五四精神。归纳起来本课教学目标可分为 3 个层次：知道五四史实，理解五四影响，体会五四精神，要求学生在知道五四史实的基础上，通过分析五四运动的影响掌握评价历史事件的方法、提升分析能力，并在这一过程中形成正确的历史价值观，当这些知识、能力、方法与意识内化为学生的心理品质，会体现出历史学科核心素养的提升。

二、教学实施过程

导入新课

教师出示天安门广场人民英雄纪念碑和五四浮雕，并提问：人民英雄纪念碑是为了纪念 1840 年以来为争取民族独立和人民幸福而牺牲的人民英雄建造的，在纪念碑基座上有 8 幅浮雕，概括了中国近代以来的革命斗争，这是其中的第四幅，哪位同学了解这幅浮雕？

学生依据个人了解情况介绍浮雕内容。

设计意图：第四幅浮雕展示了五四运动中天安门游行活动，学生会依据已掌握的五四相关史实介绍浮雕内容，通过这一问题学生回应情况可以初步判断学生对五四史实掌握情况，并顺势导入新课。

新课教学

教师出示第一次世界大战交战国示意图与电影《建党伟业》中国代表团前往巴黎和会民众激动喜悦送行的片段。讲述第一次世界大战以协约国集团的胜利告终，将在法国巴黎凡尔赛宫召开和平会议，中国将以战胜国的身份出席巴黎和会。提问学生当时中国民众的心情怎样？

学生回答：喜悦、激动、兴奋，对即将召开的巴黎和会充满期待，渴望扭转中国命运。

教师接着说：然而等待中国民众的却是巴黎和会的阴霾！

设计意图：学习五四运动需要了解五四运动爆发的国际背景第一次世界大战，为学生理解山东问题的由来、巴黎和会中国外交失败、中国民众为什么产生愤慨与失望情绪做好铺垫，并顺势导入第一部分巴黎和会起阴霾的教学。

第一部分　巴黎和会起阴霾

教师出示巴黎和会、“二十一条”相关照片及曹汝霖、陆宗舆、章宗祥的照片。讲述中国代表团提出收回山东主权、取消“二十一条”及帝国主义国家在华特权的要求遭到拒绝，日本也拒绝归还山东，中国代表团巴黎和会外交失败。

消息传回国内，引起了怎样的反响？教师出示北京大学学生王苣章的一段话：“巴黎和会的消息最后传到这里时，我们都感到非常震惊，中国没有太阳升起，甚至连国家的摇篮也给偷走了。我们立刻对事实的真相觉醒了，外国仍然是自私和军国主义的，并且都是大骗子。记得5月2日晚上，我们很少睡觉。我跟一群朋友谈了几乎一整夜……我们知道得很清楚，我们跟政府毫无关系，也不存任何希望……看看我们的同胞，看看那些可怜无知的大众，不能不觉得我们必须奋斗。”

提问：中国民众是喜悦激动的，对未来充满希望的，现在他们的心情如何？巴黎和会外交失败使王苣章认清了什么事实真相？如果你是当时像王苣章这样的青年学生，接下来你想做些什么？

学生回答：中国民众由巴黎和会前的喜悦激动、对未来充满希望转而悲愤；认识到帝国主义列强不会放弃对中国的侵略，北洋军阀政府软弱卖国，对依靠帝国主义列强与北洋军阀政府来挽救中国命运不再抱有希望；要行动起来，用抗议、游行等行动拯救国家命运。

设计意图：3个问题连续追问，引导学生明确五四运动的直接起因是巴黎和会中国外交失败，同时也有助于学生理解为什么运动中会出现一些激进行为，感受当时学生强烈的爱国热忱与责任感。

第二部分　五四运动掀狂涛

1. 五四当天游行示威活动。

教师出示北京市东城区地图与五四当天使用标语口号。在今天的地图上标注当天五四游行路线，从今天的新文化运动纪念馆→天安门广场→东交民巷→赵家楼饭店这条线路重温当年五四学子全天游行经过；展示当天使用标语口号，提问两列标语口号的各自特点。

还我青岛	打倒卖国贼
誓死力争青岛	卖国贼曹汝霖
取消“二十一条”	章宗祥、曹汝霖卖国贼
拒绝签字巴黎合约	卖国贼曹、陆、章
抵制日货	诛卖国贼曹汝霖、陆宗舆、章宗祥
保卫国土保卫主权	
中国是中国人的中国	国民应当判决国贼的运命
反对强权政治	卖国贼宜处死刑

学生回答：一列口号是对外，针对帝国主义国家特别是日本的侵略喊出外争国权；另一列对内，针对北洋政府官僚政客的软弱卖国喊出内惩国贼。外争国权，内惩国贼，具有反帝反封建的意识，成为五四运动最具代表性的口号。

设计意图：通过今天地图上的建筑来了解五四当天游行的过程，将过去的历史与今天的现实联系在一起，可以帮助学生身临其境地感受当时青年学生的爱国热情；分析口号特点，有助于学生更好地认识青年学生具有反帝反封建的斗争意识、认识五四运动比以前的斗争更加进步，具有反帝反封建的双重性。

2. 五四运动的后续发展。

教师出示五四运动大事记表格，组织学生通过阅读五四运动大事记进一步了解五四运动的后续发展。结合表格内容讲述上海工人罢工、学生罢课、商人罢市，三罢斗争使得各阶层联合起来。阅读吴玉章对上海三罢斗争的描述：“一向被人轻视的工人群众也发出了怒吼，像上海这样的大都市，6 月 5 日开始一声罢工、罢市令下，整个城市的繁华绮丽顿时变成一片死寂……工人阶级的奋起，这是一支真正能制一切反动派于死命的伟大生力军”，讲述工人阶级登上历史舞台成为五四运动的中坚力量。

五四运动大事记

5月	4 日	北京学生游行示威，抗议巴黎和会决议与政府外交政策。
	5 日	北京各大专学校总罢课，重申以上要求。
	14—18 日	因北洋军阀政府出动军警镇压学生运动，各大城市成立学生联合会，支持北京学生。
	19 日	北京学生再次总罢课，深入群众演讲宣传，抵制日货。
6月	2—4 日	因政府为曹、章、陆辩护，北京学生大规模深入群众街头演讲宣传，1150多人被捕。
	5 日	上海工人罢工、学生罢课、商人罢市，支持北京学生。
	6 日	罢工、罢市规模扩大到其他城市。
	8 日	北洋军阀政府释放北京被捕学生。
	10 日	曹汝霖、章宗祥、陆宗舆辞职。
	12 日	罢市、罢工结合。
	28 日	出席巴黎和会的中国代表拒绝签署和约。

然后提问：你能在大事记中找出民众联合斗争取得什么结果？你能结合大事记表格，依据斗争形式的变化给五四运动划分出阶段？说明你为什么这样划分？

学生回答：五四运动取得 3 个胜利成果：北洋政府释放被捕学生；罢免了曹、陆、章职务；拒签巴黎和约。五四运动可以划分为两个阶段：6 月 5 日以前是一个阶段，6 月 5 日以后是一个阶段；这样划分的理由是第一阶段，以北京学生为主力，主要斗争形式是示威游行、罢课为主，而第二阶段是以上海工人为中坚力量，斗争形式扩大为三罢斗争。

教师：出示五四运动发展过程示意图，结合示意图小结五四运动完整过程。

设计意图：通过五四运动大事记与五四运动发展过程示意图，帮助学生从起因、经过、结果 3 个环节全面了解五四运动，并在潜移默化中向学生渗透叙述历史事件的主要结构应包含的内容，为下面学生叙述五四运动做好铺垫。

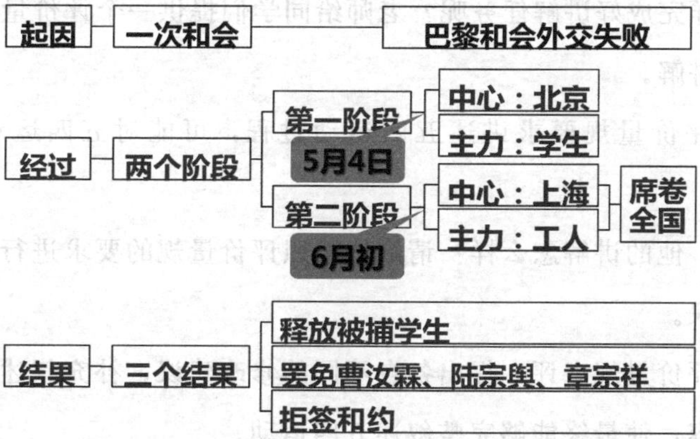

第三部分　百年之后话五四

1. 学习任务一："讲解五四浮雕"。

教师布置任务：五四运动已经过去近百年了，历史不会重演，今天我们为什么还要学习它？通过百年之后话五四来认识这个问题。在这个环节里我们有3个学习任务要完成。第一个学习任务是："假设你是讲解员，请你来讲解五四运动

表7.1　评价量规一

评价要素	优　秀	良　好	合　格	自我评价	他人评价
结构（30分）	能够从五四运动的起因、经过、结果3部分讲述。30分	能够将五四运动的经过、结果讲清。20分	能够将五四运动的经过讲解清。10分		
内容（40分）	能够完整、准确讲述五四运动的3个部分（包括时间、地点、具体内容等），并且能够结合浮雕画面讲解。40～31分	讲解脱离浮雕，但能够准确讲述五四运动每个部分。30～21分	只能结合所学讲解浮雕内容。20分		
表述（20分）	语言自然流畅、有感染力、与听众有互动交流。20～16分	语言流畅。15～11分	语言不流畅，不吸引听众。10分		
创新（10分）	能够结合课外所学进行讲述。10分				
等级标准：优秀（100～77分），良好（76～52分），合格（51～40分）。 总评等级（个人评价与他人评价的平均分数所在等级）：例如平均分89，就填写优秀。					

浮雕内容。”怎样完成好讲解任务呢？老师给同学们提供一个评价量规，请按照评价量规的要求讲解。

学生按照评价量规要求讲述五四运动过程，可能对五四运动的叙述并不完整。

教师引导：他的讲解怎么样？请给他按照评价量规的要求进行点评，并提出一些改进的建议。

学生按照评价量规点评，提出各自不同的修改建议，补充叙述中缺失的部分或增加创新内容，使最终能够完整叙述五四运动。

设计意图：设计“以讲解员身份讲解五四运动浮雕”的学习任务，目的是引导学生学习叙述历史事件的过程与方法。“评价量规一”中的评价要素与评级指标是依据叙述历史事件的基本要素制定的，学生阅读评价量规就是自主学习叙述历史事件的方法，掌握了叙述的方法后才能准确完整地叙述五四运动来龙去脉。虽然有评价量规的学习方法指导，但学生第一次尝试难免会出现各种各样的失误，通过按照评价量规点评发言的活动，可以帮助学生依据评价量规查漏补缺，进而掌握运用评价量规完善学习的方法，实现课标“知道五四史实”的要求。

2. 学习任务二：“评价五四运动历史地位”。

教师布置任务：如果有人问你：“五四运动浮雕为什么能够镶嵌在人民英雄纪念碑上?”你应该怎样回答呢？这个任务就是要大家来评价五四运动的历史地位。怎么来评价五四运动这样的历史事件，我们看第二个学习任务的评价标准，请按照“评价量规二”的要求讲解。

学生按照评价量规要求对五四运动的历史地位进行评价。由于学习任务要求较高，而学生受年龄、能力及知识等多方面因素影响，多数只能按照评价量规合格级别的要求简单回答五四运动的 3 个胜利成果、比较和以前斗争的不同之处，而不能说出五四运动的特点、不能结合五四之后重大历史事件来观察其影响。

表 7.2　评价量规二

评价要素	优　秀	良　好	合　格
历史地评价	将五四运动放在它所处的时代中，与之前中国人民抗争与探索的重大事件进行比较，观察五四运动与它们的相同之处和不同之处，认识五四运动的性质与特点。	能够结合当时所处时代、联系其中重大历史事件来看待五四运动，认识五四运动的性质。	能够将五四运动与近代以来中国人民的抗争与探索进行比较，认识五四运动的特点。
辩证地评价	从五四当时及之后的历史中观察它产生的影响。	能够说出五四对以后还没有学的马克思主义传播、中国共产党诞生等重大历史事件产生的影响。	能够说出五四当时取得的3个胜利成果。
自评等级：	师评等级：		同学评等级：

教师针对学生运用“评价量规二”评价五四运动出现的各种状况，按照评价量规要求逐一点评学生评价中的优缺点，并出示“中国近代史年代尺”，结合年代尺上重大历史事件，为学生解释、示范如何运用“评价量规二”来评价五四运动：“鸦片战争使得中国开始沦为半殖民地半封建社会。从鸦片战争到巴黎和会外交失败，这一系列事件是中国遭受的外来侵略。从太平天国运动到新文化运动，这一系列事件是中国人民进行的救国探索与抗争。五四运动与它之前的旧民主主义革命时期的探索与抗争相比，相同之处是：它们都属于中国人民反抗外来侵略的组成部分，五四运动是反帝反封建的群众爱国运动。五四运动与它之前的探索与抗争相比，不同之处是：出现了一支新的革命力量——工人阶级，工人阶级开始登上历史舞台，使中国革命进入无产阶级领导的新的革命时期，即新民主主义革命时期，因此五四运动是中国新民主主义革命的开端。辩证地评价，就是看五四对当时及之后的历史产生的影响。五四当时产生了 3 个直接结果：释放被捕学生，罢免 3 个卖国贼，拒签和约。联系五四之后我们还没学的知识，五四运动促进了工人运动发展与马克思主义的传播，为中国共产党的诞生创造了条件。”

设计意图：设计“五四运动浮雕为什么能够镶嵌在人民英雄纪念碑上”的学习

任务，目的是引导学生学习评价历史事件的方法。“评价量规二”中的评价要素与评级指标是依据评价历史事件的基本要素制定的，学生阅读评价量规就是自主学习评价历史事件的方法，掌握了评价历史事件的方法后再来评价五四运动的历史地位就能降低学习难度。虽然有评价量规的学习方法指导，但学生受年龄、能力及知识等多种因素影响，完成评价学习任务二的质量明显低于学习任务一，多数只能达到第三个合格的级别。针对这种情况，教师亲自解释如何运用“评价量规二”来评价五四运动的历史地位，给学生示范如何高质量完成讲解任务，从而达到课标“理解五四影响”的要求。

3. 学习任务三：“体会五四运动的精神”。

教师布置任务：学习了五四运动后，面对浮雕上的同龄人，有什么话想对他们说？请同学们仔细阅读“评价量规三”，结合评价量规要求来组织语言、自由发言。

表 7.3　评价量规三

评价要素	最高评价等级标准
史料实证	对五四精神的阐述必须是依据可靠史料作为证据，做到论从史出。(30 分)
历史理解	对五四精神的理解要从历史实际的角度客观看待过去事物，做到符合时代特点。(30 分)
全面认识	发言应是多角度、多方面的。(20 分)
情感态度	传达积极向上的精神、给人以正能量。(20 分)
自评分：　　　　师评分：　　　　同学评分： 总分(3 方评价的平均分)：	

学生按照评价量规发言情况并不理想，明显受到评价量规制约，很多想说的话犹豫不定，吞吞吐吐。第二个班级中取消了这一评价量规，完全由学生自由发言，学生反而能够从多角度、多方面表达自己的观点。

设计意图：设计“面对浮雕上的同龄人，有什么话想对他们说”的学习任务，目的是引导学生学习史论结合表述观点看法的方法。“评价量规三”中的评价要素与评级指标是依据论述历史观点的基本要素制定的，学生阅读评价量规就是自主学习表述观点的基本方法。然而事与愿违，学生明显受到评价量规的限制，有观点与看法也不敢说，害怕不符合评价量规的要求。针对这种状况，在其他班级教学中取消了“评价量规三”的使用，只给学生提出最基本的要求要论从史出、积极向上，学生发言状况明显好转，从而达到课标“体会五四精神”的要求。这个事例说明评价量规并不是越精细越繁杂越好，过于精细或超越学生年龄水平的评价要素可能对学习造成困扰。

教学小结

教师在学生发言的基础上小结：“五四运动已经过去近百年。中国和世界都在迅速发生变化，昨天的历史今天不会重演，我们为什么还要学习五四运动？我想可以这样理解：五四运动是活的历史，因为它所显示的爱国、进步、民主、科学的精神还活着！一代又一代人不断为推动它而努力，这是永远不会结束的伟大事业！”

三、教学反思

本课是运用评价量规指导学习方法的一次积极尝试。评价量规在历史学科社会实践、小组合作学习中已经大量使用，在指导学生完成实践活动、掌握活动过程与方法方面发挥了很好的作用。这次我们将评价量规引入本课的课堂教学，运用评价量规指导学生掌握叙述、评价历史事件的方法，学生在课堂上较好地运用了这一方法。虽然学生运用评价量规评价五四运动的表现不及叙述五四运动，但也能够初步掌握评价历史事件的方法，达到了评价量规的合格水平。由此可见，评价量规能够在课堂教学中指导学生掌握一定的学习方法，能够提升学生叙述、评价、论述等多种学科能力，值得在今后的教学中继续尝试使用。

本课也存在不足之处，主要是第三个评价量规的使用。第三个学习任务“面对浮雕上的同龄人，有什么话想对他们说”是一个开放的问题。设计“评价量规三”的意图是指导学生掌握论述观点的方法，并运用这一方法回答问题，然而学生不太理解评价量规中评价要素的具体要求，害怕自己发言失误，反而不敢回答问题。在后面班级教学中取消了这一评价量规，让学生自由发言，学生表现积极踊跃。出现评价量规制约学习这一现象的因素可能有两方面：一方面是评价量规的评价要素比较烦琐，学生不能理解要素要求；另一方面也受到学生年龄、能力与知识的影响。这个不成功的示例并不是评价量规不适于指导论述观点的方法，而是提示教师制作评价量规要充分考虑学情。评价量规制作以课标中的“课程目标”和“课程内容”为依据，在与课标保持一致性的同时，还要考虑学生的接受能力，语言要简洁清晰，避免过于烦琐的要素对学习造成干扰。

经过运用评价量规在五四运动中的教学实践，可以肯定评价量规对于指导学习方法是具有明显的促进作用，尤其是“评价量规一”对指导学生掌握讲述历史事件的方法发挥了非常明显的作用。学生原本对如何讲述历史事件感到无从下手，评价量规则为他们提供了方法。评价量规不仅是评价等级的工具，更是帮助学生有效学习的工具，同时使老师在第一时间发现学生在学习过程中的问题，从而能够及时干预纠正。借助评价讲述历史事件的过程在知识、能力、方法方面对学生进行了综合训练，对提升核心素养有一定的助益。

第三节　贴近生活，由近及远
——“伟大的历史转折”教学设计

“伟大的历史转折”是北师大版8年级下第三单元“建设中国特色社会主义”中的第1课。本课内容上承新中国建立后经济建设的发展和曲折，下启改革开放后我国各方面取得的成就，内容较多，涉及面广。改革开放的提出、农村改革及对外开放的实践是其核心内容。

本课授课对象为8年级的学生。该年级的学生整体来说具有知识面相对广、动手表达能力相对强的特点。从认知规律来看，8年级的学生已经具有一定的资料收集、信息提炼、语言表达、概括、抽象思维逻辑思维能力以及与他人合作的能力，少部分学生对历史兴趣浓厚。经过前一个阶段的学习，学生对改革开放前人民公社有了一定的认识，个别兴趣浓厚知识面广的同学对对外开放的史实有一定了解。大部分同学缺乏对十一届三中全会、家庭联产承包责任制、对外开放内容及意义的了解。

一、教学设计理念

依据2011年版新课标相关要求设计了本课学习内容。学习过程中注意渗透历史课程“贴近生活、提高人文素养、关注事物联系、坚持唯物史观”的基本理念，贯彻《课程改革纲要》精神，“注重培养学生的独立性和自主性，引导学生质疑、调查、探究，在实践中学习，促进学生在教师指导下主动地、富有个性地学习……”注重落实《国家中长期教育改革和发展规划纲要(2010—2020年)》所强调的“提高学生的学习能力、实践能力、创新能力”，使学生在学习过程中、问题解决过程中提升历史学科能力。

二、教学目标和重难点

课程标准中对与本课相关的内容要求是：“了解中国共产党十一届三中全会、农村改革和深圳特区的发展，认识邓小平对改革开放所起的重要作用。”根据课标要求和课题组对学科能力层级的划分，制定如下能力培养目标：

识记十一届三中全会的内容，说明十一届三中全会开启了改革开放历史新时期；

识记家庭联产承包责任制的主要内容，推论其意义；

概括经济特区在现代化建设中的作用；

比较改革开放前后人们在衣、食、住、行等某一方面所发生的变化，感受改革开放的影响和意义；

分析十一届三中全会和农村经济体制改革的背景；

评价包产到户；

探讨与深圳的开放与发展相关的问题。

本课的重点为十一届三中全会的内容和意义、家庭联产承包责任制和经济特区设立等改革开放重大举措的作用。难点为如何理解中共十一届三中全会是共和国历史上一个伟大的转折。

三、重要教学环节设计

导入

展示两张人物衣着照片，一张为改革开放前，一张为改革开放后。

请同学们先观察两张照片的差异，接着请提供照片的同学为大家讲述两张照片中服装的具体差异。该活动的设计意图是锻炼学生从图片中提炼信息的能力、对史料的对比和阐述能力。

接着教师展示以下探究任务，学生进行课前调查的汇报：

请选择一个角度调查改革开放前后你的家人、家庭在衣、食、住、行等某一方面所发生的变化，并在课堂上展示汇报。

设计意图：从学生身边的事出发，引导学生收集材料，深入思考两代人在衣、食、住、行上的差异以及差异产生的原因，进而导入改革开放，感受改革开放的伟大，突破本课难点："如何理解中共十一届三中全会是共和国历史上一个伟大的转折。"通过该活动培养学生对历史材料的收集鉴别能力、比较概括能力和叙述能力，是对学生学科能力的一次全面锻炼与培养。

十一届三中全会的背景

教师给学生提供以下两段材料：

材料一：

1976 年全国农村每个社员从集体分得的收入只有 63.3 元；

1977 年全国有 1.4 亿人平均口粮在 300 斤以下，处于半饥饿状态；

1978 年，城镇居民人均居住面积仅为 3.6 平方米；

1978 年中国人均 GDP 排倒数第 2 位，仅是印度人均 GDP 的 2/3。

——《三十年前我们为什么选择改革开放》,《人民网》，2008 年 8 月 26 日材料二：

“我国要老老实实承认落后了……我们怎么赶上国际先进水平，怎么搞现代化……很重要的一条就是狠抓先进技术的引进、消化、吸收。

——《谷牧回忆录》，中央文献出版社，2009年版

提问：材料一说明了十一届三中全会召开前什么样的国情？依据材料二回答谷牧副总理认为我们的工作重点是什么，他认为应该用什么方式发展国家？

这组问题的设计意图是：指导学生阅读教材，从材料中提取信息回答问题，从而锻炼概括能力。

家庭联产承包责任制的实施背景及内容

教师出示一组材料。

材料一：

九月里来公社化，分配粮款平均下，

不说你村和我村，一律财产归了公，

分粮分款大平均，社员思想打不通，

冬季来了大发款，每人平均整六元，

有劳无劳都来领，拿上钱儿两个心，

二流懒汉高了兴。

——《反思“一大二公”》，新华网，2008年11月19日

材料二：

人民公社末期，松松垮垮的出工者

——《建国后真实农村生活》，东北新闻网，2005年11月10日

提问：依据材料，分析人民公社体制的弊端有哪些？这些弊端会导致什么后果？你认为怎样改革可以克服这些弊端、推动生产发展？

设计意图：通过问题引导学生从图片、文字资料中提炼信息，概括出人民公社体制弊端，从弊端推论可能导致的后果，进而提出解决问题的设想。

对外开放

教师播放视频：《开放之路——深圳》，观看后提出一组问题：

(1)深圳的变化给人们观念带来什么变化？(2)深圳为什么被称为“一夜崛起的城市”？(3)深圳发展迅速的原因是什么？(4)把深圳开设为经济特区的原因是什么？(5)为什么设置为特区就得到了快速发展？(6)深圳的开放对中国有什么影响？

设计意图：通过一系列问题的思考和解答，解决了本课重点问题之一“经济特区设立等改革开放重大举措的作用”，第一问训练学生的概括能力。第二问到第五问训练学生的解释能力。第六问训练学生的推论和评价能力。

四、收获与反思

关于学生的历史学科能力培养，虽然仅仅上了一节公开课，围绕“伟大的历史转折”这一课进行了几次教学改进，但在一次次的备课、上课、改进、再上课的过程中，逐渐由浅入深地理解了“促进历史学科能力发展的教学改进项目”的意义，对于教育部提出的学科“核心素养”概念也有了一些认识。通过此次活动，授课教师感受到了以下几方面的变化。

第一，教学理念和行为的转变。2001 年，教育部颁发《基础教育改革纲要》明确提出：“国家课程标准……应体现国家对不同阶段的学生在知识与技能、过程与方法、情感态度与价值观等方面的基本要求。”课程改革要求教师在教学中关注学生的知识、能力、情感，推动了传统课堂由老师为本向学生为本、由知识与技能为本向学生全面发展为本的转变。这次教育改革开始后，教师的教育观念和行为的确在不断发生变化，学生的学习过程更多被关注，但在实践过程中，知识还是被放在了最重要的地位。

在这次基于历史学科能力培养的教学改进实践中，教师的教学理念和行为发生了较大转变，“伟大的历史转折”一课教学设计二稿、三稿的教学设计理念和依据、教学设计目标、探究题的设计都发生着很大的变化。原来的设计理念“倡导学生积极参与，形成学生为主体的课堂氛围”，后来的设计理念确定为“引导学生质疑、调查、探究，在实践中学习，促进学生在教师指导下主动地、富有个性地学习……”。教学目标更强调学科能力的培养，知识是实现能力培养的载体。原来的课堂实践对学生的思维过程关注不够，后来的实践过程更关注学生的思维过程，更关注学生发现问题、解决问题的能力。

第二，设问技能的改进。原来的教学设计中有一个问题是让同学们思考：“改革开放给中国带来了翻天覆地的变化，它和我们每个人息息相关，请你以‘我与改革开放’为题，谈一谈改革开放对你、或者你的家人、家庭产生的影响。”当时全班同学你看看我，我看看你，不知道该从何谈起，不知道改革开放和学生个人有什么关系。当该题最后调整为“请选择一个角度调查改革开放前后你的家人、家庭在衣、食、住、行等某一方面所发生的变化”，学生的参与热情非常高。每个同学都进行了家庭某方面的调查，有的同学把老人口述的变化记录下来，有的同学调查了两代人阅读书籍的不同并带来了两代人各自的典型读物，有的同学对比了两代人所使用的相机的不同……通过课下调查和课堂上一系列问题的解决，学生的独立性、自主性得到充分体现，搜集鉴别资料的能力，处理信息、获取新知识的能力，分析解决问题的能力以及交流与合作的能力得到了全面的锻炼。

在专家和老师们的帮助下，改进后的“伟大的历史转折”课堂教学实践效果良好。在教学过程中关注学生的生活体验，注重运用学生的生活体验帮助学生理解知识，学生的参与热情很高。引用材料直观性强，符合初中生的身心发育特点和认知规律。在教学过程中注意突出核心问题，注意问题的分解，引导学生逐步解决小问题，最后解决核心问题。学生解决问题的能力得到提高，思维训练得到加强，较好地落实了本课的教学目标。

在较好落实课程目标的同时，本课还存在着一些不足。比如《我和姨姥姥》的照片对比中，姨姥姥那张照片中人比较多，服装比较多，由于没有明确人物和服装的范围，学生在对比时思维比较发散，有的同学甚至对照相技术进行了对比，所以老师设计问题时对比项一定要明确。本课的总结部分，板书应该更精确、对等。比如，关于改革开放前后的转折之一——人民公社的改变，在板书中写为："人民公社转变为分田到户"。人民公社与分田到户是不对等的，应该写成："人民公社转变为乡政府，集体生产转变为分田到户。"以后在备课过程中还需要更细心，以免出现知识性错误。

以上是针对"伟大的历史转折"一课所进行的教学改进过程及收获和反思，虽然仅仅上了一节课，但这节课的改进过程让老师一定程度上理解了这次课改方向，明白了什么是历史学科能力及历史学科素养，明白了如何在课堂教学中实现这些教学目标。

第四节　在历史脉络中理解南北战争
——"美国内战"教学研究

历史由具体时空条件下的一系列史事构成，这些史事相互关联形成历史脉络，成为某一特定史事发生发展的背景。只有将史事置于历史进程的背景中，才能显示其存在的意义。工业革命后，现代化成为世界发展的大趋势。美国内战正是在这一历史背景下发生的。《义务教育历史课程标准（2011 年版）》的要求是："知道《解放黑人奴隶宣言》的主要内容，理解南北战争在美国历史发展中的作用。"据此，本课的教学设计将内战放到工业革命和资本主义在全球的巩固和发展的视野下考量，即工业革命激化了美国原有的一系列矛盾，导致了内战的爆发，而战后矛盾的化解又促进了美国的现代化发展。

本课具体内容包括西进运动、内战前美国两种经济制度的矛盾、内战的进程、解放黑人奴隶和南北战争在美国历史发展中的作用。教学对象为 8 年级学生，依据义务教育课程标准，理解内战的作用是全课的核心目标。为此，在设计教学内容时着眼于历史的脉络，从独立战争和美国联邦政府成立后始终没有解决的法理矛盾，到内战结束后美国宪法第十五条修正案，乃至1894年美国经济排名世界第一，前后涉及100余年。对于教材中没有揭示的美国黑人奴隶制度的由来、西进运动与南北战争之间的关系，作了必要的补充和史实梳理。这样将内战放到美国历史发展的脉络中进行考量，使学生通过战争的原因就能推测出战争的作用，从而实现"理解南北战争在美国历史发展中的作用"这一目标。

一、美国内战的时代背景

在导入环节，从一张19世纪中期的世界地图展开，在这里引领学生看到英国工业革命后，世界发生了剧烈的变化：1848年欧洲革命、1861年俄国农奴制改革、美国内战、中国洋务运动、1868年日本明治维新。正可谓"世界潮流，浩浩荡荡，顺之则昌，逆之则亡"。这个"世界潮流"就是由传统社会走向现代社会，工业革命后现代化成为世界发展的大趋势。

由此分析思考：工业革命、现代化与美国内战之间存在什么关系？

工业革命激化了美国社会原有的矛盾，而矛盾积累到一定程度就引发了内战。内战后矛盾得到化解，工业革命得以顺利进行，现代化在美国全力推进。

美国社会原有矛盾有哪些？工业革命是怎样激化这些矛盾的？这其实就是要分析美国内战的原因，而这是个非常复杂的问题。我们的教材基本上是从经济角度即南北矛盾入手分析的，其间加入西进运动，而美国的很多历史书籍却会着重从宪政角度进行分析。将二者合理地结合，化成利于学生理解的条目，是本教学设计的创新点。

二、工业革命激化矛盾

从宪政角度看，美国内战前原有矛盾可以概括为两点：

矛盾1：人生而平等与黑人奴隶制的矛盾。

《独立宣言》是美国建国的基石，它承认"人生而平等"："造物者创造了平等的个人，并赋予他们若干不可剥夺的权利，其中包括生命权、自由权和追求幸福的权利。”但在随后的1787年《美利坚合众国宪法》中我们却读到这样的文字：“第一条第二款：各州人口数，按自由人总数加上所有其他人口的3/5予以确定。”“其他人口”是什么人呢？黑人奴隶，宪法没有直接写“奴隶”这个词，换了个委婉的说法。内战的深层原因是法理上的冲突，也是战后需要解决的矛盾。

矛盾2：联邦至上与州权至上的矛盾。

美国是先有州，后来才有联邦这个中央政府，那时很多美国人首先认为自己是某某州的，其次才是美国人。州权的力量很强。像黑奴问题，地方就认为这是州的内政，中央(联邦)无权干涉。地方权力过大，地方才会有实力对抗中央。

从区域经济方面看，美国从殖民地时期南北之间的经济就存在着巨大的差异，这种差异造就了第三对矛盾——南北矛盾。

生而平等的理想与黑人奴隶制的现实、联邦至上与州权至上、南北方经济制度的差异，是内战前美国社会存在的3大基本矛盾。这些矛盾早已存在，但在长时间内并未引发战争，引发战争的关键因素是工业革命。这些矛盾和工业革命之间存在什么关系呢？分析清楚了这个问题才能真正理解美国内战爆发的原因，才能通过上述矛盾的化解来理解内战在美国历史上的作用。那工业革命是如何激化这3对矛盾的？

最先开始工业革命的英国需要大量的棉花，促进美国南方的农场主大量种植棉花，出口英国。这些南方的农场主卖完棉花之后从英国直接购买英国廉价的工业品，导致美国南方的经济和英国绑在了一起。另外大量种植棉花，还使南方黑奴数量大增，到1860年已有近400万黑奴，让黑奴自然消失已经变得不可能了。“人生而平等”与黑人奴隶制之间的这对矛盾在工业革命来临后被大大地加强了。

18世纪末以后，美国也开始进行工业革命，北方工厂广泛建立，它也需要廉价原料如棉花，但是北方工厂主发现美国生产的棉花去了英国，他们需要大量的自由的廉价的劳动力，而最廉价的劳动力——黑奴，是别人的财产。还有很多其他的矛盾，像关税等等，北方与南方这对矛盾也被激化了。

南北经济的差异一定会带来南北分裂吗？不一定，还可能是互补。所以对内战原因的分析只停留在南北差异上显然不够，还要带领学生深入探究。结合学生已有的知识分析：美国是个“民主”国家，它的权力中心是国会和总统，这两个部门都需要各州的选举才能产生，所以能代表自身利益的州数越多，控制国会和总统职位的概率就越大。因此西进运动中每增加一个州就会引发一轮南北利益冲突，最终南北各自力量都在加强，矛盾也无法收拾。在国会南北方要比拼谁的州数多，这就涉及中央与地方关系的这对矛盾。此时的美国因为工业革命的来临，交通得到了极大改善，西部大开发的进度大大提高。与西进同时进行的是一个又一个的新州建立起来，那新增的州上是否可以实行奴隶制——是南派还是北派，自然成为南北方斗争的焦点。

至此，工业革命已将美国原有的几大矛盾整合在一起，共同的焦点最后都集中到了奴隶制的存废上。特别能体现这点的是北方自由州和南方蓄奴州在数量上的变化。

1787年自由州与蓄奴州的数目比是7∶6，1819年是11∶11，这意味着双方在参议院打成平手，因为参议院每州2票。1820年密苏里州申请加入联邦会影响平衡，南北议员在国会就此进行了激烈的斗争。到1850年是15∶15，加利福尼亚州申请加入将再次打破平衡，国会的斗争更加激烈，最后决议加州是自由州。1856年堪萨斯州申请加入，这是蓄奴州扳回平局的最后机会，但堪萨斯人民就奴隶问题分为两派，并酿成流血冲突。

授课时通过一张内战前的美国地图，帮助学生建立起当时的空间概念，再一步步地将1820年的密苏里妥协、1850年的大妥协和1856年的堪萨斯冲突渗入到西部扩张中，学生在观察西部扩张的过程中感受州数的增加对国会特别是对参议院的直接影响，认识到西进运动与内战爆发的直接关系。领土的扩张使南北双方的实力都增加了，并且一次次扩大了矛盾，最终将差异变成分裂。设身处地、尽可能符合历史实际地对史事加以理解，能带给学生深刻的感悟，进而才能对历史作出正确、客观、辩证的认识。

1859年北方有两个州以自由州身份加入联邦，南方彻底失去了对国会的掌控。1860年的总统选举结果是林肯当选。南方认识到联邦政府已经不能维护、保障他们的利益了，他们选择离开联邦，这直接导致了战争的爆发。

三、内战与矛盾的解决

1861年初，南方7个州另组邦联政府，宣布独立。联邦不承认各州有权自行退出联邦，内战爆发。联邦政府进行内战的最重要目的就是维护国家统一，由此可见，地方与中央的关系即联邦至上还是州权至上的问题是内战的关键问题。在宪法中界定模糊的权力最终要靠实力来划定，谁取得胜利谁就有决定这个问题的话语权。4年后，联邦获胜，联邦权大于地方州权就成为定案，州主权必须服从中央，这一战前矛盾在战争后获得彻底的解决。

随着统一的恢复，南北方的政治分裂不在，经济也由分裂走向差异，南北方在差异中实现了互补。1861年至1865年的内战使南北方统一，把南部纳入全国的经济体系。北部向西部和南部提供工业品，西部为北部提供粮食和工业原料，南部主要提供棉花。在统一政权的领导下，南北矛盾得以调和，工业革命在美国获得更深更广的进行，为日后的第一大国打下坚实的基础！

战前的核心矛盾——奴隶问题——也是涉及深层法理矛盾的问题，在战争中同样获得解决。林肯总统为取得联邦的胜利而颁布了《解放黑人奴隶宣言》，它规定："1863年元月1日起，凡在当地人民尚在反抗合众国的任何一州之内……为人占有而做奴隶的人们都应在那时及以后永远获得自由。"《解放黑人奴隶宣言》1862年9月颁布，次年1月执行，7月就消灭了南军主力，它对于战争的推进作用是可想而知的。随着战争的胜利推进，1865年1月，国会通过宪法第十三条修正案：在合众国境内受合众国管辖的任何地方，奴隶制和强制劳役都不得存在，但作为对于依法判罪的人的犯罪的惩罚除外。该修正案12月正式生效，至此"生而平等"理念与现实中存在奴隶的矛盾也得以化解，至少是法理上的化解，为日后黑人取得真正的自由奠下了最重要的基石。

四、教学反思

历史是过去发生的事情，今人要对历史有正确的认识，需要从历史的角度上尽可能客观地、实事求是地看待和理解过去的事物。历史的角度又可细分为两个——世界历史的角度和本国历史的角度，一横一纵，交织成网络，实现对历史事件的精准定位。

站在世界历史的角度看，美国内战是工业革命后资本主义最终确立对全世界的统治中的重要一环，加强了资本主义世界的力量。站在美国历史的角度看，内战废除了奴隶制，解决了《独立宣言》精神与宪法实操的矛盾；内战在平定叛乱的同时理清了联邦权与地方州权的关系。本课的逻辑设计是理清战前的基本矛盾，看战争中怎么解决这些矛盾，探究战后矛盾化解的意义，分析清楚矛盾才能理解战争的作用。其实内战前的矛盾非常多，需要将它们与课标、教材内容和学生的知识储备反复权衡，最后精选出几对适宜的矛盾呈现、分析。本课的教学设计是有意识地从宪政角度进行分析的，因此也就难免造成了其他方面的薄弱，特别是学生活动环节的设计更是有待提高。

第五节　课标指导，能力立意
——“经济大危机和罗斯福新政”教学设计

本课为北师大学科能力课题的研究课，目的是研究如何培养初中学生的历史学科能力，教学设计的出发点是课标指导，能力立意。

本课的教学对象为 8 年级学生，已经具有了一定的知识基础和历史分析能力，但是总的来说理性思维较弱，感性思维强，学生对抽象的理论概念的思考和理解能力不够。因此在这节课里，需要充分利用图片、视频等资料创设历史情境，激发学生学习兴趣。通过层层递进的问题设计，引导学生思考，得出结论。

一、教学目标设计

1929—1933 年资本主义世界的经济危机，是世界历史上波及范围最广、持续时间最长、破坏性最大的一次世界性经济危机，对世界各国，特别是资本主义国家的经济、政治以及国际局势产生了重大影响。罗斯福新政的实施开创了资本主义国家干预经济的先例，为其他西方国家解决危机提供了经验和借鉴。《义务教育历史课程标准(2011 年版)》对本课的要求是：知道经济大危机，了解罗斯福新政，理解国家干预政策对西方经济发展的影响。综合课标要求和课题组对历史学科能力层级结构的界定，我们将学生的学科能力培养基本上定位在 A、B 两个层级，对教学目标作了如下设计：

课标要求	学科能力培养目标	所属能力层级
1. 知道经济大危机。	学生能够从教师制作的经济大危机的微课视频中提取信息，并将信息分类，完成表格。	A1 记忆 A2 概括
2. 了解罗斯福新政。	学生能够结合经济危机的具体问题，分析教师提供的材料，理解罗斯福新政的内容，进而推论新政的作用。	A3 说明 B2 推断
3. 理解国家干预政策对西方经济发展的影响。	学生能够对罗斯福新政的特点进行提炼，并从历史和辩证的角度评价新政的影响。	B3 评价

需要说明的是，课标要求第三个内容是“理解国家干预政策对西方经济发展的影响”，考虑到初中教材对西方经济史的内容涉及不多，不太容易做到将新政放到整个西方经济发展历程中去评价，所以将第三个教学目标进行了一定的调整，改为：“评价罗斯福新政的影响。”

二、学生学习方式设计

为了完成教学目标，设计了学生学案的学习方式。让学生在学习的过程中留有痕迹，也为以后的复习提供资料。在问题的设置上，注意了能力层级的递进。

另外，为帮助学生更好地完成学习，还设计了供学生学习的历史材料，如改革金融、调整农业、调整工业、以工代赈等材料。

第4课　经济大危机和罗斯福新政

一、经济大危机

标志：______________。

特点：________；________；________。

二、罗斯福新政

危机的表现	新政的措施	新政的作用

三、罗斯福新政的影响：

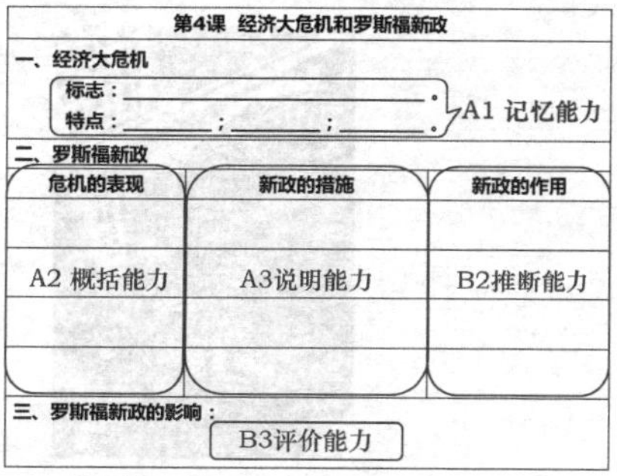

三、教学过程设计

导入

呈现两张图片《美国20世纪20年代的街头宣传画》和《宣传画前排队领救济的人》。

美国20世纪20年代的街头宣传画

指导学生观看图片，并解读其体现的意义。鲜明的反差引起学生思考，激起学生探究学习的兴趣。

第一部分　知道经济大危机

在这个内容的学习中，设计了一段微课视频，让学生观看视频，提取信息并完成问题。其中，问题1、2需要学生回答经济大危机的标志和特点，目的是培养学生的记忆能力；问题3需要学生归纳经济大危机的表现，培养的是学生的概括能力。

美国纽约华尔街证券交易所

活动一：请观看视频，提取信息并完成学案相应问题。

1. 经济危机爆发的标志是什么？

2. 经济大危机的特点是什么？

3. 美国的经济大危机表现在哪些方面？

将学生提取到的信息成果整理、呈现在课件上后，我们可以看到危机的表现就是新政要解决的问题。这时候出现了本课的一个难点，就是学生不能理解为什么会出现经济危机。

考虑到8年级学生的特点，在处理时并没有作过多的解释，而是设计一个示意图，让学生明白危机出现最主要的原因是生产的盲目扩大和市场因贫富悬殊而不断萎缩，最终导致资本主义生产相对过剩，这样就出现经济危机。这样做，让学生明白解决危机应该主要从两个方面入手：控制生产和扩大市场，为学生后面说明新政措施和推论新政作用搭建了台阶，降低了难度。

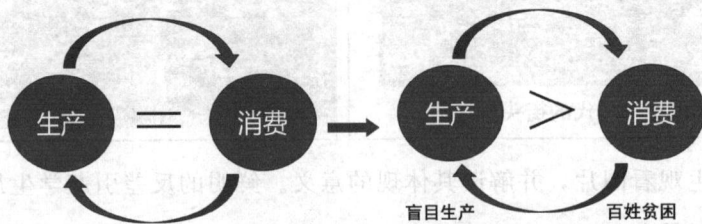

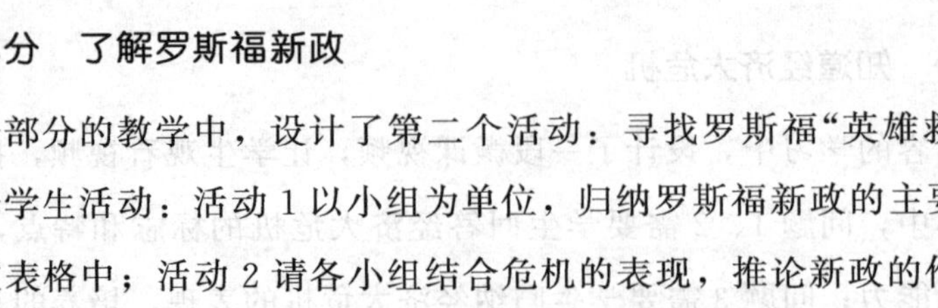

第二部分　了解罗斯福新政

在这个部分的教学中，设计了第二个活动：寻找罗斯福"英雄救美"的良方。安排了2个学生活动：活动1以小组为单位，归纳罗斯福新政的主要内容，并将它们填写在表格中；活动2请各小组结合危机的表现，推论新政的作用。

活动1的主要目的是培养学生的说明能力（能举例说明已学过的历史概念，将概念与其指代的内容对应；说明几个概念之间的关系）。

活动2是推论新政的作用，目的是培养学生的推断能力。

危机表现	新政的措施	新政的作用
金融业： 股市崩溃； 银行破产。	给银行提供贷款； 保障小额存款安全。	
农业： 价格下跌； 产品积压。	鼓励农民减产； 保障农民生活； 调节市场供求。	
工业： 生产下降； 企业破产。	加强指导，防止盲目竞争；重申工人权利， 最低工资和最高工时。	
政治危机： 失业人口多； 制度受到冲击。	直接救济； 以工代赈。	

以下是课堂实录的片段

师：按照研究问题的一般思路，当我们已经了解了出现的问题，应对问题的措施，接下来就要讨论它可能产生的作用。如果应对措施能够解决问题，那么它就是有作用的；如果不能，就不会产生积极作用。下面就让我们按照这一思路，来探讨罗斯福新政所采取的措施是否能够解决危机的问题。

（学生小组讨论后作答）

生：我谈谈农业方面的作用。政府鼓励农民减产，这样农产品就会少下来，农产品的物价就会上升。

师：这能够解决经济危机的哪个问题？

生：可以解决农产品价格下跌的问题。

师：这样看，这项措施就是有作用的。

生：成立信贷公司，解决的是产品积压。比如说今年收成好，农产品多，这样价格下降，农民就会亏损；信贷公司把多的部分收购，就能够保证产品价格不下跌，农民就会有利益。如果哪一年生产的农产品少，信贷公司就会把往年的产品出售，缓解物资紧缺，从而有利于消费者。这样就解决了危机中产品积压的问题。

从学生回答的情况来看，在老师的引导下，学生学会了结合危机表现来看措施作用的方法。

第三部分　评价新政的影响

这部分设计的活动是：请同学们结合所学，简单评价新政。设计的主要目的是培养学生的评价能力。

以下是课堂实录片段：

师：当我们评价一个历史事物的时候，一定要注意从多个角度来看，你能从哪些角度看待新政影响呢？

生 1：在经济方面，它使美国经济稳定了下来，渡过了经济危机。在政治方面，使反政府的人减少了，维护了社会的秩序。然后在对其他国家的影响看，它开创了一种新的经济模式。

生 2：也给其他国家解决经济危机提供了借鉴。

师：这是老师给新政影响的评价：

1. 从现实影响上看：挽救了濒于崩溃的经济，缓和了社会矛盾，一定程度上避免了美国走上法西斯道路。

2. 从深远影响上看，开创了国家干预经济的新模式，对战后美国以及西方资本主义国家的社会改革产生了深远影响。

在评价活动之后，老师对评价方法作简要归纳。向学生说明，当我们评价历史事物的时候，基本上是 2 个角度：第一是历史地评价，能够把历史事物放到它发生的那个时代来看它的作用和影响：第二是辩证地评价。要求我们一方面能够把历史事物放到历史长河中发展地看待它对后世的影响；另一方面，要能够一分为二地看待历史问题，既要看到它积极的一面，也要看到不足。由于课时有限，这节课主要谈的是积极的一面。

四、课后反思

从课堂学习的效果来看，学生的表现是积极的，从课后老师对学生的调研情况看，学生表示这节课听懂了，而且课堂学习活动中是有收获的，从课后老师们的评价中来看，老师们对这样的教学设计基本也比较认可。反思这节课的设计和实施，有以下感受：

第一，以能力培养目标来进行教学设计是非常重要的。作为一名初中历史教师，在以往的教学中，我们非常重视如何让我们的教学更加生动有趣，让学生喜欢听。但是随着高中历史课程改革的进行，很多高中历史教师抱怨学生历史学习知识储备少，能力差。出现这样的问题虽然有很多原因，但是，作为初中历史教师，有着不可推卸的责任。如何向高中输送合格的学生，弥补初高中衔接的缺口呢？北师大的这个课题提供了很好的思路，在以后的教学中，教师会更加重视对学生能力的培养，而且每节课都要对能力层级中的一个或几个进行训练，还要摸索规律，对初中3年的历史学科能力培养有系统的设计。

第二，有意思和有意义是不矛盾的。多年的历史教学经验告诉我们，一节好的初中历史课一定是一节有意思的历史课。丰富直观的材料，生动有趣的故事，声情并茂的音视频材料等等，都可以引起学生浓厚的学习兴趣。但是，一节课仅仅有意思是不够的，我们还要让它有意义。过去授课老师认为，初中历史课的意义更多的在于培养学生的情感，培养孩子正确的人生观和价值观，对初中生过多的能力训练会使课堂变得枯燥无趣，对学生能力的培养应该是高中历史教学的重点。在参与了本课题的研究后，老师的观点发生了变化。以前对历史学科能力培养的理解有些教条，认为培养能力就一定是通过做题、练习。其实对学生能力培养的机会就蕴藏在我们平时的教学中，如果我们抓住机会，完全可以让能力培养变得生动有趣。比如在这节课的设计中，授课老师录制的微视频课程，学生很感兴趣，在播放视频前给孩子布置任务时，孩子们更是跃跃欲试。这些提取历史信息的任务其实就是训练学生的能力，学生完成了任务，能力也相应得到训练，轻松愉快，一举两得。在今后的教学中，要特别注意这个方面的设计，使学生在喜欢学历史课的基础上，历史学科能力也能得到提升。

第三，培养历史学科能力要依据学生的特点来进行。人的认知能力发展是有科学规律的，我们在教学中应该依据规律进行培养。本课的设计针对初中生的特点，将能力层级定位为前两个层级的内容。初中阶段学生历史学科能力培养应该侧重在第一、第二能力层级，也就是A学习理解和B实践应用两个层级。在每一节课的设计上，也要符合认知规律。能力培养目标的设计应该由低到高，层层递进。能力目标的设定要适度，不宜过多。还需要注意的是，学生能力培养一定是以学生为中心，教师不能代替学生思考，将结论直接灌输给学生。

第四，要注重采用丰富多样的教学手段进行能力培养。对初中学生进行学科能力培养，尤其需要注意教学手段的多样性，调动学生的学习积极性，在积极学习的过程中提升能力。本课"经济大危机"一目的教学过程中，教师采用微视频的教学手段，将丰富的资料、教师的讲述、低沉悲伤的背景音乐结合到一起，把学生带入"大萧条"时期那种时代氛围中，使他们专注于学习内容，从而比较容易地完成了学习任务。另外，为学生设计的学案，给学生提供了学习及后续学习的依据，对学生能力培养情况有据可依。总之教无定法，进行学科能力培养需要老师积极探索，努力开发更多的适合的教学手段。

第五，积极进行课程资源的开发。教学目标的达成，仅仅有教学手段是不够的，教师还需要积极进行课程资源的开发。不仅要充分利用课内资源，也要拓展课外资源。本课当中，教师在课本之外，提供给学生学习资料，这些资料是在备课过程中与北师大专家和教研员反复讨论确定的，力求难度适中，适合学生学习。从课堂实施情况看效果是不错的。

第六，历史学科能力培养应该体现在掌握相关的方法和程序。在教学过程中，进行方法和程序的总结是非常重要的。本课在这一方面是有考虑的，但是不够充分，需要教师在以后的教学中继续改进。

第七，教学设计要注意在保证教学目标达成的同时，注重教学时间的规划。本节课的另一问题就是，虽然内容一再压缩，难度一再下降，但是仍然没有能够在40分钟的课堂教学时间内完成教学任务。需要反思的是，学生的能力培养过程就是学生思考解决问题的过程，教学设计要针对学情预设解决问题需要的时间，还要对可能构成思考障碍的地方设计台阶帮助孩子解决困难，以免额外耽误时间。要根据学生活动需要的时间和课标要求来设定教学目标。更加重要的是，提供的学习材料和教学活动的设计应该适度，不能过多、过难。要在合理的教学时间范围内达成教学目标。这也是今后需要研究和改进的地方。

第六节　初中单元复习课创新
——“古代文明的交融”教学设计

单元复习课是中学历史课堂教学中的一种课型。如何上好复习课，老师们既熟悉又陌生。说熟悉，是因为每学期都必须上这样的课；说陌生，是因为如何在复习课里让学生巩固已学知识？如何与新课有所区别？如何在复习课中，进一步加深学生对历史的理解，体现学科核心素养、发展学习能力和提升学生的历史认识？本节通过 8 年级单元复习“古代文明的交融”教学设计进行了探索。

一、基本情况分析

1. 对教学内容的分析。

“古代文明的交融”是北京市义务教育课程改革实验教材《历史》第三册第一至第三单元的教学内容。第一单元是“上古人类社会”，包含第 1～3 课，分别是“人类历史的黎明”、“大河流域的文明古国”、“地中海地区的早期文明”；第二单元是“中古亚欧文明”，包含第 4～5 课，分别是“亚洲文明的发展”、“西欧的封建制度”，第三单元是“古代文明的交融”，包含第 6～8 课，分别是“文明的冲撞与融合”、“古代文化与科技成就”、“世界三大宗教”。可以说这 3 个单元时间跨度长，涉及国家广，内容庞杂。为此，确定本课教学的中心是古代文明的交流和传播，设计了重新整合教材、多角度充实史料、体现学科特色的教学方案。

2. 本课的指导思想。

由于本课是复习课，根据建构主义的理论和记忆心理学的要求，应努力实现学生主动建构、主动探究的主体地位；形成合理的历史知识体系，促进长时稳固的记忆；发展探究思维能力。依据上述理论，本课的设想是由学生回顾史实、依托学案归纳知识，进而探讨各文明在和平交流与暴力冲突中扩展交融，认识形成各地区文明特征和世界文化繁荣的历程。通过本节课的复习，让学生认识到文明是多元的，我们应该尊重不同地区的文明。

3. 对学生情况的分析及教学策略。

初中学生的学习具有以下特点：第一，他们具有较强的形象思维能力，所以尽可能多地采用形象的材料；第二，他们乐于表达、喜欢参与，所以尽量多地创设更多学生思维活动的空间；第三，初中学生逻辑思维能力已经得到一定发展，因此，课上还注意引导他们深入探究一些理性的问题；第四，因为复习课所涉及的是已经学习过的内容，所以更多地发挥学生课堂上的主动性，如主动回忆、主动再认、主动建构、主动探究，体现学生是学习主体的教学新理念，使复习课成为发展学生学习能力，提升历史核心素养的有效平台。

二、教学目标

1. 知识与能力。

学生通过填写学案，归纳古代亚非欧地区的主要文明成就，主动建构知识体系，由此提高概括关联和分析解释能力。

2. 过程与方法。

学生通过图表和地图，探索文明交融的表现以及交融的路径，掌握复习学习的方法，经历从了解史实、进而达到理性思考的学习过程。

3. 情感态度价值观。

学生通过探究各文明的交流和传播，认识文明的多元性以及文明交融中宗教的独特作用，最终形成理解和尊重不同地区的文明，让世界保持丰富多彩的共识。

三、教学重点、难点

重点：梳理古代文明的发展，探究古代文明交流交融的表现。

难点：理解文明交流中宗教的独特作用。

四、教学过程

(一)导入

教师出示幻灯片：15 世纪绘制的《世界地图》，并提出问题：这幅 15 世纪绘制的世界地图有哪几个洲？当时人们认识的世界只有欧、亚、非 3 个洲，15 世纪是古代与近代的交接点，这也是古代文明活动的主要场所。文明诞生前，这里一片“蒙昧”(幻灯片上出现黑幕)。大约在 1 万年前，在这 3 大洲出现了灿若星斗的文明。(幻灯片上出现“满天星斗”)。

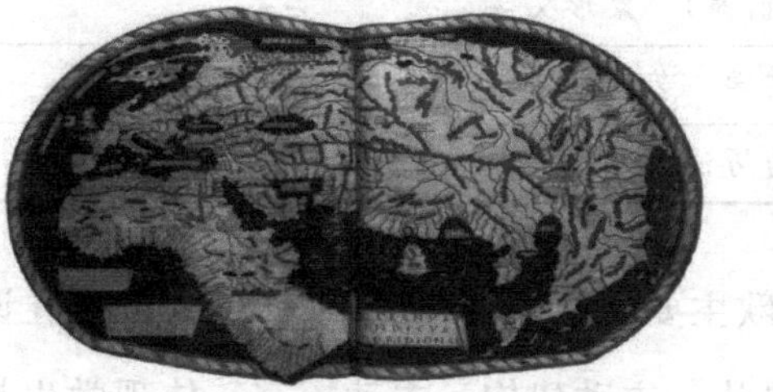

设计意图：先出示 15 世纪的世界地图，让学生首先对古人的活动范围有一个空间概念。然后提出问题让学生感到好奇：难道当时世界地图和今天的不一样？经过仔细观察，学生发现这幅世界地图只有亚洲、欧洲和非洲 3 个洲，果然和今天的认识不一样。教师进一步引导并出示相关图片。通过幻灯片上的“黑幕”和“满天星斗”的对比，让学生更直观地感受文明在世界各地是如何铺陈开来的。

(二)进入正课

一、重温世界古代文明(板书)

活动一：幻灯片出示《亚非欧古代文明的发展》地图，指出这学期学过的古代文明有：亚非四大文明古国(古代中国、古代埃及、古代巴比伦、古代印度)、古希腊、古罗马、波斯帝国，还有阿拉伯帝国，教师进一步要求学生在学案的地图上方框里填写古代文明的名称，并标出每个文明出现的时间。

设计意图：要求学生在学案的地图上填写各地区古代文明的名称和建立时间，强化学生学习世界历史的“时空”意识。

活动二：根据第三单元同时还要注意第一单元所学知识，请同学们填写学案上的《古代亚非欧主要文明成就概览表》。

古代亚非欧主要文明成就概览表

序号	国家或地区	主要文明成就
1	中国	汉字　四大发明　丝绸　瓷器　等等
2	古印度	种姓制度　佛教　阿拉伯数字
3	波斯	驿站制度　袄教
4	两河流域	楔形文字　《汉谟拉比法典》
5	古代阿拉伯	伊斯兰教　《天方夜谭》
6	古埃及	金字塔(狮身人面像)　象形文字
7	古希腊	民主　科学　文学　艺术　哲学　奥林匹克运动会
8	古罗马	基督教　古罗马历法　建筑

设计意图：通过填写《古代亚非欧主要文明成就概览表》，发挥学生在课堂上的主动性，让学生主动回忆、主动再认、主动建构、主动探究，体现学生是学习主体的教学新理念，同时让学生体会到古代每个文明都创造了独特且辉煌的成就，进而认识到文明具有多元性。

在完成学案后，学生汇报、交流各自完成的学案。学生每汇报一个古代文明成就，教师就出示一张代表该地区成就的图片。如古印度的文明成就，出示幻灯片如下：

古印度文明成就

种姓制度：等级制度
佛教诞生：三大宗教之一
发明阿拉伯数字

设计意图：初中生形象思维活跃，通过图片资料，进一步加深学生对这个知识点的印象，帮助学生梳理了各古文明的成就，达到巩固知识的目的。

过渡语：每个文明都诞生了自己独特而且辉煌的成就，这些成就在古代是否是一直独立存在的？

二、探究古代文明交融(板书)

活动三：学生依据所填的《古代亚非欧主要文明成就概览表》，在学案上用连线的方式，勾画出文明交流和传播的路径、方式及具体内容。如：(中国)四大发明→阿拉伯→欧洲(幻灯片演示)。

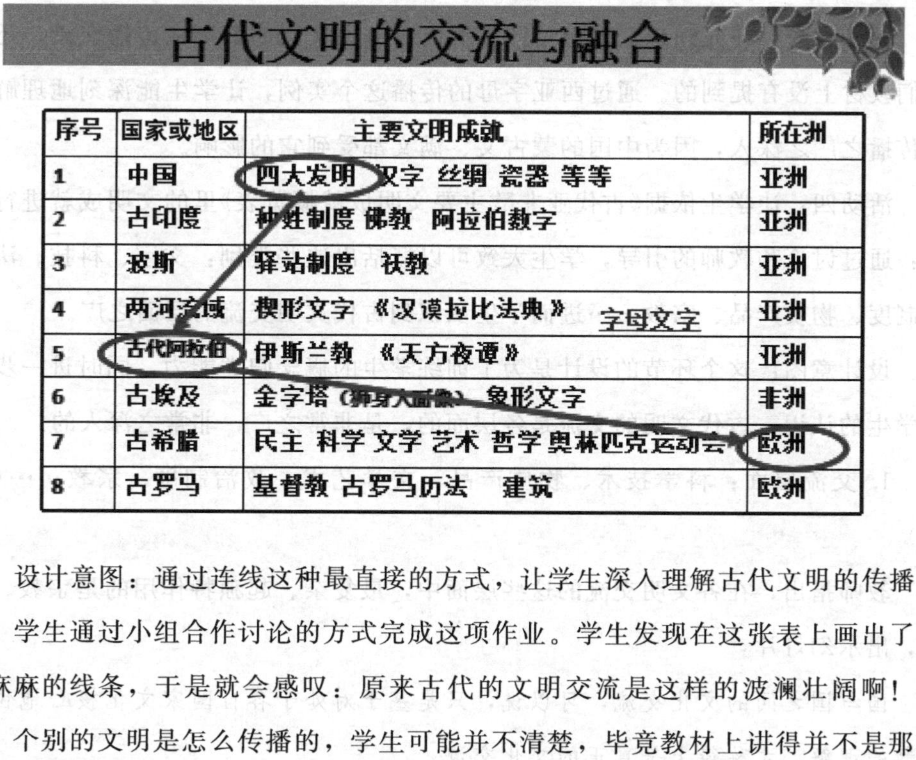

古代文明的交流与融合

序号	国家或地区	主要文明成就	所在洲
1	中国	四大发明 汉字 丝绸 瓷器 等等	亚洲
2	古印度	种姓制度 佛教 阿拉伯数字	亚洲
3	波斯	驿站制度 祆教	亚洲
4	两河流域	楔形文字 《汉谟拉比法典》 字母文字	亚洲
5	古代阿拉伯	伊斯兰教 《天方夜谭》	亚洲
6	古埃及	金字塔(狮身人面像) 象形文字	非洲
7	古希腊	民主 科学 文学 艺术 哲学 奥林匹克运动会	欧洲
8	古罗马	基督教 古罗马历法 建筑	欧洲

设计意图：通过连线这种最直接的方式，让学生深入理解古代文明的传播交流。学生通过小组合作讨论的方式完成这项作业。学生发现在这张表上画出了密密麻麻的线条，于是就会感叹：原来古代的文明交流是这样的波澜壮阔啊！当然，个别的文明是怎么传播的，学生可能并不清楚，毕竟教材上讲得并不是那样详细，教师可以作适当的补充，如古埃及的“狮身人面怪兽”形象的传播，如西亚的字母文字的传播。

教师适当补充知识，展示幻灯片“腓尼基字母的传播”，如图：

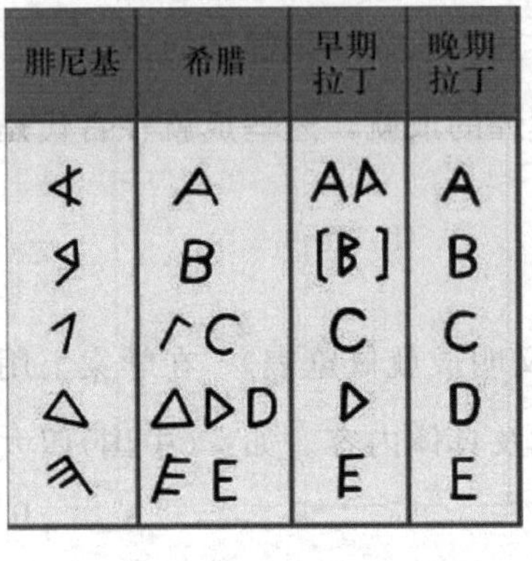

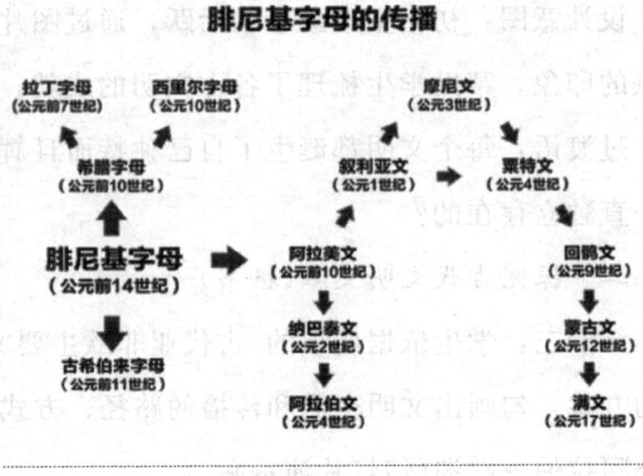

两河流域字母文字的传播

设计意图：补充知识，是想让同学明白，每项文明成就都在传播交流，还有我们教材上没有提到的。通过西亚字母的传播这个实例，让学生能深刻地理解文明传播之广之深入，因为中国的蒙古文、满文都受到它的影响。

活动四：让学生依据《古代亚非欧主要文明成就概览表》里的文明成就进行归类：通过讨论和教师的引导，学生大致可以概括出这些类别：文字、科技、法律与制度、物质产品、宗教……进而学生认识到古代文明交流的层面之广。

设计意图：这个环节的设计是为了训练学生的概念归类能力，同时进一步加深学生的认识：古代文明的交流是各层面的，是非常之广，非常之深入的。

1. 交流层面：科学技术、物质产品、文学艺术、政治制度、宗教……（板书）

教师指出，在各文明交流的这些层面中，最复杂、起独特作用的是宗教。然后，出示幻灯片：

> 国与国之间的文化交流，可以说，只是基于对处于各自国家文化核心地位的宗教的理解，才称得上是真正的文化交流。
>
> ——日本著名宗教学者铃木范久

设计意图：引述日本著名的宗教学者铃木范久的一段话过渡到三大宗教的复习。通过铃木范久先生的这段话，让学生意识到宗教的作用，同时印证：当今世界有关宗教方面的新闻为什么一直是报道的热点？

接着，教师梳理三大宗教的传播交融。依据地图，自西向东复习三大宗教。出示地图“基督教的传播”，指出公元1世纪，基督教在罗马帝国的东部巴勒斯坦地区诞生，4世纪时成为罗马帝国的国教，10世纪时俄罗斯人接受洗礼，基督教在欧洲的传播花了约一千年。可对基督教作一简单介绍。

有人认为，欧洲文明的源头有两个：一个是希腊—罗马文化(民主、科学、艺术等)，另一个是外来的希伯来—基督教文化，西方文明又可以称为“两希文明”。两种文化交融在一起，形成了今天的欧洲文明。

随着地图由西往东看，在欧亚大陆的中间地带出现的是伊斯兰教。通过幻灯片了解伊斯兰教的传播。这个宗教随着阿拉伯帝国的扩张而传播。

随着地图再往东看，通过地图了解佛教由印度传到中国、朝鲜、日本等地。

教师小结：宗教的作用。(略)

设计意图：通过教师对三大宗教的梳理，学生进一步了解基督教在欧洲、伊斯兰教在西亚北非传播和佛教的传播，认识到宗教的影响。

2. 交流方式。(板书)

探究问题：古代文明进行了深入的交流，是用什么方式交流的呢？两种方式各举一个例子说明。

设计意图：通过设计这样的问题，自然过渡到第6课教学内容的复习。学生因为学过第6课，很容易就能回答出有“和平”和“战争”两种传播方式。教师继续提示学生能不能各举一个例子。学生能结合所学，举出亚历山大东征和“丝绸之路”这两个例子。亚历山大东征将希腊的建筑艺术带到西亚，古代印度佛教造像艺术都受到了古希腊雕塑艺术的影响。

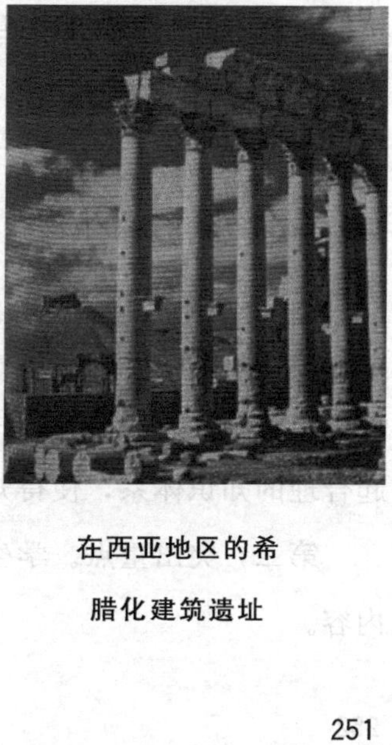
在西亚地区的希腊化建筑遗址

教师出示亚历山大东征相关地图、图片。

教师指出：在西亚，有许多建筑带有希腊建筑特征，这与亚历山大东征密切相关。(出示图片)

丝绸之路上文明的双向交流：学生通过回忆，

很容易就总结出，由西向东传播的，如传到中国的佛教、菠菜、葡萄、胡萝卜，由东向西传播的有：丝绸、瓷器、四大发明等。（出示图片）

3. 影响。（板书）

探究问题：古代进行着这样波澜壮阔的文明交流交融，究竟对世界产生了什么样的影响？

设计意图：通过这个问题的讨论，既可以让学生深入理解文明交流交融的作用，同时也可以在本节课的课程结构上画上句号。

这个问题，对初中的学生来说，可能问得比较“大”，学生不知道如何回答。教师可以将这个问题进行分解。可分解成：四大发明这种科技的传播影响是什么样的呢？对文学、艺术的传播有何影响？宗教的传播影响如何？……引起小组之内的同学热烈讨论。对有些问题，教师在课前必须要有所准备，掌握好回答的尺度。

总结提升：在古代，通过“和平”和“战争”的方式，各地区的物质产品、科学技术、文学艺术、宗教等有着广泛深入的交流交融，促进了各地区的发展，也逐渐形成了不同的文明区块。通过这节课的复习，让我们认识到文明是多元的。

设计意图：这个环节是对本节复习课的总结提升，让学生形成对古代文明交融的整体认识。古代文明的交融有战争、和平两种方式，交融的媒介有物质也有精神，东西方互相影响、互相渗透，人类文明在互相交融中发展、进步。

五、教学反思

在本节课的设计及教学实施过程中，授课教师对复习课有了一些粗浅的认识。

第一，梳理已学知识，建立知识网络，构建历史线索，形成整体思维。可以说，这就是复习课的核心目的。通过回顾旧知识并将知识放入合适的位置，建立起合理的知识体系，使得知识更富有意义，便于学生掌握。

第二，突出重点。学生在全面掌握知识体系的基础上，能够明确重点复习的内容。

第三，提高知识再生的能力。重点内容通过不同方式、不同组合、不同角度变式出现，使得学生能够迁移和运用知识。

第四，提升探究能力。通过把几节课的知识放在一起，在综合知识的基础上发现规律、提升认识、发展能力，使学习复习的过程变成提高学习和探究能力的过程。

第五，形成价值判断。在梳理历史发展线索、发现历史规律的同时，在复习课上通过更加宏观的观察和分析，形成正确的价值判断。比如，本节课对三大宗教的复习，让学生认识结合区域文明的历史，这对学生认识今天的世界是有帮助的。所以，复习课也要有中心，也要有一定的教学主旨和立意。围绕中心问题展开学习和探讨，可以帮助学生形成正确的历史观世界观。

总的看来，在这节课的实施过程中，授课教师有意识地贯彻了历史学科的核心素养，课上体现了“唯物史观”的运用，特别强调了历史的“时空观念”，对于重要论点做到论从史出、进行“史料实证”，对不同文明发展作出了一定的“历史解释”，尤其在复习中非常关注今天的现实世界，这实际上也是一种“家国情怀”的表现。

第八章

促进学科能力发展的高中历史教学研究

在高中历史课程标准中，对于历史教学的要求在用行为动词“知道”和“了解”的同时，增加了列举、简述、概述、理解、分析、认识、探讨等。如“列举侵华日军的罪行，简述中国军民抗日斗争的主要史实，理解全民族团结抗战的重要性，探讨抗日战争胜利在中国反抗外来侵略斗争中的历史地位”。这大致对应了我们学科能力层级的3个层次。根据课程标准要求和学生认知特点，高中历史教学在第一层次能力培养的基础上，重点进行第二、第三层次能力的培养。这需要较多的材料支撑，教师应利用材料和问题创设情境，激发学生深入思考。

第一节　依托材料，深度理解
——“西周的政治制度”教学设计

本课旨在探讨中国古代的政治文明，帮助学生形成尊重历史、尊重前人的人文素养，提升学生的国家意识，培育文化自信和家国情怀，培养学生实证意识和严谨的求知态度，提高学生运用论从史出的历史研究方法去认识事物、解决问题的能力。

一、教材分析与教学设计思路

岳麓版教材本课的标题是“从内外服制度到封邦建国”，主要讲述夏、商、西周时期的政治制度。《课程标准》对本课的规定是：“了解宗法制和分封制的基本内容，认识中国早期政治制度的特点。”因此，中国早期政治制度的特点主要以西周制度为依据，夏商两朝的政治制度可以作为西周政治制度的背景来处理。西周政治制度的三大支柱是分封制、宗法制和礼乐制度。分封制、宗法制和礼乐制度三者，到底在西周的国家建设和体制建构中分别起着怎样的作用，三者之间到底是一种怎样的关系，是本课需要解决的重要问题。

从本课在整个单元中的地位看：宗法分封制是周初统治者的创举，在中国古代政治结构的演变中，它的实施是连接商代方国联盟制和秦代专制集权制度的关键。此外，西周时代对于中国古代中央集权制度的影响还在于形成了天下一家的文化心理认同。因此，学生学习本课有助于了解中国古代国家管理形式的演变进程，有助于了解中国古代政治制度发展的基本脉络。基于这种认识，对本课的教学线索作了如下设计：

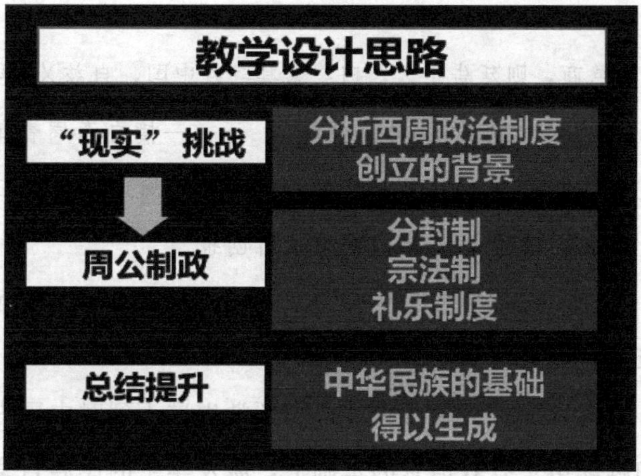

二、教学目标的确定

依据本课的教学分析，确定了如下的三维教学目标。

知识与能力：学生能了解西周政治制度的基本内容，理解其在历史上的作用；能够归纳西周政治制度的特点；学生能够逐步提升从史料中提取有效信息来认识历史的能力。

过程与方法：通过探究问题、提取材料有效信息等活动掌握归纳、比较、分析解释等方法。

情感态度与价值观：通过理解西周政治制度的内在逻辑，提升对祖国古代政治智慧的自豪感和文化自信。

三、教学过程的实施

导入新课：展示西周时期的青铜器“何尊”及其铭文上对中国的相关介绍。

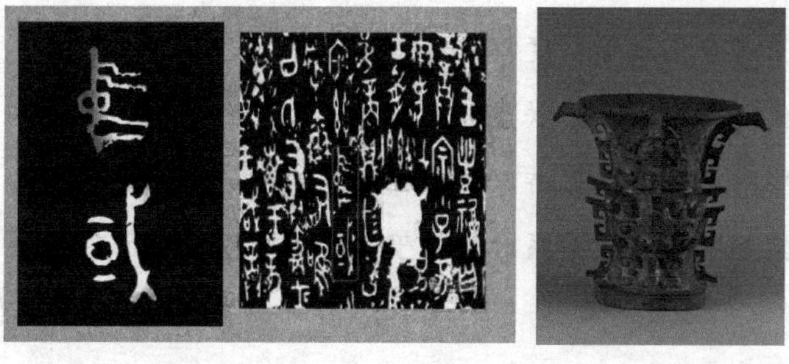

展示材料：

唯武王既克大邑商，则廷告于天，曰：余其宅兹中国，自兹乂(治理，安定)民。

——摘自西周青铜器“何尊”铭文

有周一代之事，其关系于中国者至深，中国若无周人，恐今日尚居草昧。盖中国一切宗教、典礼、政治、文艺，皆周人所创也。

——摘自夏曾佑《中国古代史》

设问：请概括作者的观点是什么？

设计意图：开篇以一种穿越历史方式引领学生进入到对中国古代政治制度的学习，在获取和解读历史有效信息的基础上，激发学生的民族自豪感和对西周政治制度进行探究的兴趣。

1. 西周政治制度创立的历史背景

关于“三监之乱”的介绍：公元前 1046 年，武王灭商，3 年后，武王去世。其子成王年幼，武王弟周公旦摄政，部分贵族不满。驻扎于商旧都附近(今河南安阳)号称“三监”的武王弟管叔、蔡叔、霍叔与部分商遗民发动叛乱，史称“三监之乱”。这场突如其来的叛乱，险些使新生的周朝毁于一旦。商纣王因为施行暴政而亡天下。而周武王强调德行天下，按照常理，应该是长治久安了。但是，西周建立仅仅 3 年，便发生了“三监”与方国的联合叛乱。对于这种非常规的历史现象，你认为根源到底在哪里呢？这场叛乱对西周的政治制度有哪些影响？

展示材料：

在周文王和周武王时期，周人对于社会结构的构想，依然是传统的方国部落联盟。周武王封商纣王的儿子武庚留居殷商故都，继续统帅商人。

——摘自晁福林《夏商西周社会史》

设问：武王对前代政治制度持什么态度？

在夏商时代的方国、部落联盟里，附属国和夏商王朝之间基本上处于平等的联合状态。这些附属国基本保持原有的社会结构，它们有自己的国君、官吏、疆域。商王朝与某些附属国的关系时常处于敌对或时服时叛的状态。

——摘自晁福林《夏商西周社会史》

设问：商朝的附属国是如何产生的？商王朝和附属国是什么关系？控制力度如何？会出现什么问题？

设计意图：通过补充相关史料和设问，以问题引领学生提取和解读历史有效信息，在此基础上形成历史认识。意在帮助学生学会在具体的时空框架下，看待西周政治制度的产生，提升学生的历史理解能力。在此基础上，帮助学生理解西周政治制度，是在修正周武王的政治失误，充分汲取“三监之乱”教训和前代政治制度弊端的基础上创立的，进而帮助学生学会从历史角度看待政治制度的产生，感悟政治文明发展的渐进性，为后续西周政治制度的讲解做好铺垫。

2. 西周的分封制

(1)关于分封制的目的、受封对象。

展示材料：《西周主要封国位置图》。

鲁国，是周公长子伯禽的封国，是原来商代重要的属国奄国所在，奄国是周公东征的主要讨伐对象之一。齐国，是姜太公吕尚的封国，是周公东征的另一个主要讨伐对象所在。燕国，是姬姓王室重臣召公长子克的封国，它的受封是为了防范北方的少数民族。晋国，是成王之弟唐叔虞的封国，它的受封是为了保证镐京和东都洛邑的通路。宋国，是商纣王的庶兄微子启的封国。

——摘编自《中国通史：从中华先祖到春秋战国》

设问：被分封的是哪几类人？指出封国的位置在哪？分封制的目的是什么？

设计意图：通过展示以上材料和依据材料的设问，并逐步提升设问梯度，意在帮助学生学会从材料中提取有效信息，进而得出历史认识。在帮助学生了解分封制的对象和分封的主要方位的基础上，理解实行分封制的目的，进而分析分封制的作用。

(2)关于分封制的方式。

展示材料：

惟四月辰在丁未，王(周康王)省(阅看)武王、成王伐商图，遂省东或(国)图(深感有必要加强对东方的统治)。王卜于宜口土南。王令虞侯矢曰：迁……侯于宜……锡土：厥川三百…厥……百又……，厥宅邑三十又五，〔厥〕……百又四十。锡在宜王人〔十〕又七裏。锡奠七伯，厥〔庐〕〔千〕又五十夫。锡宜庶人六百又六夫。……

——摘自西周“宜侯夨簋”铭文

周公……分鲁公(即伯禽，周公之子)以……殷民六族……分康叔(周公之弟)……殷民七族……

——摘自《左传·定公四年》

设问：分封的主要方式是什么？继续追问：“授土、授民”这样的措施蕴含着怎样的政治智慧？以上措施起到什么作用？

设计意图：通过阅读西周宜侯夨簋铭文，进一步解读分封的程序、分封的内容，意在帮助学生学会有效地从历史文物中获取和使用信息，得出历史认识。在此基础上，理解分封的目的，进而分析分封制的作用。通过对西周“授土、授民”这些政治策略的分析，引导学生认识到西周政治智慧的伟大，进而提升民族自豪感和文化自信。

(3)关于诸侯的义务与权力。

展示材料：

(诸侯国)以法则周公(执行周公的法律)。用即命(遵从王命)于周。

王臣公(诸侯)，公臣大夫，大夫臣士。

昔天子班贡……周制也。

——摘自《左传·定公四年/昭公七年/昭公十三年》

天子适诸侯曰巡狩。……诸侯朝于天子曰述职。

——摘自《孟子·梁惠王下》

元侯(大国之君)作师，卿率之，以承天子。

——摘自《国语·鲁语》

设问：诸侯的义务是什么？通过以上材料看出，商代附属国和西周诸侯国有何不同？继续追问：天子和商国王相比在地位和权力上有何不同？

设计意图：以问题引领学生提取信息；补充相关的材料，并与商朝地方制度

进行对比，帮助学生在理解分封制下周与地方诸侯的政治权力关系的基础上，分析西周分封制的作用。一方面使学生分析推导出西周分封制度一定程度上加强对地方的控制，另一方面使学生能够理解西周分封制比商代的内外服制度的上下级的隶属关系更加明确。在帮助学生理解分封制下周王与地方诸侯的政治权力关系的基础上，分析西周分封制度在推动“天下一家”过程中的作用。

展示材料：

严格地说西周分封出去的国家都有自己的军队，有自己的内政、外交等主权。同样，诸侯把土地、人民分给了他的下属卿、大夫，卿、大夫再分；这样层层下分，每一级都有大小不等的权利。诸侯对周王，卿大夫对诸侯，都得尽义务，但诸侯国的事情，周王是无权一一过问的。

——摘自李山《先秦文化史讲义》

设问：

中央赋予诸侯一定的权力和利益，诸侯的权利是什么？

结合受封对象的权利和义务，你认为分封制下的政治权力是如何分配的？

设计意图：意在帮助学生去理解西周的诸侯国在政治、经济、军事上都具有很大的独立性，西周的分封制导致地方分权，而不是中央集权。帮助学生学会以全面、辩证、客观的眼光看待西周分封制下的政治权力关系。

(4)关于分封制的作用。

展示材料：

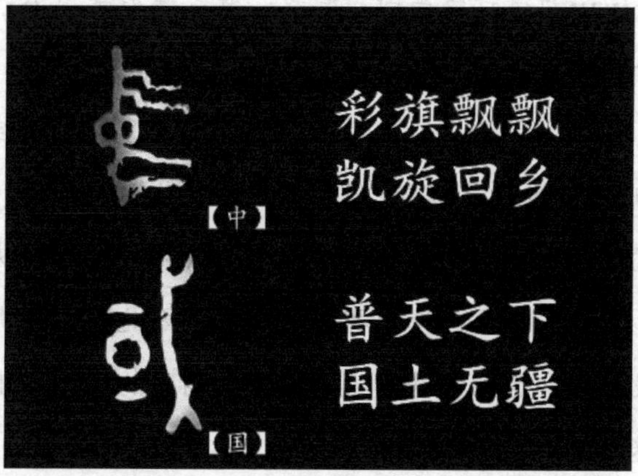

周人在这个超越部族范围的政治力量上，建立了一个超越部族范围的至高权威。于是周人的世界是一个“天下”，不是一个“大邑”。中国三千年来的历史的主旨是以华夏世界为主流。西周的四裔必须进入这一主流，因为这个主流同时代表了天下，开化的天下。

——摘自许倬云《西周史》

设问：你认为材料中的“最高权威”有哪些含义？西周的分封制还有哪些作用？

教师讲解：

“天下”字义上的意思为“普天之下”，没有地理、时间和空间的限制。普天之下，莫非王土；率土之滨，莫非王臣。一个以周天子为“天下共主”的天下一体的新国家，就此诞生。

设计意图：通过引导学生关注材料中“一个超越部族范围的至高权威。于是周人的世界是一个‘天下’，中国三千年来的历史的主旨是以华夏世界为主流”等信息，帮助学生理解西周分封制度在推动“天下一家”过程中以及凝聚国家方面的作用。

3. 西周的宗法制

(1)关于宗法制产生背景的介绍。

展示材料：

成王少，周公……乃摄行政当国。管叔、蔡叔群弟疑周公，与武庚作乱，畔周。周公奉成王命，伐诛武庚、管叔，放蔡叔。

——摘自《史记·周本纪》

设问：这样的一场“继承风波”给我们的启示是什么？

设计意图：武王死后，到底应该由谁来名正言顺、合理合法地继承王位？而恰恰在这一点上，周武王并没有作出明确的规定，因此引发了贵族集团内部的权力斗争。引用此段材料，意在帮助学生理解建立明确的权力继承制度，是维系王朝统治的关键，继而引出宗法制。

(2)关于宗法制内容和作用的分析。

展示材料：

《春秋公羊传·隐公元年》对宗法制的运行有这样的概括：“立嫡以长不以贤，立子以贵不以长。”

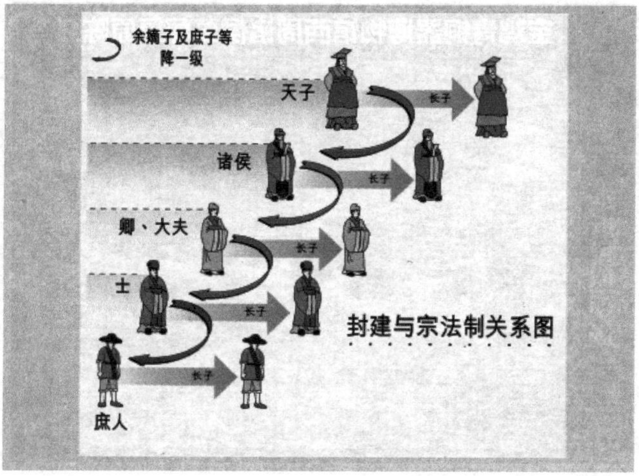

设问：

大宗和小宗的区分标准是什么？

能够进入继承序列的必要条件是什么？

如何理解大小宗之间的关系？

这样的设计，对于维护国家统治发挥了什么作用？

设计意图：意在帮助学生把握血缘和政治的结合是宗法制的显著特点，理解宗法制和分封制互为表里、相互依存的关系。通过图示演示和层层递进的设问，教师与学生一起探讨宗法制度的核心内容及历史作用。学生通过阅读材料，观察示意图的变化，理解嫡长子继承制度及作用。

4. 西周的礼乐制度

(1)导入礼乐制度。

作为杰出的政治家，周公通过“封邦建国”加强了对辖区的统治，通过宗法制度保障了周王室的血缘族权和传承法统。分封制宗法制作为一种政治制度，如何更好地内化为生活和行动的准则，使之更加具体形象、更加深刻地渗透到实际生活中？

在探究这个问题之前，我们先来看一张图片。这个图片是宝鸡青铜器博物馆的西周诸侯墓葬复原陈列图。

设问：上图的文物都有什么？是怎样排列的？是做什么用的？

设计意图：意在帮助学生身临其境地走进历史，激发他们探究礼乐制度的兴趣。

(2)关于礼乐制度的基本介绍。

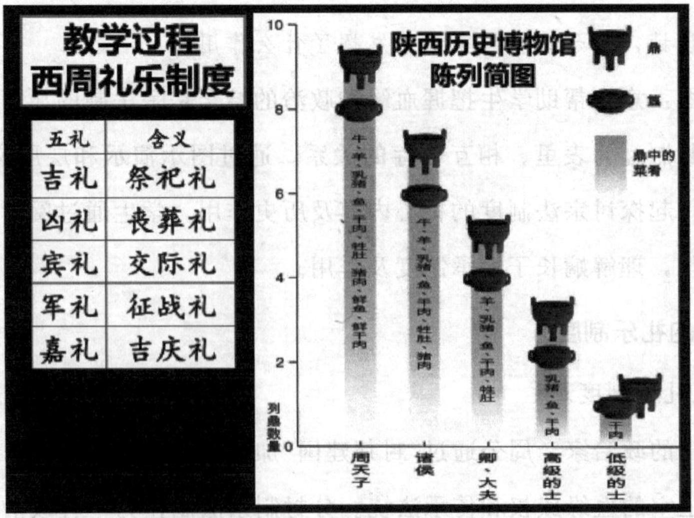

设问：周礼的特点是什么？制礼作乐的作用有哪些？

设计意图：

引导学生提取“五礼”含义中的有效信息，进而归纳出周礼涉及内容广泛的特点。通过引导学生观察“鼎、簋”的陈列简图，进而归纳出周礼等级森严，不可逾越的特点。

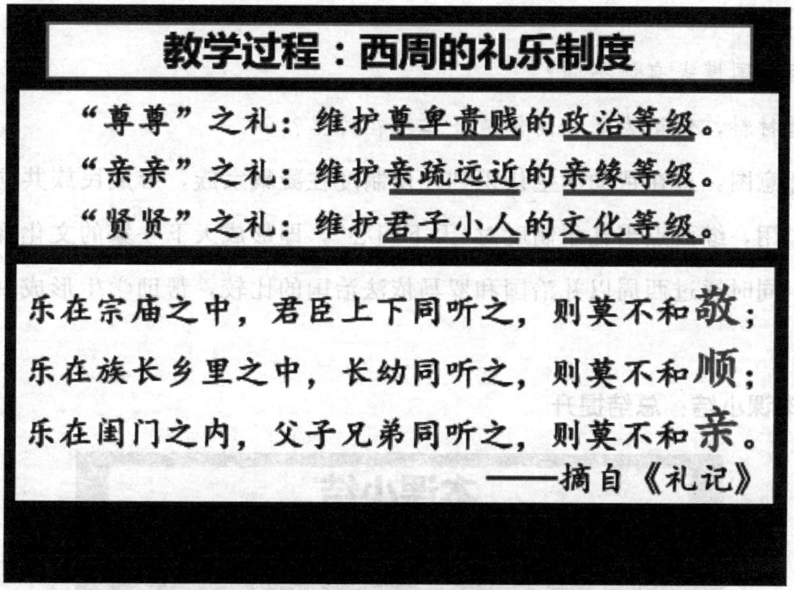

教学过程：西周的礼乐制度
“尊尊”之礼：维护尊卑贵贱的政治等级。
“亲亲”之礼：维护亲疏远近的亲缘等级。
“贤贤”之礼：维护君子小人的文化等级。
乐在宗庙之中，君臣上下同听之，则莫不和敬；
乐在族长乡里之中，长幼同听之，则莫不和顺；
乐在闺门之内，父子兄弟同听之，则莫不和亲。
——摘自《礼记》

设问：创设礼乐制度的目的是什么？礼乐制度的作用是什么？

设计意图：关于周礼，引导学生关注“尊卑贵贱、亲疏远近、君子小人”等重点信息，进而聚焦礼乐制度的核心，即“尊尊、亲亲、贤贤”的内涵，帮助他们体会周礼中蕴含的“家国一体”、“贵族政治”的特点。通过对礼乐制度中“乐”的介绍，提示学生关注礼记材料中的“和敬、和顺、和亲”等重点信息，意在帮助学生感受礼、乐的不同效果，在此基础上理解礼乐制度和宗法分封制融为一体的紧密关系。

(3)关于礼乐制度作用的分析。

展示材料：

西周时期家族组织与国家政权组织合而为一，形成宗法等级制国家。古希腊罗马的家族组织被打碎，建立了纯粹的地域国家。这影响了东西方治国模式的不同。西周崇尚礼制，它具有强大的感召力，使人们开始突破狭小的部族组织的局限，通过共同的语言文字、道德伦理和风俗习惯，进而使一个来源多样、由不同的族群组成的王朝具有了心理上与文化上的认同感与归属感。罗马法的发展反映了罗马人崇尚法治的观念。

——摘编自王和《历史的轨迹：基于夏商周三代的考察》等

设问：

中西治国模式有何不同？

通过材料，你认为周礼的价值还体现在哪里？

设计意图：意在帮助学生认识到礼乐制度在凝聚宗族，形成民族共同体方面的重要作用，继而点出礼乐制度对“天下归心”，即形成天下一家的文化观念的重要贡献。同时通过西周以礼治国和罗马依法治国的比较，帮助学生形成一定的国际视野。

5. **本课小结：总结提升**

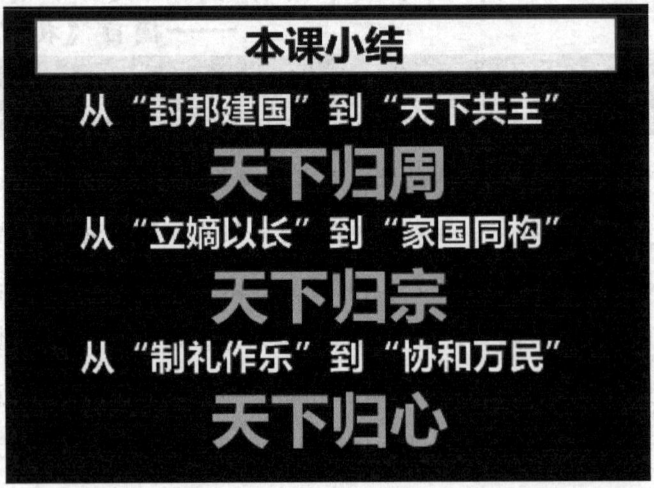

展示材料：

西周实现的政治制度，使华夏大地众多人群走上了统一化的文明进程。中华民族的基础由此而得以生成。

——摘自李山《先秦文化史讲义》

设计意图：本课结束，与开课相呼应，帮助学生理解西周通过统一的政令、制度、文化，形成了天下一家的文化心理认同，提升学生对祖国古代政治智慧的自豪感，进而培育学生的家国情怀。

第二节　提炼核心问题，整合教学内容
——“古罗马的政制与法律”教学设计

从专制到民主、从人治到法治是人类政治文明演进的总体趋势。罗马法是古代世界最系统完备的法律，是古罗马留给人类社会的重要文化遗产，其中蕴含的民主、平等、公正、秩序、理性、正义等法律精神在今天依然熠熠生辉。以“罗马法”为例，探寻法治渊源，有助于培养学生的法律思维，增强学生的民主法治观念，形成遵法、守法、护法的法律意识。

一、教学背景分析

“古罗马的政制与法律”是岳麓版高中历史必修 1 第 2 单元第 7 课的课题。就教材来看，本课一方面与古希腊民主政治共同构成世界古代政治制度文明，另一方面，为下一单元近代西方资产阶级政体的建立作铺垫。具体内容编排上，本课以古罗马的政制变迁和法律演进为两条主线展开，但各列篇幅叙述，且对罗马法的阐述并不完整。因此在整合教材时注意：理顺古罗马政制和法律的内在关联，并且适当补充罗马帝国时期法律的新发展。《普通高中历史课程标准(实验)》对本课的要求是了解罗马法的主要内容及其在维系罗马帝国统治中的作用，理解法律在人类社会中的价值。据此，本课的教学重点应为罗马法，但在讲解时应兼顾历史学科“味道”，避免讲成“法律课”。本课主线是罗马法作为上层建筑的一部分，它的形成和发展是罗马社会政治经济发展的产物，并且在一定程度上维护罗马的统治。

就学情来看，高一学生对古罗马的了解一般较为片面、感性，缺乏对其整体

特征的把握，再加之地域遥远、年代久远，所以对本课的内容可能感觉比较陌生。教材中涉及的法律概念也会对学生形成理解障碍。激发学生学习兴趣，回到历史现场，还原历史真相，让学生形成时空意识，是帮助他们理解历史的基础。可以选取叙事性较强的历史细节史料，重在培养历史学科的形象思维能力。基于此，在教学中可以通过创设情境，尽可能帮助学生消解时空隔阂感。抓住罗马社会的政治经济发展与罗马法演进之间的互动关系，既形成了时空观，又构建了历史想象，培养学生史料实证、历史阐释的基本素养，推动形成正确的历史认识。以罗马法作为一个切入点，使学生感受法律在保障权益、稳定秩序、维护统治中的重要作用。

二、教学目标制定

依据以上分析，笔者制定了如下教学目标：第一，学生通过情景再现、史料研读，讨论《十二铜表法》颁布的背景和内容，说出从习惯法到成文法的进步性，形成尊重契约的法律精神；第二，学生通过地图呈现、史料分析，阐明在罗马扩张背景下法律的新发展，体会法律在人类社会生活中的作用；第三，说明罗马法与罗马社会政治经济间的互动关系，归纳罗马法发展的连续性和阶段性，概述罗马法的影响，认同法律公平正义的价值追求和现代社会法治优于人治的基本理念。

三、教学过程设计

学前布置：学生自主预习本课教材，通过网络搜寻并整理罗马法相关内容，经由同伴讨论，共同制作本课的思维导图。

导入

1. 出示网络游戏图片

教师说明：同学们，想必大家玩过很多历史题材的网络游戏，课件里展示的这几款游戏都是以罗马帝国为背景设计的。玩游戏前首先我们要弄懂游戏规则，就像人类社会的运行离不开法律一样。古代世界最为系统完备的法律就是罗马法。古罗马人曾建立过一个横跨亚非欧的大帝国，维系它的两大支撑，一个是所向披靡的罗马军团，另一个就是博大缜密的罗马法律。

2. 反馈学生课前活动成果

(1)展示思维导图，点评设计思路。

出示4张思维导图(2种类型："一线到底"型、"花开并蒂"型)。

教师总结共性：充分阅读教材为基础，以时间线索或知识网络等梳理新知，将罗马政制和法律的发展变化互动结合，注重历史的连续性和阶段性相统一等。

(2)出示自学困惑，提炼核心问题。

1.严格意义上的罗马法是从什么时候算起的？
2.为什么执政官要选两个人？若两个执政官总是发生争执，无法通过政令怎么办？
3.罗马的公民大会与雅典的公民大会有什么区别？
4.在古罗马贵族和平民的划分标准是什么？按财产么？
5.平民保民官有2名，可以交替工作，但为什么他们任职期间都不能离开罗马一天，家门必须时刻开放？
6.若保民官侵害了他人的权利，会受到怎样的裁决？
7.为什么要把法律铸造在铜牌上呢？
8.为什么说《十二铜表法》的颁布是"平民的胜利"？
9.为什么罗马会从原来的贵族共和制重新走向帝制？
10.伴随着罗马的扩张，罗马法有什么新发展？
11.罗马帝国和神圣罗马帝国有什么联系？
12.罗马帝国为什么会分裂？
13.西罗马帝国为什么会迅速灭亡？
14.为什么查士丁尼要重新汇编法律？
15.如果遇到法典里没有涉及的问题，如何解决？
16.东罗马为什么能存在近千年？
17.古罗马的法律对现在的法律有什么影响？……

问题一：为什么说《十二铜表法》的颁布是"平民的胜利"？
问题二：伴随着罗马的扩张，罗马法有什么新发展？
问题三：东罗马帝国皇帝查士丁尼为什么要编纂《民法大全》？
问题四：罗马法是什么？有何影响？

设计意图：通过网络游戏导入本课，贴近学生生活，激发学生的兴趣。对学生的课前作品进行展示和评价，是历史学习的一般方法。出示学生疑惑的问题，结合课标要求将其提炼整合为4大核心问题，凸显问题导学，既增加学生的参与意识，又提高了教学的针对性，有利于培养学生的探究意识和能力。

问题一　为什么说《十二铜表法》的颁布是"平民的胜利"？

1. 出示图片：罗马共和国时期元老院开会时的情景

设问：罗马共和国是的政体是什么？

设计意图：用图片拉近与学生的距离，教师通过对图片中不同穿着的几类人物的介绍，使学生进一步了解罗马共和国时期的政体构成；点明众元老和执政官的贵族身份和权力，加强学生对贵族共和制这一政体类型的理解，并为即将引入的平民与贵族的斗争作铺垫。

2. 出示材料，创设情境：平民与贵族的斗争

情境一：公元前5世纪初，邻近的部落马上就要进攻罗马，但平民的情绪却非常激愤。因为他们在外勇敢作战，却分不到新占领的土地，他们的家人生活也很艰难，常因欠债而破产。平民们集中在一起发泄内心的愤恨：

“同胞们啊，我曾经是一位勇敢的战士，我参加28次远征，与罗马的敌人打过几百次仗，受过多次奖赏。可当我远征回来之时，发现我家的房子被烧了，牲畜被赶走了，我的战利品也被贵族抢走抵债了。利息越滚越多，终于使我失去了最高贵的东西——自由。我被戴上镣铐，送进采石场，每天出苦力挨鞭子。”

情境二：愤怒到极点的平民们决定不再出征打仗。忽然可怕的消息传来，敌人打过来了！执政官塞维鲁出面了：

“平民们，元老院焦急地为你们的利益考虑，但因国家安全正受到威胁，只好先中止会议，再没有什么比战争更急迫的事了。为使你们相信元老院的诚意，我特颁布一道法令：禁止任何罗马公民非法拘禁其他公民，当公民在军中服役时，任何人也不得扣押和出售他的财产及儿女。”

情境三：平民们得到许诺后纷纷报名出征。但当他们凯旋的时候，一位平民被告知，他家的房子和财产已经被变卖抵债了，妻子和孩子也被变卖为奴。他听后怒不可遏，感到受骗了。平民们联合起来撤出罗马，不再为贵族打仗。无奈的元老院贵族只好表示让步，同意废除债务奴隶，并设平民保民官。平民取得一次重大胜利。

——改编自卡里斯托夫、乌特钦科《古代的罗马》

设问：平民为何拒绝为贵族战斗？

预设学生1：平民为国作战却无法分享战果，还常常因债致贫，甚至沦落为

奴。所以对贵族十分不满。(仅从材料出发)

预设学生2：平民承担耕种土地、服兵役的义务，贵族把持着军事政治特权。两者同为罗马公民，但权利义务关系却极不平等，这导致平民对贵族的不满。(在提取材料信息的基础上有概括提升)

追问：经过斗争，平民们获得了怎样的胜利?

预设学生：元老院同意废除债务奴隶，并设平民保民官。

设计意图：将罗马共和国初期平民与贵族的斗争通过创设情境的方式呈现出来，使学生得出两点认识：第一，平民与贵族同属罗马公民，但两者地位悬殊。平民通过斗争迫使贵族作出妥协。第二，贵族的口头承诺并不可信，必须进一步争取成文法令来避免利益受损。

3. 出示材料

早期罗马国家只有习惯法，没有成文法，法律与习惯之间没有明显界限，因此，法律具有很大的伸缩性和不确定性。此外，多由贵族担任的法官，往往因循旧例裁判，为保护贵族提供了方便。平民在司法审判中经常成为不公正判决的牺牲品。

教师强调“习惯法”的概念和弊端，继而指出颁布成文法的必要性。

4. 出示图片

后人根据想象描绘的《十二铜表法》公开后情形。

教师讲述：公元前5世纪中，罗马将原来不成文的习惯法用明确条文的方式确认下来，并将其公布于罗马广场，这就是著名的《十二铜表法》。将法律公之于众，平民通过了解与研究法律条文以保护自身生命和财产安全，打破了贵族的法律垄断。

5. 出示材料

《十二铜表法》目录：传唤、审理、执行、家长权、继承和监护权、所有权和占有权、土地和房屋、私犯、公法、宗教法、前5表的补充、后5表的补充。

教师讲授：《十二铜表法》既有对诉讼程序的规定，也有对具体的矛盾纠纷的裁决办法。法律内容与人们的生产生活息息相关。作为罗马的第一部成文法，《十二铜表法》正是对以往不成文的习惯法的汇编，是罗马的基本法。

6. 出示史料

第5表：凡以遗嘱处分自己的财产，或对其家属指定监护人的，具有法律上的效力。

第8表：不法砍伐他人树木的，每棵处20阿司的罚金。（一阿司约等于326克纯铜）

利息不得超过一分(固定年利息最高为8.25%～8.33%)。

第9表：不得为了任何个人的利益，制定特别的法律。

——摘选自《十二铜表法》

设问：研读选文，你可得出哪些结论？

预设学生：第5表表明即使在死后人们也拥有自己财产的处置权。法律保护人们的财产权。第8表表明砍伐他人树木，损害他人利益要受到法律的惩罚。为利息设上限，限制债务剥削。同时，量刑有明文规定，避免贵族司法专横，在一定程度上保护平民的利益。第9表表明法律是公共意志的体现，有一定平等性。

追问：与习惯法相比，《十二铜表法》颁布后会对司法实践产生什么影响？

预设学生：法官审判时会按照《十二铜表法》的规定来裁决。

教师总结：有了成文法，就得按律判决和量刑，贵族不能像过去那样随意解释习惯法，在一定程度上保障了平民的利益。所以说《十二铜表法》的颁布是“平民的胜利”。

第 3 表：债权人可将无力偿还债务的人交付法庭判决，直到将其戴上足枷、手铐，甚至杀死或卖到国外。

第 8 表：折断自由人一骨的，处以 300 阿斯的罚金；如被害人为奴隶，处以 150 阿斯的罚金。

第 11 表：禁止贵族与平民通婚。

——摘选自《十二铜表法》

设问：阅读以上 3 表，你可以获取哪些信息？

预设学生：第 3 表债权人可以剥夺欠债人的自由甚至是生命，带有原始落后的色彩。第 8 表体现了奴隶地位的低下。第 11 表表明法律维护贵族的利益。

追问：由此可以看出《十二铜表法》的最终目的？

预设学生：仍是维护贵族的利益。

教师总结：虽然《十二铜表法》还带有落后的色彩(历史和阶级局限性)，但是它打破了原来由贵族垄断的法律知识，并将之公之于众，审判、量刑皆有法可依，这就限制了贵族的司法专断，一定程度上保护了平民的利益，缓和了两者的矛盾。所以说《十二铜表法》的颁布是“平民的胜利”。

设计意图：通过对《十二铜表法》条文的研读与分析，引导学生体会成文法取代习惯法的进步性，形成尊重契约的法律精神，感受法律在调解纠纷、保障权益方面起到的作用。学会将历史事实置于其时代背景下去评价，全面地看待两千多年前形成的这部法律。

问题二　随着罗马的扩张，罗马法有什么新发展？

1. 出示图片

罗马城、罗马共和国、罗马帝国的地域范围。

教师讲授：“罗马不是一天建成的。”(Rome was not built in a day)罗马建城之时只是台伯河畔一个微不足道的小邦。平民权利的逐步完善为罗马进一步对外扩张提供了内部支持。罗马先是统一整个意大利半岛，建立第一个海外行省，后来逐步扩张至地跨亚欧非，将地中海变成其内海的大帝国。

2. 出示材料

行省间的贸易发展很迅猛。不列颠和比利时成了主要的产粮区，不列颠著名的羊毛工业可能在罗马人统治时期就开始了，意大利和高卢南部出产大量的酒，意大利的酒主要流向罗马和多瑙河流域。西班牙南部和非洲北部生产的橄榄油供帝国西部消费。埃及是东方主要的产粮区，大量的埃及小麦养活了罗马平民。到了安敦尼王朝(96—192年)，帝国不仅是政治实体，还变成了经济实体。

——摘自巴克勒等著《西方社会史》

教师讲授：随着版图的扩大，纳入帝国的民族、人口的增多，各地间的经贸和民事活动也随之密切起来。帝国境内各地有不同的出产，透过“条条大路通罗马”(All roads lead to Rome)的商业网，使帝国不仅是政治实体还变成了经济实体。问题就出现了。因为当时的罗马法是公民法，也就是说法律只适用于罗马公民之间。

设问：那罗马人与外邦人，帝国境内的外邦人与外邦人发生矛盾或纠纷时该怎么办呢？

教师讲授：作为罗马当权者，治理这样一个地域辽阔、人口众多的大帝国，就必须部分地承认其他民族的利益，给他们以必要的司法保护。所以帝国设置了外事裁判官来处理罗马人与外邦人、外邦人之间的法律纠纷。裁判官在裁定案件时，既会参考罗马公民法，也会吸收外邦法律的合理之处，使法律的内容获得了进一步的发展，法律形式也更为简洁灵活。

3. 出示材料

罗马政府歧视和虐待被征服的凯尔特人……于是，强烈的愤懑遍布于被征服者的全境。……有些统治者建议扩大被征服地区公民的权力，统治阶级中的某些人已经开始担忧罗马和被征服者之间的关系。公民法只允许外人移入而不开放公民权，这法律关系便很难与实际状况相调和，罗马的统治陷入困难之中。

——摘自蒙森《罗马史》

教师讲授：但是这些做法只是暂时缓和了帝国的统治矛盾，后来这种矛盾演化为征服者与被征服者难以调和的裂痕，这就更需要统治者在法律层面上有所作为。3世纪初，卡拉卡拉皇帝颁布敕令将罗马公民权授予帝国境内一切自由民。这就意味着罗马法的适用范围由原来的仅限于罗马公民扩展至帝国境内的自由民，可以说在法律上真正做到了“Do in Rome as the Romans do”。

设计意图：通过地图呈现罗马帝国疆域的扩大，结合史料分析，使学生明白罗马法发展的必要性。罗马法的新发展是帝国适应新的社会政治经济条件下的产物。第一，在适用范围上，罗马人与外邦人、外邦人与外邦人的矛盾增多，只适用于罗马公民的法律不能满足统治需求；第二，在内容和形式上，商品经济的繁荣促使私法的发展，法律形式更加简洁实用。用3个英文小谚语：“Rome was not built in a day.”“All roads lead to Rome.”“Do in Rome as the Romans do.”串联本问题，既呼应问题，层层推进，又体现学科间的联系，增加趣味性。

问题三　东罗马帝国皇帝查士丁尼为什么要编纂《民法大全》？

1. 出示材料，并组织学生小组讨论

材料一：(东罗马帝国)首都君士坦丁堡人口甚至达到了百万，凭借着地处亚欧中心的有利地理位置，它成了国际的枢纽，东西方贸易的中心……马克思称其为“东西方之间的一座金桥”。

材料二：查士丁尼所要实现的政治目标是：“一个帝国、一个教会和一部法典”……庞杂的罗马法部分还是共和精神的反映。

材料三：罗马法在其千余年的发展过程中，主要是在西罗马拉丁语地区发展起来的……到查士丁尼时代，许多政府官员也不懂拉丁语，它实际上已退出东方帝国的上层建筑舞台。

——谭建华、张兆凯《社会变迁与〈罗马民法大全〉的编纂》，《船山学刊》2007年第2期。

材料四：罗马法的构成：议会制定的法令，元老院的决议，国家高级官员的谕令，皇帝敕令，法学家的解答和著作。据说仅元老院和人民的法案就多达3000块铜板，全部存放于卡庇特神庙之中……即便是400年前形成的法案在当时仍然具有法律效力。

——[英]爱德华·吉本《罗马帝国衰亡史》

设问：依据以上材料，说明东罗马帝国皇帝查士丁尼为什么要编纂《民法大全》?

预设学生：材料一说明经济和城市的发展需要法律作出相应的调整，以更好地适应经济发展；材料二体现出罗马法中的部分内容与加强专制统治的需要相矛盾；材料三指出语言文化的发展对重新整理编纂法律起到推动作用；材料四说明罗马法规模庞大驳杂，甚至有前后矛盾之处，为法庭的判案和官员执行法令带来许多困惑和不便。

教师总结：法律是一定时代背景下的产物。东罗马帝国时期，政治、经济、语言等的变化以及现有法律的种种弊端，使得重新汇编法律被提上日程。统一的帝国需要统一的法律，对于东罗马帝国皇帝查士丁尼来说，编纂一部集大成者的法典也是其试图恢复罗马帝国荣耀的一部分。

2. 出示材料

查士丁尼《民法大全》体系完整、内容丰富，包括：《查士丁尼法典》(包括历代罗马皇帝颁布的敕令)、《法学总论》(关于人、物、继承、契约和诉讼等方面的法规)、《法学汇纂》(是3部中最为广博的一部)。这3部法典颁布后，法学家又把查士丁尼颁布的100多条敕令汇编成集，称为《查士丁尼新敕》。以上4部法典统称为《民法大全》。

教师总结：在这样的背景之下，6世纪东罗马帝国皇帝查士丁尼设立专门委员会编纂罗马法，形成了《民法大全》。《民法大全》把历代罗马法进一步系统化、法典化，标志着罗马法体系最终完成。

设计意图：通过预设问题、分析史料，使学生学会言简意赅地对已知历史事实进行多角度阐释。教师对东罗马帝国和查士丁尼进行必要说明，引导学生结合教材和补充材料，对汇编罗马法这一做法提供几种解释，使学生更好地理解“《查士丁尼民法大全》的颁布标志着罗马法进入完备阶段”这一历史评价。

问题四　罗马法是什么？有何影响？

1. 出示时间轴，总结主干知识

教师总结：罗马共和国时期，平民与贵族的斗争催生出了罗马第一部成文法——《十二铜表法》。习惯法到成文法的转变，有助于限制贵族的司法专断，保障平民的利益。罗马帝国时期，随着疆域的扩张，罗马法的适用范围从罗马公民扩展到帝国境内一切自由民。东罗马帝国时期，查士丁尼将以前的法律进行了系统的整理和汇编，形成了罗马法的集大成者《查士丁尼民法大全》。罗马法经历了形成、发展、完备的过程。

2. 出示罗马法的概念

罗马法是公元前6世纪末至公元7世纪古代罗马奴隶制国家制定和实施的全部法律的总称。罗马法是维系和稳定帝国统治的有效工具。

3. 出示材料，引导学生小组讨论

自由民在“法律面前人人平等”，依法享有国家全面保护的公权和私权。

——《民法大全》

我们认为下面这些真理是不言而喻的：一切人生来就是平等的，他们被造物主赋予他们固有的、不可转让的权利，其中有生命、自由及追求幸福的权利。

——1776年美国《独立宣言》

私有财产是神圣不可侵犯的权利，除非由于合法认定的公共需要的明显要求，并且在事先公平补偿的条件下，任何人的财产不能被剥夺。

——1789年法国《人权宣言》

设问：贯穿上述材料的法学思想或理念有哪些？

预设学生：法律面前人人平等；私有财产神圣不可侵犯。

教师补充：这些法学思想也被后世的资产阶级所利用，成为他们反对专制，追求“民主”、“平等”的思想武器。

4. 出示材料

宁可漏网一千，不可枉屈一人。

任何人不能仅因为思想而受惩罚。

提供证据的责任在陈述事实的一方，而非否认事实的一方。

判刑时必须始终考虑罪犯的年龄与涉世不深。

——《民法大全》

设问：上述材料所体现的法律原则有哪些？

教师引导学生回答：疑罪从无，惩处行为而非思想，谁主张谁举证，保护未成年人。

5. 出示材料并总结

德国著名法学家耶林在其著名著作《罗马法的精神》中说："罗马帝国曾经3次征服世界，第一次以武力，第二次以宗教(天主教)，第三次以法律，武力因罗马帝国的灭亡而消失，宗教随着人民思想觉悟的提高、科学的发展而缩小了影响，唯有法律征服世界是最为持久的征服。"

本课小结：正是由于罗马法根据实际情况，因时因势而变，不断修正完善，因而获得了超越民族、时代的恒久生命力。就像德国著名法学家耶林说的那样，罗马帝国曾3次征服世界，第一次以武力，第二次以宗教，第三次以法律……唯有法律征服世界是最为持久的征服。罗马以其灵活务实的态度，摸索出了一套治理国家的成熟理念，这里"最持久的征服"其义就是对后世的深远影响。

设计意图：通过以上围绕主线的教学，使学生得出罗马法在缓和社会矛盾、稳定统治秩序、维护帝国统治上的作用。充分利用补充材料和课本资源，经过讨论与分享，使学生明白罗马法在法律观念、法律原则、法律制度方面对后世的影响，感受罗马法所体现的法治精神的现实意义。

四、教学设计特色与反思

法治作为一种价值取向，在人类历史长河中经历了艰辛的探索，并最终发展成为人类社会治理的理性制度经验。高中历史必修1"古罗马的政制与法律"这一课正是带领学生探寻法治渊源，培养法治观念的良好契机。本节课的设计吸取了前辈的成功经验，渗透了多方的切磋琢磨，短短45分钟的课堂教学难以完全呈现教师在设计背后的考量取舍、精心编排，师生间的碰撞交流也常常带来新的想法或问题。下课铃声响起不是终结，而是提醒师生对本课进行更多延展深入的思考。本节课的教学特色主要体现在如下几个方面：

(1)突显学生主体地位 构建高效历史课堂。

在新课改环境下，学生在课堂中逐渐占据了主体地位，突出学生的主体地位有助于提升教学质量，能够更好地完成教学任务。对学生主体地位的尊重，对教师而言，体现在备课、教学设计和课堂实施、评价的各个环节，对学生而言，体现在学前预习、课堂主动参与和课后的总结上。当教师真正弯下腰，了解学生的所思所想，将学生的生活经验转化为教学资源，学生才能真切地感到成为学习主人的乐趣及与教师、同伴共同探讨的幸福。

通过以罗马帝国为背景题材的网络游戏导入本课，以游戏规则比之于法律对人类社会的重要性，既贴近学生生活，又直指主题，激发了学生的学习兴趣。另外，凸显问题导学。学生先进行预习，通过思维导图形成自己的理解，并提出问题。老师针对学生的问题结合课标进行“提纯”，以提炼整合的 4 个问题为核心展开设计，使整节课环环相扣，增强了节奏感。

(2)立足历史核心素养 提升学生学科能力。

为了全面贯彻党的教育方针，落实立德树人根本任务，适应世界教育改革发展趋势，深化教育改革，2016 年 9 月教育部发布了《中国学生发展核心素养》总体框架。如何通过教学实践落实核心素养，改变当前存在的“学科本位”和“知识本位”现象，成为摆在一线教师面前的一个关键问题。历史学科素养是学生在接受历史教育过程中逐步形成的基本知识、关键能力和方法、情感态度与价值观等的综合表现，是学生通过历史学习能够体现出的带有历史学科特性的品质。包括：唯物史观、史料实证、历史理解、历史解释和家国情怀等。本节课在课堂教学实践层面上对以上核心素养要求的回应，主要体现在以下 3 方面：

第一，鼓励动手操作、独立思考和自主探究。有句教育格言说：告诉我，我会忘记；做给我看，我会记住；让我参加，我就会完全理解，并且能够创造。放手让学生参与到教学中来，这样我们才能在其中发现闪光点，利用课堂生成的资源，完善、延伸课本上的内容。这节课上课前学生自主预习本课教材，借助网络搜寻并整理罗马法相关内容，经由同伴讨论，共同制作本课的思维导图。教师在上课的时候对学生的课前作品进行展示和评价，辅之以教授历史学习的一般方法，道而弗索，强而弗抑，开而弗达，取得了良好的教学效果。

第二，进行启发式教学、情境式教学。以构建历史场景为例，基于真实的历史，讲述一个连贯的历史故事，史实和史论蕴含在连贯的故事里，促使学生在故事情境里获取并概括出其中的历史信息，不仅凸显人在历史中的作用，还建立事的逻辑脉络，最终形成"时间"、"空间"、"人事"的三维场域，将情感与逻辑有机融合于一体。历史中的人文主义精神蕴含在历史叙述及其理解之中，叙述与理解又建立在史料的基础之上。本课在处理成文法出现的背景时，将两则叙述性的史料创造性地改编为由 3 个情境组成的小故事，在学生们绘声绘色的朗读和讲述中，呈现了成文法出台的原因。以情境导入的方法使学生回到那时、那景、那人、那事，拉近了学生与古罗马的距离，感同身受地理解了罗马成文法出现的进步性。

第三，跨学科的问题式教学。知识作为人类经验的总结，宏观上看本身就是连成一片的状态。打破学科壁垒，培养跨学科意识，有助于促进核心素养的立体培养。在讲解罗马法在帝国时代的新发展时，透过史料分析带着学生理清了新发展的内在逻辑。罗马不是一天建成的，罗马由一个微不足道的小邦扩张至地跨亚非欧的大帝国，通过条条大路通罗马的商业网，各地间交流频繁，人际、经济、社会等纠纷也逐渐增多，并进一步演化成征服者与被征服者之间的矛盾。为缓解统治危机，维护社会稳定，罗马法的适用范围由原来仅限于罗马公民内部扩展至整个帝国的一切自由民。外邦人可以说在法律上真正做到了"入乡随俗"。用 3 个英文小谚语："Rome was not built in a day.""All roads lead to Rome.""Do in Rome as the Romans do."串联本问题，既呼应问题，又体现学科间的联系，增加了趣味性。法通国脉千秋稳，律顺民心九域兴。通过这样的设计，使得学生对法律在国家治理中的作用有了更为全面深刻的理解。

(3)挖掘多重教学资源 增添历史学科味道。

“历史的精神源于它的情感，历史的魅力源于它的细节。”本课虽然以罗马法的演进为主要内容，但却没有落入眼里只有法的窠臼。知识的传授本身就是求真、求证的过程和升华情感的过程。图片、人物、事件、时空、文化在课堂教学中充分体现了学科特色，使整堂课充满了浓浓的历史韵味。

第三节　明确能力目标，提高教学实效
——“戊戌变法”教学研究

“中小学生学科能力表现研究”课题将历史学科能力细化为 9 项能力要素：分别为识记、概括、说明、解释、推论、评价、论证、叙述、探究。本研究选择“戊戌变法”一课来实践历史学科各项能力。“戊戌变法”是岳麓版高中教材历史选修 4《历史上重大改革回眸》第四单元——“工业文明冲击下的改革”纲目下的一课，共有 7 个子目：甲午震撼、维新思潮的兴起、公车上书、强学会与《时务报》、百日维新、无力回天、维新时期的遗产。本课教学就百日维新、无力回天、维新时期的遗产 3 个子目设计一节课。

一、基于学科能力的教学目标与实施策略

课标对本课的要求是：简述百日维新的主要内容，分析其特点；知道戊戌变法失败的基本史实，探讨中国近代化道路的曲折性。据此设计的教学重点是百日维新的主要内容和失败原因。教学难点是分析维新变法的失败原因，探讨中国近代化道路的曲折性。结合课题所列历史学科能力要求，选择部分能力，设计本课的教学目标如下：

识记百日维新的基本内容与变法的历史意义；

对百日维新的内容进行分类概括；

推测百日维新措施的作用；

解释光绪帝和维新派推行新政失败的原因；

评价戊戌变法；

探究戊戌变法的失败和中国近代化道路曲折的关系。

通过本课教学使学生认识任何改革都有复杂性、艰巨性、曲折性；开明能干的引领，坚定灵活的政策策略，是改革成功的重要保证；改革要考虑改革的现实条件、社会承受力，要减少阻力，循序渐进；要用历史的、辩证的观点去衡量戊戌变法。

在教学中尽量利用原始或接近原始的史料，不要给出已有结论，不依赖教材课本，而是让学生自己通过分析、思考得出结论，让学生的思维动起来，独立思考问题。提供精选的材料。这些材料有当事人、亲历者、旁观者的看法，也有不同立场的，如慈禧太后、光绪帝、维新派、守旧势力、普通民众、英国记者、伊藤博文、张之洞等人的言论。通过给学生提供多角度思考的空间和平台，引导学生运用多种方法积极探究问题，从而提高历史思维能力。

二、落实能力目标的教学活动设计

要落实能力目标培养，必须设计具有实效性的课堂教学活动。本课教学设计了 5 个围绕学科能力目标的活动。

课堂活动一

对百日维新的内容进行分类。

该活动目标指向的是培养学习理解层级的概括能力。概括能力，课题是这样描述的：能从具体材料中提炼要点，用历史名词、概念表达史实；将学过的史实按一定标准归类。在实施本课教学中教师找到戊戌变法诏令的原始表述，节选部分诏令，设计一系列有关联的学生活动。选取的诏令内容有：

1. 举办京师大学堂；2. 所有书院、祠庙、义学及社学一律改为兼习中西学的学堂；3. 各省设高等学堂，府城设中学，州县设小学……7. 废八股文、乡试会试及生童岁科考试，改考历史、政治、时务等，开设经济特科……10. 改用西洋军事训练，遣散老弱残兵，削减军饷须支，实行团练；11. 裁减绿营，举办民兵……16. 裁减冗官和重叠机构……23. 设铁路矿务总局、农工商总局，并且在各省设分局……29. 开放八旗经商的禁令，命其学习士农工商，自谋生计；30. 倡办实业，促进生产。……

学生阅读这些内容并进行分类：1～9 条是教育措施，10～15 条是军事措施，16～20 条是政治措施，21～30 条是经济措施。这项活动可使学生学会将学过的史实按一定标准归类、概括。

课堂活动二

探讨问题：如果变法推行下去，会产生什么样的积极意义？

该活动目标指向的是推测能力；课题对推测能力表述为根据历史事实推测其作用、影响；根据已知史实推测未知史实。学生根据百日维新的各项措施，推测：举办京师大学堂；所有书院、祠庙、义学及社学一律改为兼习中西学的学堂；各省设高等学堂，府城设中学，州县设小学，这些措施有利于教育的近代化，有利于西学的传播和人才的培养；改用西洋军事训练等军事措施有利于增强军事实力；精简机构等有利于提高行政效率，有利于知识分子参与政治；设铁路矿务总局、农工商总局，并且在各省设分局等经济措施有利于民族资本主义的发展；开放八旗经商的禁令，命其学习士农工商，促使旗人平民化，有利于促进社会公平正义。

课堂活动三

追问：改革实质上是利益再分派，必然会触及既得利益者。哪些改革措施损害既得利益者？

活动目标指向的是解释能力。课题对解释能力的描述：运用所学知识解释历史的因果联系。通过分析思考，同学们认为废八股文，裁减绿营，举办民兵，裁减冗官和重叠机构，开放八旗经商的禁令，命其学习士农工商自谋生计，这些会损害既得利益者，因此会引起反对和阻挠。

课堂活动四

在前 3 个活动基础上提供相关材料，分析失败原因。

目标指向的是培养叙述、论述能力。课题对叙述能力的描述为：准确选择多种资料，通过合理想象构建一个历史事实的完整叙述；建立多个历史事实、概念间的关系，再现某个时段历史过程的全貌。论述描述为：准确选择多种资料，运用多个史实、概念、理论为某种历史观点辩护，或批驳某种观点。为了训练这些能力，为学生提供了精选的材料。这些材料有当事人、亲历者、旁观者的看法，也有不同立场的，如慈禧太后、光绪帝、维新派、守旧势力、普通民众、英国记者、伊藤博文、张之洞等人的言论，尽力为学生搭建多角度思考的空间和平台。

材料八：光绪以四岁入宫……满洲亲贵，乃至宫中宦寺，皆知有太后，不知有皇帝……盖一软性富伤感而无经验阅历之青年，不足当旋乾转坤之任。

——钱穆《国史大纲》

材料九：早在变法之初，慈禧太后即对光绪帝说："变法乃素志，同治初即纳曾国藩议，派子弟出洋留学，造船制械，以图富强。""苟可致富强者，儿自为之，吾不内制也。"

——费行简《慈禧太后传信录》

材料十：(注：康有为)"尊君权之道，非去太后不可"，把太后视为变法唯一障碍，必须除掉，甚至不惜使用暗杀手段。

——李济琛《戊戌风云录》

材料十一：康有为说过："天下没有能与暴民乱人共事而能够完成的。"

——李济琛《戊戌风云录》

材料十二：伯兄(康有为)规模广大，志气大锐，包揽太多，同志太孤，举行太大，当此排者、忌者、挤者、谤者盈衢塞巷，而上无权，安能有成？弟私窃深忧之。……弟旦夕力言新旧水火，大权在后，绝无成功，何必冒祸？……伯兄思高而性执，拘文牵义，不能破绝藩篱，至于今实无他法。

——康广仁给友人的一封信

材料十三：戊戌变政，首在裁官。京师闲散衙门被裁者不下十余处，连带关系，因之失职失业者将及万人，朝野震骇，颇有民不聊生之感。

——陈夔龙《梦蕉亭杂记》

材料十四：人人都知道废八股，提倡实学，但数百翰林，数千进士，数万举人，数十万秀才，数百万童生，全国的读书人都觉得前功尽弃。

——张之洞

材料十五：他们把足够的东西不顾它的胃量和消化能力，在三个月之内，都塞给它了。

——时任海关总税务司司长赫德

材料十六：变亦不可太骤，欲速则不达，古人具有明训。既如中国积弊，犹沉睡百余年，安能一日警觉？……窃恐弊未去而弊滋生，徒使天下骚乱不宁而已。

——伊藤博文

在阅读材料之后，设问：有人说如果康有为等维新派说服慈禧太后，让慈禧太后成为改革的主导者，变法可能会成功；还有人说，如果先从教育文化领域改革，循序渐进，改革也会成功；也有人说戊戌变法失败的主要原因是维新派措施太过激进，忽视改革的强大阻力，应负主要责任。你的观点呢？让学生结合历史现实进行充分讨论，在讨论的基础上进行角色扮演、体验式学生活动，探究光绪帝和维新派为什么推行新政失败。最后在戊戌变法失败的原因方面，学生得出一些新的认识：客观原因为守旧势力既得利益者过于强大，阻挠和破坏改革；缺乏改革的现实条件，如改革的经济基础、社会的承受能力等。主观原因为维新派缺乏改革的政治经验和政治策略。如：依靠没有实权的皇帝，没有形成一支有组织、有战斗力的队伍和领导核心；树敌太多；对列强和袁世凯寄予幻想；变法措施急于求成，太过激进；等等。

这些结论都是师生在阅读大量不同立场、角度的史料的基础上，通过自身思考得出的结论，而不是书本上已有的结论，也不是历史学界的定论，利于培养学生的独立思考及叙述、论述能力。

课堂活动五

历史地、辩证地评价戊戌变法。

课题对评价能力的描述是利用已学知识对历史人物、事件、制度作出价值判断，评价其在历史进程中的地位、作用。

你如何看待戊戌变法？引导同学们对戊戌变法进行历史的、辩证的、发展的评价，培养评价历史事件的能力和方法。

首先要辩证地看待戊戌变法。戊戌变法虽然失败了，但是还是留下一点遗产，新政余音在历史长河回响：在经济、文教、军事方面都取得了一些成效。如铁路矿务总局、京师大学堂等保留下来，很多地方如山西等地近代化启动。变法推动了中国近代化进程，也是一次思想解放运动，开创了新的时代风气、社会舆论和思想观念。当然也有致命的局限：没有深入群众宣传、急于求成，缺乏政治经验和策略，导致变法失败。将其置于历史发展的长河中看待，前承洋务运动，后启清末新政、预备立宪、辛亥革命、新文化运动，起到承上启下的作用。

三、总结与反思

在各位专家、老师的指导下，我们对历史学科能力的培养目标有了更加明确的认识，提高了实际操作能力。在实施课堂教学过程中，教师教学目标明确，有的放矢，学生学习目标更加清晰。减少了以往教学设计的盲目性，增强了实效性、针对性。如果长期有目的地按照学科能力进行教学设计并进行课堂实践，一定会提升中小学学生的学科能力。

同学们收获也非常大，对戊戌变法这一历史事件进行了深入的探究，重新客观地看待和评价，可以说改变了同学们对这一事件的传统看法。如对慈禧太后的重新认识，一直以来她被作为镇压戊戌变法的刽子手，卖国求荣、保守的代言人被钉死在历史的耻辱柱上。而事实上站在清朝的统治基础、社会稳定的需求上，不是不可理解的；还有对康有为的重新认识，戊戌变法失败的更主要的原因要从维新派自身的策略、经验、个人局限性等方面找原因。

本节课不足的地方，教师对各项能力的界定需要进一步清晰，同学们的各项能力也需进一步培养。

第四节　构建以学生为主体的课堂
——"新中国外交"教学设计

"新中国外交"这一内容是岳麓版必修1专题7第27课，这一单元的主题是"复杂多样的当代世界"。本单元的内容立意在于第二次世界大战后，国际格局呈现出两极对峙向多极化方向发展的趋势，和平与发展成为时代潮流。在这一过程中，中华人民共和国坚持独立自主的和平外交方针，外交政策逐渐走向成熟，在国际舞台上发挥了越来越重要的作用，有力地维护了世界和平和中国国家主权。从理论与现实意义来分析，本课基本的教材立意就是能够从当代世界不同角度认识历史发展中全局与局部的关系，辩证地认识历史与现实、中国与世界的内在联系，通过这样的认识过程来提升学生的历史思维能力和阐释能力。

一、教学目标设计

课程标准中对本课的要求是：(1)了解新中国成立初期的重大外交活动，理解和平共处五项原则在处理国际关系方面的意义；(2)简述中国恢复在联合国合法席位的基本史实，概括我国在外交方面所取得的重大成就；(3)了解中美关系正常化和中日建交的主要史实，探讨其对国际关系产生的重要影响；(4)以改革开放以来我国在联合国和地区性国际组织中的重要外交活动为例，认识我国为现代化建设争取良好的国际环境、维护世界和平和促进共同发展所作出的努力。在对课标深入理解的基础上，结合高一学生的基本学情，将本课的教学目标细化为以下几个方面：首先是分阶段梳理新中国外交的方针、政策和主要外交活动以形成清晰的知识脉络；然后通过解读外交文件、历史图片、大事年表等历史材料获取有效信息，学会分析、概括、阐释历史问题的方法，深入理解外交政策的制定与各国的国家利益、历史文化、思想观念、社会制度及国际形势的关系。在与世界各国交往中，国家智慧得到充分展现，实现教学立意。最后通过思维拓展，将历史与现实结合，让学生能够从国家交往的历史中汲取智慧，能够为今天中国的国际交流与合作提出自己的理解和认识以及建设性的意见和建议，真正做到学以致用。通过对学情的分析，了解到学生在初中阶段的历史学习中已经对本课的基本史实有所了解，但对不同时期外交政策的内涵及政策转变认识不清。因此，将本课的重点和难点确立为外交政策制定的背景、内涵和转变的原因及探讨其对国际关系产生的重要影响上，并试图以突破性的问题激发学生的思考和讨论，以突破重点、难点。

一节历史课不仅要清晰准确地落实知识点，有效地引导和渗透学习方法，而且还要引发反思。引领学生进入反思的境界，才能站得高、看得远。这就需要教师在授课之前明确这节课的主旨和目标(教学立意)。因此为本课设计的主题就是“世界舞台上的中国智慧”。将教学内容整合成：行(脉)、智、知。主题确立了本课的中心与线索，内容整合凸显主旨立意，凸显能力目标。

二、教学过程设计

学前认知：教师在预习阶段布置了两项任务：

任务一，学生阅读教材，在教师指导下，创造性地制作本课的思维导图。

任务二，在完成建构本课知识框架基础上，回答教师提出的学前认知问题。问题如下：

(1)你能用自己的话解释什么是外交吗？

(2)你能列出哪些新中国的外交人物、外交活动？

(3)通过网络和书籍了解一些中国古代国与国交往的名言并记录下来。

(4)以你的学习和生活的经验，你觉得哪些因素会影响外交政策的制定？

(5)你觉得我国外交的重点国家应该是哪些？为什么？

(6)你对于我国外交历史有哪些认识？

设计意图：“学前认知”这一教学环节的设置是基于本课的能力立意“如何关注学生的能力培养”。学生能力的培养首先是基于学生已有的认知水平和能力基础，之后再在理论支撑与实践活动中探索对其培养的方式、方法和步骤。不了解学生的已有认知状态空谈能力培养，就是空中楼阁。“学生作为学习的主体，不是被动的信息吸收者，而是信息意义的主动建构者，在以往的学习中，他们已有了一些学习的经验，在教学中要把他们已有的知识经验作为新知识的生长点。”基于对认知学习理论和建构主义学习理论的理解和所教学生的学情的分析，教师在预习阶段布置了这两项任务。

设计思维导图成为学生的学前认知、自我构建的学习方式，在构建过程中既体现了学生的理解内化的过程，也呈现了理解内化的结果，同时也能看出学生在纷杂的历史事件中逐渐剥离出对时代的认识，对概念的理解，这就是从具体到抽象的过程。学生设计的思维导图形式各异，对其创新思维和创新意识都有很好的锻炼。

在完成建构本课知识框架基础上，回答教师提出的学前认知问题。这些问题进一步将学生已有认知及能力外显，成为新知识的生长点。教师要对学前认知所反映出的学生对历史发展的过程的理解、看法以及看法的由来进行分析，以此作为教学设计的基础。同时在学前认知中，教师还会发现由于学习背景的不同，学生呈现出对历史问题理解的差异，而这种差异也会成为后续教学设计中合作学习的重要学习资源——“不同的声音”。综此，教师不再简单的是知识的传授者，而是在学生原有认知的基础上，引导他们调整和扩展对历史的理解和认识，提升他们在历史学习中的阅读、思维和解决问题的能力。有了学前认知的基础，本课的教学立意和能力立意也变得可理解和可检测了。

新课导入：教师以“2016 年 9 月在杭州举办 G20 峰会”的时事新闻导入。

设计意图：凸显外交的时代性，从今天的中国外交活动回顾新中国外交历程。

讲授新课：首先学生要在学案中明确学习的重点问题：

1. 了解新中国外交发展的阶段、主要方针政策及展开的外交活动；

2. 学会分析不同时期外交政策制定和外交活动展开的影响因素；

3. 感受新中国外交中的“中国智慧”；

4. 能够概括新中国外交特点；

5. 正确认识新中国外交历史。

设计意图：学生准确把握整课重点，明确学习目标。

一、新中国外交历程(行)

教师点评学生设计的思维导图。

设计意图：由于学生已经在课前完成“新中国外交历程”思维导图，因此这部分内容是教师通过对学生思维导图的点评来深化梳理新中国外交历程(包括阶段划分、主要特征及主要外交活动等)，并对“学前认知”问题中关于“外交”进行概念厘清。所谓外交就是国家为维护其自身利益，以和平手段对外行使主权，推行其对外政策所进行的国际间交往活动。主要有国家元首、外交代表等进行访问、谈判、交涉、缔结条约、颁发外交文件、参加国际会议和活动等。(概念来自《辞海》中的词条)这一过程可为深入学习奠定基础。

教师呈现简要知识结构：

1. 新中国成立初期外交政策的制定和外交格局的形成
2. 20 世纪 70 年代打开外交新局面
3. 新时期的外交

二、世界舞台上的中国智慧(智)

设计意图：在对全课知识有了整体了解的基础上，接下来通过史料研读、合作学习、观点辨析等方式对重点问题进行深入的分析解读，以助学生生成历史学科能力，提升学生的历史认识水平。

(一)新中国成立初期外交政策的制定和外交格局的形成

设问：新中国外交是在怎样的国际国内背景下展开的呢？

阅读学案材料一：

中华人民共和国成立后，全世界都在注视着新中国，猜测它能否站住脚，会不会坚持不住而失败。这种想法，不是一点理由也没有的。一个独立、统一、人民当家做主的民主共和国虽然已经建立，但是它面对的考验依然十分严峻，三个突出问题摆在面前：第一，国民党政府在大陆仍有白崇禧、胡宗南等集团的 150

万军队，主要集中在华南和西南地区，各地还有200万武装土匪。第二，在战争已经结束的地区，人民政府面对着国民党政府留下的财政经济总崩溃、物价上涨完全失控、投机活动异常猖獗、城市中大批失业现象，人们正注视着新中国有没有能力扭转这种仿佛已经积重难返的局面。第三，新中国国际环境也很复杂。(美苏两极对峙格局逐渐形成)美国政府当时对新中国抱着敌视态度，实行禁运和封锁。苏联对中共并不完全放心，担心它成为第二个"铁托"(注：铁托在第二次世界大战中反抗德国法西斯侵略、赢得国家独立。1945年当选为南斯拉夫总理，从1953年起连续当选南斯拉夫联邦总统。推行"不结盟运动"，反对苏联的干涉)。周边的民族独立国家对新中国缺乏了解，还存在不少疑虑。

——摘编自金冲及《二十世纪中国史纲》

设问：任何历史现象的发展都离不开相应的历史背景，这个背景不仅包含了我们自身发展的政治经济背景还包括国际背景。新中国的成立改变了第二次世界大战后国际力量的对比，新中国外交是在第二次世界大战后的国际环境下展开的，不仅是世界各国在考虑如何面对这个新生的政权，中国也在考虑以什么形象来立足于这个世界，依据材料指出新中国成立时的国际国内背景对外交方针的制定会产生怎样的影响。

出示材料，进一步追问：新中国的外交方针是什么？

周恩来在外交部成立大会上讲话：

"中国一百年来的历史是一部屈辱的外交史……我们不要被动、怯懦……要有独立的精神，要争取主动，没有畏惧，要有信心。"

设计意图：通过分析相关材料和设问，以问题引领学生提取和解读历史有效信息，并在此基础上形成历史认识。意在帮助学生学会在具体的时空框架下，看待新中国成立初期的国际国内环境和主要任务，提升学生的历史理解能力。

探究学习：1. 独立自主和"一边倒"的关系是什么？一边倒的政策下还能保持独立自主吗？

阅读学案材料二：

我们提出的外交政策的一面倒，愈早表现于行动则对我愈有利(毛主席说，这样是主动的倒，免得将来被动的倒)。

——邓小平

外交工作有两方面：一面是联合，一面是斗争。我们同兄弟之邦并不是没有差别。换言之，对兄弟国家战略上是要联合，但战术上不能没有批评。对帝国主义国家战略上是反对的，但战术上有时在个别问题上是可以联合的。我们应当认识清楚，否则就会敌我不分。……

……就兄弟国家来说……大家都要走社会主义的道路。但国与国之间在政治上不能没有差别，在民族、宗教、语言、风俗习惯上是有所不同的。……这个联合工作是不容易的，做得不好，就会引起误会。……

外交是代表国家的工作，我们大家要在具体工作中，加强团结，才能把外交工作搞好。……

——周恩来在外交部成立大会上的讲话(1949 年 11 月)

设计意图：通过对“一边倒”的策略的分析，培养学生用辩证的、联系的方法看问题。使学生认识到“一边倒”策略是出于意识形态、社会制度和国家利益考虑，美国的敌视和苏联的不放心，必须鲜明表态，才不至于由独立变孤立。所以新中国外交是想兼顾独立自主和“一边倒”政策。1950 年 2 月《中苏友好同盟互助条约》签订使新中国得到了国际援助。学生还能从中体会兼顾“一边倒”和独立自主，在理论原则上和实际操作层面的取舍，能够透过现象看本质。

设问：新中国成立第一年，中国与 17 国建交，包括社会主义国家、周边国家和中北欧国家等。这样的外交举动对中国意味着什么？

设计意图：意在分析得出新中国力图通过多向外交打开外交局面的努力所取得的成果。与社会主义国家建交进一步融入社会主义阵营，与周边国家建交有利于建立和平的周边环境，与欧洲国家建交意味着打破意识形态对立，寻求更广阔的发展空间。

探究学习：2. 关于和平共处五项原则的内涵与应用。

设问：和平共处五项原则于 1953 年底由周恩来总理在接见印度代表团时，就中印双方边界领土问题谈判中第一次提出，是在建立各国间正常关系及进行交流合作时应遵循的基本原则，得到中国、印度和缅甸政府共同倡导。其原则的内涵应如何理解呢？

设计意图：对于学生学习中容易忽视的问题，追本溯源，由表及里，去挖掘历史信息内部的关系和本质。引导学生辨析、梳理历史信息，提升历史认识的能力。五项原则中互相尊重主权和领土完整是国与国相处的核心与基础；互不侵犯、互不干涉内政则是国与国相处不能触碰的底线；平等互利、和平共处则是国际交往的目标和理想。学生在分析中体会这五项原则是中国奉行独立自主和平外交政策的基础和完整体现，是新中国外交政策成熟的标志。它被世界上绝大多数国家接受，成为规范国际关系的重要准则。这就是国际舞台上的中国智慧，进而提升民族自豪感和文化自信。

展示学前认知问题学生搜集的有关中国古代国与国交往的名言，学生齐诵。

亲仁善邻，国之宝也。

合则强，孤则弱。

志合者，不以山海为远。

万物并育而不相害，道并行而不相悖。

国虽大，好战必亡；天下虽平，忘战必危。

一花独放不是春，百花齐放春满园。

己所不欲，勿施于人。

设计意图：引导学生体会和平共处五项原则所蕴含的中国传统文化中的人与人、国与国交往的智慧，及中国文化的底蕴对今天国际交往的影响。

设问：面对亚非会议上的“不同声音”，中国代表团提出的“求同存异”的方针中，“求同”是指什么？“存异”是指什么？

阅读学案材料三：

中国代表团是来求团结而不是来吵架的。我们共产党人从不讳言我们相信共产主义和认为社会主义制度是好的。但是，在这个会议上用不着来宣传个人的思想意识和各国的政治制度，虽然这种不同在我们中间显然是存在的。

中国代表团是来求同而不是来立异的。在我们中间有无求同的基础呢？有的。那就是亚非绝大多数国家和人民自近代以来都曾经受过、并且现在仍在受着殖民主义所造成的灾难和痛苦。这是我们大家都承认的。从解除殖民主义痛苦和灾难中找共同基础，我们就很容易互相了解和尊重、互相同情和支持，而不是互相疑虑和恐惧、互相排斥和对立。……

中国人民选择和拥护自己的政府，中国有宗教信仰自由，中国决无颠覆邻邦政府的意图。……

十六万万的亚非人民期待着我们的会议成功。全世界愿意和平的国家和人民期待着我们的会议能为扩大和平区域和建立集体和平有所贡献。让我们亚非国家团结起来，为亚非会议的成功努力吧！

——周恩来在万隆会议上的补充发言(节选)

设计意图：通过相关外交史料的解读和设问，以问题引领学生解读和提取历史有效信息，意在帮助学生学会在具体的时空框架下，看待“求同存异”，提升学生的历史理解能力，并在此基础上形成历史认识。

补充材料进行总结：

和平共处五项原则是中国外交的“定海神针”。不管国际风云变幻万千，国际力量格局组合多变，中国外交总是以之“不变”来应对外部环境之“多变”。靠这根神针，我们成功地处理了和社会主义国家、民族独立国家、西方发达国家等等方方面面的关系。

——赵建文《论和平共处五项原则》

(二)20世纪70年代打开外交新局面

探究学习：3.20世纪60年代世界形势的变化对中国外交形势产生了哪些影响？

阅读学案材料四：

20世纪60年代世界战略格局重大变化一览表

1	1960年，非洲17个国家独立，成为非洲独立年，整个20世纪60年代又有17个国家独立，英法在非洲的殖民统治基本终结。新独立国家纷纷加入联合国，到20世纪70年代初，亚非拉新兴的民族国家已占联合国的2/3。
2	20世纪60、70年代，苏联的军事力量、综合国力迅速增长，在美苏争霸中处于攻势。

续表

3	长期的越南战争导致美国5万余人丧生，30多万人受伤，耗资4000多亿美元。西欧和日本的崛起，也使美国的霸权地位日趋衰落。
4	1964年，中国第一颗原子弹爆炸成功。1970年，中国东方红一号卫星发射成功。
5	1968年，苏联武装入侵捷克斯洛伐克。
6	20世纪60年代后期，苏联以重兵集结中苏和中蒙边境，多次进行武装挑衅，对中国构成严重威胁。 1969年3月，苏联军队入侵乌苏里江主河道中国一侧的珍宝岛，中苏军队发生激烈交火，珍宝岛之战将已经恶化的中苏关系降到了冰点，中苏边境地区剑拔弩张，大规模军事冲突有一触即发之势。
7	1969年，尼克松在一次公开表态中说：10年后，到中国在核武器方面取得了重大进展的时候，我们就没有选择的余地了。我们必须与他们有比今天更多的联系。如果没有(中国)这个拥有7亿多人民的国家出力量，要建立稳定和持久的国际秩序是不可设想的。
8	1969年，陈毅、叶剑英、徐向前、聂荣臻向中央提出《对目前形势的看法》："万一苏修对我发动大规模战争，我们是否从战略上打美国牌，当年魏蜀吴三国鼎立，诸葛亮的战略方针是东联孙吴，北拒曹魏。"

资料来源：丁明主编《国家智慧——新中国外交风云档案》。

设计意图：全景式地向学生展现20世纪60年代的国际局势，学生小组内部在逐条分析讨论的基础上，提取有效信息，找出相关历史信息对20世纪70年代中国外交新局面形成的原因进行分析概括。小组探究能够使学生集思广益，取长补短，在学生与学生对话、学生与文本的对话中，激活思想，形成认识。在思辨的过程中学生的历史学习能力得到有效提高。

阅读学案材料五：

1969年尼克松就职后，3月美国国务院宣布放松去中国旅行的大部分官方限制和贸易限制。

1969年10月25日，巴基斯坦总统叶海亚·汗访美。尼克松要求他作为对华关系的中介。第二天，罗马尼亚总统齐奥塞斯库访美，尼克松也要求把他的想法传达给北京。尼克松在宴会祝酒时第一次称呼共产党中国为中华人民共和国。

1969年12月9日，周恩来通过叶海亚总统传话，欢迎尼克松的代表到北京讨论台湾问题。12月18日，毛泽东会见美国记者埃德加·斯诺时说："尼克松当作旅行者来谈也行，当作总统来谈也行，都行。"

设计意图：20世纪60年代的国际局势为外交新局面的打开提供了可能性，但是真正建立起联系还需中美双方寻找接洽的时机。通过历史阅读让学生理解外交活动的表现方式并不都是直接的，历史的发展也是如此。双方的接触试探最终促成了一段以小球推动大球的乒乓外交。伴随着民间交往，官方的接触也在秘密进行——1971年基辛格访华。

阅读学案材料六：

基辛格访华期间表示：(1)承认台湾属于中国。(2)美国不再与中国为敌，不再孤立中国，在联合国内将支持恢复中国的席位，但不支持驱逐蒋介石集团的代表。(3)美国准备在印度支那战争结束后一个规定的短时期内撤走其驻台美军的2/3。至于美蒋《共同防御条约》，美国认为历史可以解决这个问题。

设计意图：通过阅读外交文件，启迪学生智慧，在学生逐条阅读的过程中审视、思考、辨析文句中的含义，有利于学生理解基辛格这样一个"表示"耐人寻味，充满了外交辞令和不确定性，但是为中美关系的改善迈出了重要一步。

阅读学案材料七：

中美两国的社会制度和对外政策有着本质的区别。但是，双方同意，各国不论社会制度如何，都应根据尊重各国主权和领土完整、不侵犯别国、不干涉别国内政、平等互利、和平共处的原则来处理国与国之间的关系。国际争端应在此基础上予以解决，而不诉诸武力和武力威胁。美国和中华人民共和国准备在他们的相互关系中实行这些原则。

……

……中国方面重申自己的立场：台湾问题是阻碍中美两国关系正常化的关键问题；中华人民共和国政府是中国的唯一合法政府；台湾是中国的一个省，早已归还祖国；解放台湾是中国内政，别国无权干涉；全部美国武装力量和军事设施必须从台湾撤走。中国政府坚决反对任何旨在制造"一中一台"、"一个中国、两个政府"、"两个中国"、"台湾独立"和鼓吹"台湾地位未定"的活动。

美国方面声明：美国认识到，在台湾海峡两边的所有中国人都认为只有一个中国，台湾是中国的一部分。美国政府对这一立场不提出异议。它重申它对由中国人自己和平解决台湾问题的关心。考虑到这一前景，它确认从台湾撤出全部美国武装力量和军事设施的最终目标。在此期间，它将随着这个地区紧张局势的缓和逐步减少它在台湾的武装力量和军事设施。

——1972年中美上海《联合公报》(节选)

阅读学案材料八：

田中角荣赠送毛主席的国礼为日本画家东山魁夷的风景画作《春晓》，其意义是：中日之间明媚的春天即将开始。毛泽东回赠给田中一套《楚辞》。在宴会上，田中角荣在致答词时说道："遗憾的是过去几十年间，日中关系经历了不幸的过程。其间，我国给中国国民添了很大的麻烦，我对此再次表示深切反省之意。"后来在两国政府首脑的会谈中，周总理严肃地指出：日本军国主义发动的侵略战争给中国人民带来了沉重的灾难，日本人民也深受其害；您只说"添麻烦"就了事了？用"添麻烦"一词作为对过去的道歉，中国人民是不能接受的。田中连忙解释，从日文角度讲，"添麻烦"确有谢罪之意。经过双方最后的几次会谈和磋商，最后在联合声明中是这样表述的："日本方面痛感日本国过去由于战争给中国人民造成的重大损害的责任，表示深刻的反省。"

——摘编自《国家智慧——新中国外交风云档案》

探究学习：4. 结合学案材料七、八，谈谈你对中美、中日关系正常化的看法。

设计意图：引导学生阅读材料，辩证地看问题，从中既看到了中美、中日关系发展的前景，也能感觉到外交发展不会是一帆风顺的。引导学生在材料中理解中国智慧。

探究学习：5. 以你的学习经验，你觉得哪些因素会影响外交政策的制定？哪个因素是最主要的？

设计意图：引导学生从所学中梳理、归纳并形成认识：国情、政治、经济、军事、科技、国际形势等都会影响外交政策的制定，其中最主要的肯定是国家利益。

（三）新时期的外交

设计意图：学生设计的思维导图对新时期外交进行了整理归类，大致分成外交策略和外交活动，但内容多不容易记忆。教师加以指导，整理如下：

涉及领域	举例说明
积极开展与周边国家的睦邻友好关系	中国—东盟自由贸易区建立 上海合作组织
积极参加地区性国际组织的外交活动	中国加入亚太经合组织 中国加入世界贸易组织
改善和发展同世界大国的关系	与俄、美、日等国建立不同类型的伙伴关系
积极支持和参加联合国依据《联合国宪章》精神开展的各项活动	联合国维和行动

补充资料：新时期外交的重要基础——1985 年百万大裁军，再次重申了独立自主和平外交方针。

十一届三中全会以后，随着国家工作重点的转移和改革开放的展开，中国政府逐步调整了对外方针和政策，改变了主要针对苏联霸权主义的战略；逐步放弃了以往关于大规模世界战争不可避免的观点，对国际形势作出了新的重大判断，中国政府以实际行动推动了整个世界的和平进程。

回首 60 年来的成就
与中国的建交国从 18 个发展到 175 个（截至 2017 年 6 月）。
中国共参加了 130 多个政府间国际组织。
中国缔结 300 多项多边条约。
中国累计派出参加联合国维和官兵 1.27 万多人次。

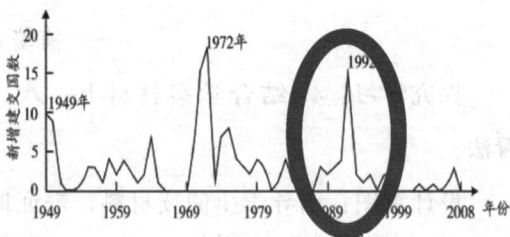

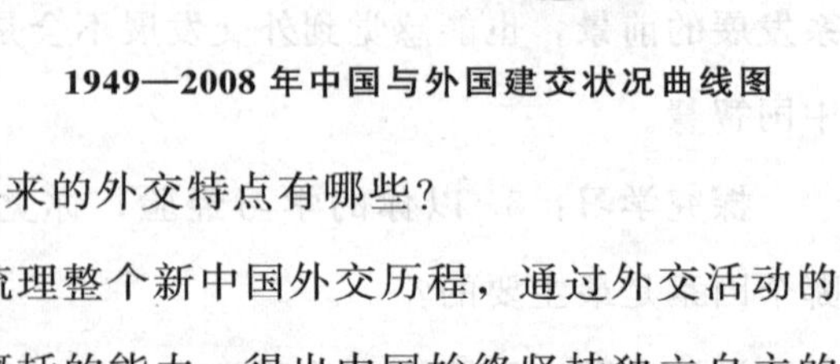

1949—2008 年中国与外国建交状况曲线图

探究学习：6. 新中国成立 60 多年来的外交特点有哪些？

设计意图：通过整节课的学习，梳理整个新中国外交历程，通过外交活动的现象分析外交的本质，培养学生归纳概括的能力，得出中国始终坚持独立自主的和平外交的结论，使学生了解特别注重同第三世界和周边国家发展友好关系的特点。同时基于自己的认识，在教师指导点拨下，认识到新中国外交经历了由重意识形态的革命型外交向重国家利益的国家型外交的转变的特点，起到了总结全课的作用。

课后拓展：如何认识新中国外交历程？

时下中国，外交变革问题的一个流行的观点是，中国外交已经度过以在世界民族之林中求生存为目标的第一个30年和以开放合作融入世界为目标的第二个30年，正在步入作为一个强国在世界上发挥关键作用的第三个30年，外交战略、手段以及机制体制必须更好地适应新的国力条件和时代要求。

设计意图：在课后，通过观点评述来对所学内容进行反思。对学生历史思维和学科素养的培养并不是一节课两节课能够实现的，需要循序渐进，由浅入深，课堂教学与课后思考相结合，最终提高学生的历史思维能力，增强历史认识，落实核心素养的培养目标。

三、课后反思与总结

本次研究课的研究主题是关注学生的能力培养，是在新课程改革转变教学和学习方式，注重探究学习、自主学习、合作学习，更加注重学生的全面发展要求下进行的主题探究。本次研究课旨在高中历史教学过程中，通过翻转课堂的方式激发学生的学习兴趣，创造良好的学习氛围，培养学生自主学习的习惯，掌握历史学习的方法，提高学科能力，并引导学生关注现实，了解家国与世界，积极探索以学生为主体的课堂构建。

通过在备课过程中的逐步摸索、修改，最后展示了这样一节研究课。课后反观，本课在以下几个方面进行了有效的探索：

第一，思维导图成为学生自我构建的学习方式。

学习历史是一个从感知历史到不断积累历史经验，进而不断加深对历史和现实的理解过程，同时也是主动参与、学会学习的过程。本课通过学生设计的思维导图贯穿全课，不仅成为学生的学前认知、自我构建的学习方式，也成为学生在课堂上新知识、新认识的生长载体。学生自己完成的思维导图通过课堂学习的不断补充完善，最终形成了历史知识、理解与认识的结合。这种学习体验会对学生未来的终生学习产生积极的影响。学会学习、学会思考就是一种学习能力。

第二，通过史料教学，提升学生的历史阅读、思维和解决问题的能力。

史料教学在历史课堂上是一种常见的教学方式。本节课选取多种形式的史料，包括外交文件、历史照片、图片、示意图等。丰富的材料带来了丰富的信息，而对信息的处理过程，也就是解读的过程，就是对学生的历史学习能力训练过程。面对一则材料恰当、准确回答问题，这是一种能力；面对多角度的材料，学生选择、体验、分析、概括，这也是一种能力。材料呈现不同观点的“不同声音”，是对学生审辨式思维能力的锻炼和培养。历史课堂上的史料教学就要培养学生掌握历史学习的基本方法，努力做到论从史出、史论结合，养成学生独立思考的学习习惯，能够对所学内容进行较为全面的比较、概括和阐释。

第三，注重探究学习，培养学生从不同的角度发现问题，积极探索解决问题。

本课一共设计了6个探究问题和1个课后拓展问题，能力要求由浅入深。问题汇总如下：

1. 独立自主和“一边倒”的关系是什么？“一边倒”的政策下还能保持独立自主吗？

2. 关于和平共处五项原则的内涵与应用。

3. 20世纪60年代世界形势的变化对中国外交形势产生了哪些影响？

4. 结合学案材料七、八，谈谈你对中美、中日关系正常化的看法。

5. 以你的学习经验，你觉得哪些因素会影响外交政策的制定？哪个因素是最主要的？

6. 新中国成立60多年来的外交特点有哪些？

课后拓展：如何认识新中国外交历程？

通过合作探究，使学生主动参与、乐于探究，而不是死记模式化的结论，克服思维定势，举一反三，真正做到论从史出、寓论于史、史论结合，能够灵活运用历史知识和史料，通过历史现象认识历史本质。在看似已经是结论的问题中进行追问，对于学生的审辨性、创造性思维能力的培养将会起到重要作用。学生在小组或团队的交流与合作中看到了其他同学的理解和认识，相应的也会激发和活化自己的思维状态，形成师生对话、生生促进、人与文本对话的活化的课堂。努力使思维在合作探究中活跃起来是合作探究的主要目的。

第四，注重概念解析，抓住历史学习的钥匙。

本课内容涉及许多历史概念，而且外交活动离学生的生活认知体验较远，在教学中如何能够由表及里、深入浅出、从具体到抽象，都离不开对概念的解析。比如针对"一边倒"、独立自主和平外交、和平共处五项原则、求同存异等概念，通过把学生众多的感性、形象的认识进行归纳，整理形成概念的认识，有利于学生的抽象思维的发展，促进学生思维结构的完整。比如在对和平共处五项原则的概念解析中，教师就通过对其内涵的逻辑关系的分析，与历史上国与国交往的思想的联系，在整个外交历程中所处地位的认识等教学环节来帮助学生理解，认识这一历史概念和概念与概念之间的联系，并由此形成规律性认识，提高思维品质。

总之，本节课进行了多种教学方法的尝试，追求一个教育教学原则就是关注能力培养，让学习真正"发生"。课后我深深体会到，构建有境界的历史课堂以及有品质的历史学习，需要教师主动地寻求自身的专业化发展，教师专业化发展的程度和质量决定了学生有品质的学习开展的程度与质量。有品质的历史课堂是由教师的教学品质和学生的学习品质共同构成的。教师的教学品质是一种润物无声的垂范，是创境、影响、倾听、激励、规范、宽容、留白……学生的学习品质是一种潜移默化的成长，是读书、思考、表达、体验、对比、发展、完善……

构建有学习品质的历史课堂，是一个长期探索与实践的过程，需要教师和学生的不断共同努力。

第五节　高中一轮复习的知识整合与能力培养
——“隋唐时期的社会经济”教学设计

“隋唐时期的社会经济”是一节高三复习课。学生通过必修、选修的学习对本课知识点有基本的了解，但本课主要涉及高一下学期必修2的内容，间隔时间较长，且分散在“古代农耕经济”这一单元中的若干课中，学生很难对隋唐社会经济形成整体认识并形成相应的时空观念，因而需要在通史复习中通过历史地图、时间轴等图文材料帮助学生建构知识体系，形成相应的时空观念和历史认识。

一、指导思想与理论依据

建构主义的学习理论。建构主义学习理论认为学习是学习者通过一定方式在脑中建构知识结构和体系的过程。基于这样的理论，本课教学采用启发式的教学方式使用了知识逻辑建构的思维导图课件，选取典型的易于学习者接受理解的材料引导帮助学习者建构知识和知识逻辑体系。

历史学科核心素养。本课在教学设计的过程中，把培养和提升学生的“历史学科核心素养”作为重点。通过历史地图与时间轴的结合，帮助学生建立相应的“历史时空观念”；通过古代诗歌、史书记载、考古文物图片等丰富的史料培养学生“史料实证”的意识。文献史料与考古史料相结合，帮助学生认识“二重证据法”；感性材料与理性材料相结合激发学生学习兴趣，帮助学生提升历史认识。借助于大量图文历史材料，帮助学生感受历史氛围，以史实为基础培养“历史理解”的能力。

二、教学目标与重难点

教学目标：通过阅读唐诗和隋唐社会经济的相关材料，联系所学知识认识隋唐时期社会经济概况；通过阅读分析图文材料，列举隋唐时期在农业、手工业和商业方面的成就和发展的基本史实；通过分析归纳相关材料和史实，认识隋唐时期社会经济繁荣和发展的动力，以史为鉴增强改革创新的意识。

教学重点：隋唐时期生产技术领域的革新。

教学难点：对本课知识形成整体认识和形成相应的时空观念。

解决重难点的策略：通过历史地图、时间轴示意图，分析史事之间时空关系与内在联系；解析文字、图片材料；突出重点、突破难点。

三、教学过程

导入：出示杜甫《忆昔》中的诗句和历史学者对隋唐社会经济评价的材料。

忆昔开元全盛日，小邑犹藏万家室。稻米流脂粟米白，公私仓廪俱丰实。

——杜甫《忆昔》(节选)

隋唐帝国在其鼎盛时期，政治稳定，经济繁荣，表现出蓬勃的生机和活力，不仅达到中国历史上的新高峰，就世界范围来看也称得上是最富庶、最文明的国度。

——张帆《辉煌与成熟——隋唐至明中叶的物质文明》

设问：杜甫的这几句诗反映了当时什么样的社会经济状况？历史学者又是怎样评价隋唐鼎盛时期社会经济的？

设计意图：通过杜甫诗句帮助学生感受盛唐气息，通过历史学者的评价帮助学生认识隋唐鼎盛时期繁荣的社会经济状况。

追问：隋唐社会经济繁荣和发展的动力都有哪些？

设计意图：引发学生思考，引导学生由表及里，透过历史现象探索历史现象背后的原因，从而导入本课学习。

第一环节　生产技术的革新

农具的改进。出示汉代的牛耕画像石和唐代的《牛耕图》：

设问：观察两幅图，说一说唐代牛耕和汉代牛耕有何不同？（重点观察生产工具）

设计意图：引导学生观察图片材料，比较汉代直辕犁和唐代曲辕犁的不同，培养学生观察图片材料获取历史信息的能力。

（承转）从汉代的直辕犁到唐代的曲辕犁，这样的变化有什么进步意义呢？

唐代曲辕犁改直辕为曲辕，直辕前及牛肩，曲辕只要连接到牛身后的犁盘上就行了，它可以回转自如，而且只用一头牛牵引，不仅节省了畜力（有利于深耕），还提高了耕地效率。唐代的曲辕犁奠定了我国后来长期使用的旧式步犁的形制。

——孙机《中国古代物质文化》

设问：通过这段材料我们可以知道曲辕犁的进步性体现在哪些方面？

设计意图：通过材料展示和设问帮助学生认识到唐代曲辕犁的进步性，以及这一农具改进所带来的生产效率的提高。培养学生从历史材料中获取信息的能力。

（承转）接下来看一看隋唐时期灌溉工具的变化，出示三国的翻车和唐代的筒车材料。

设问：对比观察三国的翻车和唐代的筒车，说一说唐代筒车较翻车有什么不同。

追问：分析这种变化产生什么影响？

设计意图：引导学生观察图片材料，比较三国时期的翻车和唐代的筒车的不同之处，认识筒车的进步性，培养学生观察图片材料获取历史信息和分析解释历史事物的能力。

（承转）再看一看隋唐时期耕作技术的变化，出示隋唐时期耕作技术相关材料。

隋唐时期江南地区把过去的水稻直播法改成插秧法。

插秧法，又称育秧移栽技术，是一种重要的水稻种植技术，产生于我国唐代，一直沿用至今，其改变以往水稻种植中直接播种的方式，代之以先对种子进行育秧，等长出秧苗后再移栽插播如水田，这样大大提高了水稻播种的存活率，还缩短了水稻在田中的生长期，使双季稻和稻麦轮播得以实现，是水稻种植技术的一次飞跃。

——尹夏清《中华文明传真·帝国新秩序》

在盛唐（开元）以前，稻麦复种技术就已出现，及盛唐中唐（开元—建中）之际，已在一定范围内逐渐得到推广。

——李伯重《唐代江南农业的发展》

设问：材料反映唐代的耕作技术有了什么新变化？

追问：这一变化有什么影响和进步意义？

设计意图：引导学生阅读历史材料，了解唐代插秧法和稻麦复种等耕作技术的进步，培养学生阅读文字材料获取历史信息、运用历史比较法对比分析历史事物，以及根据事实作出推论的能力。

（承转）再看一看隋唐时期丝织技术和制瓷技术的变化，出示唐代缂丝技术和秘色瓷的相关历史材料。

教师归纳：通过历史材料，我们可以知道唐代的丝织技术和制瓷技术的不断创新。缂丝技术、秘色瓷、支钉支烧、釉下彩等技术的出现就是不断创新的表现。综合以上我们可以看出隋唐时期的生产技术在不断地革新，而这些革新也成为隋唐时期社会经济繁荣的重要动力之一。

第二环节　生产关系的调整

了解了隋唐生产技术的革新后，我们再看看隋唐时期生产关系方面的变化。

唐代(前中期)不收一切商业赋税，为前代所未有者(战国、秦汉时代均有收取)。此皆因唐太宗实行轻徭薄赋政策所致。……又如唐初开店做水碾(即用水力磨米)亦不收税，且奖励之，欲改业营商者，听任自由，政府绝不勉强人民一定务农。

——钱穆《中国经济史》

设问：材料反映出唐代什么样的税收政策？唐代对商业的政策有什么新变化？

追问：这种税收政策对当时社会经济产生什么样的影响？

设计意图：通过阅读历史材料帮助学生了解唐代轻徭薄赋的赋税政策和传统"抑商"政策的松动，分析其对于唐代社会经济的影响。

唐代使用雇佣劳动的茶园在安史之乱后非常发达，大概在乱前已经存在……以上表明唐代农业领域内商品经济的活跃和发展。

——唐长孺《魏晋南北朝隋唐史三论》

唐代的徭役征发较之过去有所不同，一般工匠在官府"驱役不尽及别有和雇"的情况下，可以纳资代役，尽管这种制度实行得并不彻底，但仍然是一个进步的趋势，反映了封建官府对工匠人身控制的松弛，唐代商品市场上手工业制成品的增多，与工匠身份的提高及"和雇"制度的普遍化密切相关。

——唐长孺《魏晋南北朝隋唐史三论》

设问：唐代农业和手工业领域在生产关系方面出现什么新变化？

追问：这些变化对社会经济有什么影响？

设计意图：通过引导学生阅读历史材料，提取历史信息，思考并分析其影响，进而认识唐代生产关系领域的调整对社会经济发展的影响，培养基于史实联系所学分析材料的能力。

教师归纳：通过以上历史材料我们可以看出隋唐时期生产关系也在进行着调整。轻徭薄赋的税收政策、抑商政策的松动、雇佣劳动的出现、“和雇”制度等都是其表现。生产关系的调整也在客观上促进了隋唐社会经济繁荣，成为推动隋唐社会经济繁荣的动力之一。

第三环节　水陆交通的拓展

我们再看看隋唐时期水陆交通方面的变化。出示隋唐时期水陆交通的图文材料：

入隋、唐时，此种(南北)隔绝之情况，固已打破，即南北交通路线，亦因隋炀通济渠之开凿，连长江、黄河两水系为一系，为商业交通上开一新纪元。

——李剑农《中国古代经济史稿》

设问：材料中反映了隋唐时期国内交通的什么新变化？

设问：观察汉代和唐代的对外交通，说一说唐代对外交通有哪些新的变化。

追问：分析唐代交通的这些新变化对唐代社会经济有什么影响。

设计意图：通过引导学生阅读文字材料，联系所学认识大运河对国内交通的影响。引导学生观察、对比《汉代主要对外交通图》和《唐代主要对外交通图》，认识唐代对外交通的发展和主要范围，培养学生观察历史地图获取历史信息的能力。通过历史地图帮助学生建立相关时空观念，理解唐代交通的拓展及对社会经济发展的推动。

第四环节　商业金融的创新

出示隋唐时期商业金融方面的材料：

唐代适应交易频繁，贸易额扩大的需要，为减少支付钱币的麻烦，在唐后期的大城市中出现了柜坊。商人将钱币存放在柜坊中，交纳一定的保管费用。柜坊根据商人所出凭证支付，商人之间买卖商品时免除了现钱交易的麻烦。

——翦伯赞编著《中国史纲要》

(唐后期)时商贾至京师，委钱诸道进奏院及诸军、诸使、富家，以轻装趋四方，合券乃取之，号“飞钱”。(注：进奏院为唐代地方行政机构的驻京办事处，飞钱不能用于直接购买商品，因而它并不是真正意义上的货币，它只是一种兑换凭证)

——《新唐书》卷54《食货志四》

设问：材料中反映了唐代商业金融领域的哪些新变化？

追问：柜坊和“飞钱”的出现对当时社会经济有什么影响？

设计意图：引导学生阅读历史材料认识唐代商业金融领域的创新及对社会经济的影响，培养学生阅读历史材料提取信息的能力，根据事实作出推论的能力。

第五环节　经济格局的变化

1. 城市格局的变化

首先，我们看看隋唐时期城市格局变化。出示唐前期长安城和唐后期扬州城图文材料：

唐代沿袭传统的坊市制度，城邑内指定商业区，称作市；与官府、住宅所在之坊不相混杂。所有作坊、店肆必须设在市内。

——唐长孺《魏晋南北朝隋唐史三论》

设问：从材料中可以看出隋唐前期是什么样的城市格局？它的特点是什么？

凡市，以日午击鼓三百声，而众以会；日入前七刻，击钲三百声，而众以散。

——(唐)李林甫等撰《唐六典》

设问：唐代的“市”中商品交易的时间是如何规定的？

唐中叶以后，坊市区别废弛，大量记载住宅区的坊也开设作坊店肆。……这个(坊市)制度随着城市商业、手工业的发展正逐渐走向废弛。

——唐长孺《魏晋南北朝隋唐史三论》

水门向晚茶商闹，桥市通宵酒客行。

——《全唐诗》

设问：材料中反映了唐代后期城市格局的什么变化？观察下图说一说唐朝后期扬州城的商业区分布有什么特点？和唐代前期的长安城相比，反映了城市格局的什么变化？

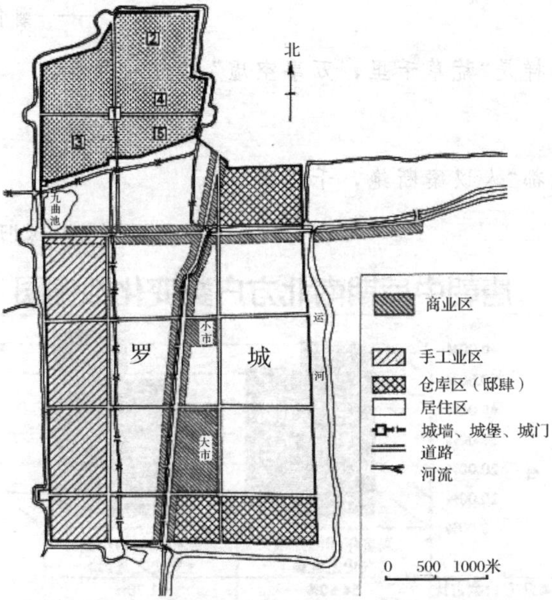

唐后期扬州城平面图

（摘编自薛凤旋《中国城市及其文明的演变》）

设计意图：引导学生阅读材料，观察分析平面图，认识唐朝后期坊市废弛，夜市开始出现，城市格局发生变化。

2. 经济重心的南移

接着我们看一看隋唐时期全国经济重心的变化。

唐代前期北方经历隋末战争破坏后，又一次得到恢复和发展。到玄宗统治时期，社会经济中心仍在北方，河北大平原仍是全国经济最发达的地区，开元天宝之际人口分布重心明显偏于北方，河北一道户数即占全国三分之一强。

——唐长孺《魏晋南北朝隋唐史三论》

开元二十五年九月诏：大河南北，人户殷繁，衣食之原，租赋犹广。

——（北宋）王钦若、杨亿等编撰《册府元龟》卷487《邦计部·赋税》

设问：材料中反映出唐朝前期全国的经济重心在哪个区域？

(转承)接着我们看看安史之乱后发生了什么变化。

史载崤函东城皋，只剩下千余编户。

——翦伯赞《中国史纲要》

唐邓一带，同样是“荒草千里，万事空虚”。

——《元次山集》

郑汴徐怀，也都“人议案断绝，千里萧条”。

——《旧唐书·郭子仪传》

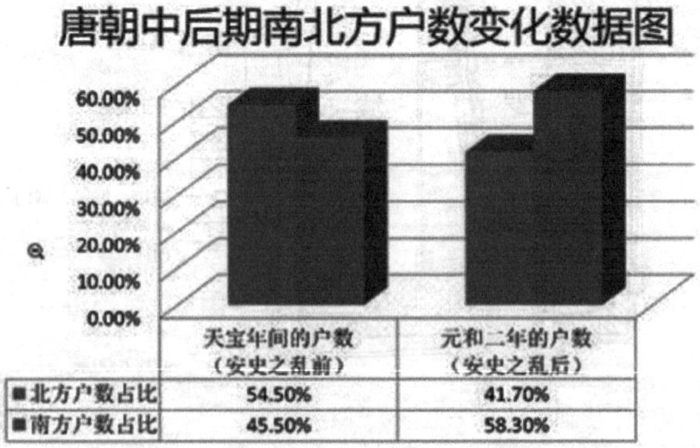

设问：材料反映出安史之乱后北方呈现何种社会经济状况？观察以上历史人口数据，反映了安史之乱前后人口的什么变化？这样的变化对经济重心产生什么影响？

教师通过地图演示隋唐时期经济重心的南移。

设计意图：通过阅读历史材料，引导学生认识安史之乱后北方经济的萧条；通过观察分析历史数据图，引导学生认识安史之乱后南北方人口的变化，分析这种变化对经济重心的影响，了解安史之乱后全国经济重心开始南移，帮助学生在理解史实的基础上建立相应的时空观念。

教师归纳：通过隋唐时期城市格局的变化和经济重心的南移我们可以看出隋唐时期经济格局也在发生变化。

课堂小结：综合前面所讲的内容，我们从生产技术、生产关系、水陆交通、商业金融和经济格局等5个方面探讨了隋唐时期的社会经济。从中我们不难发现隋唐时期的社会经济在这5个方面共同的特点就是都在不断地创新变革，而且正是这些创新和变革推动了隋唐时期社会经济的繁荣和发展，成为其发展的不竭动力。

设计意图：归纳总结，提升学生的历史认识，培养创新精神，联系现实给学生更深层次的思考。

四、教学设计特色说明与教学反思

本课从教学内容上讲是一节高三第一轮通史复习课，学生通过必修、选修课的学习对本课知识点有基本的了解。但本课主要涉及必修2的内容，学习时间距现在较长，且分散在"古代农耕经济"一单元中的若干课中，学生很难对隋唐社会经济形成整体认识和形成相应的时空观念。针对这样的教学背景和实施情况，本课教学设计的特色和反思如下：

第一，围绕"通"组织教学。在高三一轮通史复习中的这节课紧紧围绕一个"通"字来组织教学。首先，纵向时间上打通隋唐时代和中国古代社会经济发展的联系。比如在讲到唐代曲辕犁时对比汉代直辕犁、唐代筒车对比三国翻车等，通过纵向的历史比较建立知识间的联系。其次，在横向内容上，打通隋唐社会经济各个方面的联系。本课突破了以往从农业、手工业、城市商业等方面讲社会经济的惯例，而是以一个核心(即"创新")来引领全课教学，从生产技术、生产关系、水陆交通、商业金融、经济格局等5大方面来讲隋唐时期社会经济的创新与变革。正如史学家司马迁所说：研究历史就是要"通古今之变"。

第二，以"创新"为中心的教学立意。教学立意是一节课的灵魂。本课以"创新"为中心，从隋唐社会经济繁荣的表现导入，从生产技术、生产关系、水陆交通、商业金融、经济格局等5大方面深入探究隋唐社会经济发展和繁荣的内在动力，揭示"创新是社会经济发展的不竭动力"这一历史规律，帮助学生理解提出创新发展的意义，培养学生改革创新的意识。

第三，关注学生"历史学科核心素养"的提升。学生是学习的主体，因而课堂教学一定要关注学生的发展。本课在教学设计的过程中，把培养和提升学生的

“历史学科核心素养”作为重点。通过历史地图和时间轴帮助学生建立相应的历史时空观念，通过古代诗歌、史书记载、考古文物图片等丰富的史料培养学生“史料实证”的意识。文献史料与考古史料相结合，帮助学生认识“二重证据法”；感性材料与理性材料相结合激发学生学习兴趣，帮助学生提升历史认识。借助于大量图文历史材料，帮助学生感受历史氛围，以史实为基础培养历史理解的能力。

但本课教学中仍有一些不足和遗憾。比如本课运用的历史材料很多，但许多材料挖掘的深度不够，同时由于本课围绕“创新与变革”这一个核心，因而有些与主题关系不大的知识点有所遗漏等等。这些也正是以后在教学中应当研究和改进之处。

第六节　高中二轮复习全面培养历史学科能力的探索
——“‘货币’专题课”教学设计

随着课程改革的推进，历史新课程提出了“历史课程要将培养和提高学生的历史学科素养作为重心，使学生通过历史学习，逐步形成具有历史学科特征的必备品格和关键能力”的要求。纵观近年来北京历史高考题，其史料的丰富性、材料呈现方式的灵活性、设问的开放性等变化都直指对学生历史学科能力的要求。经历了高一、高二的知识积累，在高三的历史专题复习中，可以围绕历史学科能力进行专题教学。本节围绕“货币”这一历史专题，探索如何在过程中培养学生的历史学科能力。

一、设计理念

传统的复习课，就是帮助学生重新建构起完整的知识体系，同时教会学生一些固定的答题思路，例如分析原因就是从主客观或者政治、经济、文化这样的固定思路入手，从而导致学生简单化、线性化地分析历史问题。有时学生看到题干信息就从知识库中自动对号入座，从而形成机械答题的固定思维方式……这些方法都不能应对当前挑战。历史学科能力的培养，必须从学生的思维发展过程出发，设计一套旨在引导学生自我发现、自我建构的逐层递进的教学流程。由于高考命题经常以小切口大跨度的形式考查学生能力，因此选择“货币”这一专题作为切入点，依托中外货币的主线内容设计问题，引导学生在提取信息的基础上，以问题解决为导向，提高调动、运用知识来论证和讨论问题的能力。本课遵循学生思维过程进行设计，通过评述、评价、论述这几类相似题型的专题训练逐层推进，从学习、实践、创新 3 个层面逐层递进设计问题，一方面训练学生审题、解题的方法，另一方面，在问题解决中逐步提升学生的学习能力、实践能力和创新能力，同时深化学生对社会热点问题的历史认识，使问题的解决最终具有现实意义。

二、设计思路

本课的教学设计根据学生认知特点，分成 3 部分渐次推进：

第一部分：学习。引导学生回顾和记忆知识，对基础知识进行归类；在此基础上通过梳理已有的知识，抽象概括和说明货币的基本特点，从而建构完整的知识体系。

第二部分：实践。引导学生依托已有的知识针对新的问题进行合理的分析和推测，解释历史事件之间的因果联系，对历史现象进行评价，形成对历史现象的认识。

第三部分：创新。转换已知、从回答问题到提出问题，对多种资料进行分析，能够建立多个历史事实、概念之间的关联；从历史或现实素材中提出新问题或新观点，并运用相关史实、概念进行探究、阐释和论证；最终对于现实问题从历史的角度思考，作出自己的判断。

通过本节课的设计，教师希望能够在师生交流、生生交流的过程中，引导学生以自己原有的知识能力体系为基础，对新的史实进行分析，不断学习和感悟，从而建构自己的理解，最终形成比较全面的历史学科能力。

三、教学过程设计

(一)学习能力的培养

导入：教师展示学生整理的“货币”专题的知识结构，和学生分享在二轮复习中知识专题化整理的思路和目的。引导学生分析各种思维导图在知识方面和逻辑方面的优点；从这些思维导图整理的知识中，概括中国古代货币发展演变的特点。概括变化特点时，让学生说一说答案形成的思维过程。

设计意图：首先，通过展示学生作品，提高学生对本节课的兴趣，在此基础上引导学生在二轮复习中学会就特定的专题整理自己的思路，形成对相关基础史实的整体认识。其次，引导学生在知识整理的过程中，能够有意识对事实性的知识进行抽象和概括，帮助学生形成规律性的认识，加深对历史概念的理解，从具体到抽象，完成从基础知识到核心特点两个层次的体系构建。最后，引导学生梳理自己的思维过程，总结思维方法，从而培养说明和概括历史问题的能力。

(二)实践能力的培养

过渡：虽然中国古代货币的演变呈现出了这样的规律性特点，但是货币的每一次改变，还是受到一系列具体因素的影响。以下以唐朝币制改革为研究对象，了解特定历史时期中的货币变迁。

展示材料：

从秦朝铸造“半两”钱开始，铜币主要以重量为名。汉代的“五铢”钱，“重如其文”，直到隋代，都被视为标准性的钱币。由于盗铸、剪凿良币以取铜等原因，钱币实际重量与钱币上铭文不符的现象时常发生。隋末，劣币盛行，“千钱初重二斤，其后愈轻，不及一斤”。币值混乱，影响流通。针对这种情况，武德四年(621)唐高祖下诏铸“开元通宝”钱，即在钱币上铸“开元通宝”字样(或识读成“开通元宝”)，大小仿汉“五铢”，称作一文，亦称一钱，每十钱重一两。“新钱轻重大小最为折衷，远近甚便之”。这成为衡法由十六进位制变为十进位制的关键。“钱”取代“铢”成为“两”以下的重量单位。此后历代钱币均称“通宝”或“元宝”，钱币上不再标识重量。宋代以后，使用皇帝的年号作为钱名逐渐成为常制，如“熙宁通宝”、“光绪元宝”等。

——摘编自彭信威《中国货币史》等

设问：根据材料并结合所学，指出唐代币制改革的内容，评价其历史意义。

追问：如果从币制改革背景方面提取信息，还能分析出什么历史意义？

追问：如果结合所学例如宋朝的货币，还能对本题有什么启发？

追问：通过完成这道题，总结可以从哪些角度概括“评价历史事件意义”。

设计意图：学生在答题中经常遇见“答案从哪里来”、“怎么把提取的信息组织成书面语言”、“怎么能把答案写全”这3个问题。唐代币值改革学生并未学过，这就要求教师在引导学生作答的过程中从这3个方面引导学生梳理材料、分析思路、形成答案，引导学生能够运用已学知识解释历史的因果联系，逻辑严密、思路清晰地解释、评价和推论历史问题。

过渡：货币在进入近代社会之后，与人们的生活结合得更加紧密。将视角切换到中国现代，以某工人工资条的变化为研究对象，透过工资条变迁来了解货币与生活的关系。

展示材料：

20世纪50年代工资条是手写的，工资和工资条一起领，工资条上只有工资总额一项……到了20世纪90年代，工资条上有了“绩效工资”、“菜篮子”、高原补贴、艰苦补贴、高温补贴、取暖补贴等项目。以前发工资最大面值是10元，1987年开始有了50元和100元。以前都是工资和工资条一起领，到2002年后，单位实行电子工资条，直接发到电子邮箱。以银行划账的方式发工资。

西北油漆厂工人王宝强工资表(月工资，单位：元)

1974年	1977年	1979年	1980年	1981年	1984年	1985年	2009年
39.5	46	61	66	68	72	247	2149

——新华网《工资条里的新中国60年》

设问：对比以上两则材料，评述改革开放前后职工工资的变化。

追问：纸币金额变大除了与经济发展有关，还可能受什么因素影响？

追问：工资结构的改变是受到什么因素的影响？改革开放前为什么结构单一？

设计意图：其一，本题的设计，旨在引导学生运用已掌握的历史知识分析新材料，能够有针对性地提取信息，有逻辑性地表达信息，理解历史变化之间的因果关系；其二，在分析原因的过程中，学生容易生搬硬套改革开放前后相关的知识点，并不能深入发掘计划经济体制和市场经济体制内在诸多的差异并将之与材料结合，对历史原因的分析不能全面，因此教师设计了两个追问，引导学生将计划经济体制、国家高度集中的管理方式与工资结构单一联系起来，将纸币的面值变化与通货膨胀联系起来，深化学生对历史的认识，培养学生历史学科能力。

(三)创新能力的培养

过渡：货币在每个普通人的生活中扮演着重要的角色，收入一定程度上是每个人生活水平的反映。当货币出现在国际舞台上时，其承担的将是更加沉重的使命。下面我们以货币与国家为视角，来了解货币。

展示材料：

19 世纪以来国际货币体系的演变

时　期	演　　变
1500 年前后	欧洲有超过 100 种不同的银币在流通，金币的发行者有 32 个政治实体，一国之内流通多种货币，真正称得上“国际货币”的只有佛罗伦萨的 Florin 金币和威尼斯的 Ducat 金币。
1870—1914 年	1821 年，英国实行金本位制，随后德、法、意、日、美相继采用金本位制，西方资本主义建立了相对统一以黄金为基础和以英镑为中心的货币体系。
1915—1945 年	1914 年以后，各国纷纷停止了本国货币与黄金的直接兑换，各国货币之间没有一个固定的汇率形成体制，处于各行其是的状态。
1945—1973 年	1944 年，布雷顿森林体系确立了新的稳定的汇率制度，美元取代英镑成为具有主导地位的货币。建立 IMF 这样的国际协调机构。
1973 年以后	20 世纪 70 年代布雷顿森林体系瓦解之后，各国采用了不同的汇率制度。美元仍然充当着世界主要储备货币的角色。90 年代一种新型单一货币联盟出现，具有透明性、节省信息和交易成本的优势。欧洲货币联盟即属此类。

资料来源：钟伟《国际货币体系的百年变迁和远瞻》。

设问：上表反映了近代以来国际货币的多种变化。概括出其中一种变化趋势，并以之为主题结合史实加以论述。

追问：概括并结合材料论述观点这类题目在语言表达的时候需要注意什么？

设计意图：历史学科能力除了学习、实践等对历史事物进行理性分析和客观评判的能力，也包括在分析评判的过程中能够选择典型的、有价值的、有说服力的史料多层次、多角度地构建自己的历史叙述，进行创新的能力。这一能力的培养主要在于以下两点：(1)在学生归纳出观点的基础上，围绕此观点，要求学生筛选史料，在过程中引导学生辨别史料的层次和角度；(2)综合所选的材料，围绕论点进行阐述。本题设计的论证观点题型，既是学生相互点评交流学习的过程，也是反思自己新建的知识体系的过程。这道题没有单一标准答案，教师的评价更多侧重于学生的自我分析和相互交流的过程。教师根据学生阐述过程中呈现出的优点和问题进行分析，引导学生从逻辑、层次、论证、呼应等几个角度对史论结合的方法进行归纳。这样的学习过程一定程度上也有利于学生历史学科能力的提升。

四、教学反思

反思本节课的实践活动，都是在遵循学生认知规律的基础上围绕着历史学科能力这一核心问题不断推进。虽然“货币”这个话题依然围绕的是教材知识而展开，但在材料的呈现、考查设问的切入等方面都已经不再局限于教材单纯叙述性的知识，而是延伸拓展成了一个以货币为话题的小资源库。学生必须学会以自己原有的知识能力体系为基础，对新的史实进行分析，建构自己的理解。原有知识也因为新知识的介入而引发观念转变和结构重组。学习的过程主要依靠学生推动，学生在师生交流、生生交流的过程中，形成历史学科能力，逐步完成历史知识体系的建构。教师扮演的也不再是知识的灌输者的角色，而是教学环境的设计者、学生学习的指导者和课程意义建构的促进者。本课的实践说明，高三教学的重心应该放在历史学科能力上，将过去侧重知识记忆的陈述式教学转变为侧重知识获取的过程性教学。学生只有成为真正意义上的主动建构者，才能形成历史学科能力，从而实现“面对现实社会与生活中的问题，能够以全面、客观、辩证、发展的眼光加以看待和评判”。

第七节　高中专题复习课的能力训练
——“中国近代前期社会生活近代化”

高三历史课堂多以复习课为主，教师在依据课标与考纲等进行历史知识讲解的同时，还应该着重训练学生的历史学科能力。本节以高三复习课“中国近代前期社会生活近代化探究训练”为例，说明如何在复习课中进行历史学科能力的训练。

一、总体设计思路

社会生活史为高中历史新课程新增加的内容，在人教版与岳麓版的教材中，都有专门的课程讲述中国近现代社会生活史。我们依据课标与考纲，力求在高三复习课堂上，通过探究活动，既总结性地复习历史知识，又训练学生的历史学科能力。本课共设计了3个探究活动，分别为：探究一：从宏观角度概括归纳近代前期社会生活方式的变化特点；探究二：从微观角度入手，以家庭制度变迁看近代化，分析影响近代化进程的要素；探究三：论述近代中国是怎样“以新的文化形态完善和改变自身的传统”的？每个探究设计包括两部分内容，第一部分为历史认识，探讨近代前期社会生活方式变化的特点与近代前期社会生活近代化的原因；第二部分为方法训练，训练学生提取历史信息，归纳概括特点特征，运用已学知识解释因果，运用历史知识论证历史观点。

二、探究环节设计

教师先呈现学者关于近代化论述的文字材料，使学生对于什么是近代化有概括的了解，然后进入探究活动环节。

探究一　宏观归纳近代前期社会生活方式的变化特点

在这一探究中，设计了两个问题：

问题1：依据材料，结合所学知识，概括材料中的文化现象传入中国后，近代前期社会生活方式的变化有何特点？

材料：近代社会生活的新变化(部分)

时　间	发　展　概　况
1885年	中国第一家西餐厅“太平馆”在广州开设。
1891年	我国最早的卷烟厂在天津创办——美商老晋隆洋行卷烟厂。
19世纪后期	石库门建筑在上海开始出现，内有源自西方的山花、拱券，也有江南传统民居的空间组织；北京四合院也揭掉窗户纸换上玻璃。
1900年	中国第一部城市市内电话在南京开通。
1903年	中国第一套国产西装由上海“红帮裁缝”王睿谟手工缝制。
1905年	排球运动首先在广州南武中学开展，称“华利波”(Vollyball)。
1905年	中国第一部影片《定军山》以京剧为题材。
1908年	上海第一条公交有轨电车线路自静安寺至外滩上海总会通车。

学生在认真阅读材料后，经过分析，归纳概括出近代前期社会生活方式的变化有“由沿海到内陆、由被动到主动、中西合璧”的特点，但是“由物质消费到精神消费”与“受到西方工业文明的冲击”这两点回答比较困难，教师再和学生一同充分挖掘材料，分析材料中“餐厅”到“《定军山》”等信息，学生自然就体会到消费结构的变化。又通过材料中“电车”、“电话”等信息，学生概括出“受到西方工业文明的影响”。

问题2：如何找到历史材料中的关键信息点？

经过问题1的学习训练，学生小组探究后可以总结出历史材料中的关键信息点往往是时间、地点、主体、类别、特点等要素。

探究一的设计意图：运用自主设计的知识图表，通过问题1、问题2训练学生从具体材料中提炼信息与观点，归纳概括出历史发展变化趋势或特征。知识图表包括多项近代中国社会生活之最，内容涵盖衣、食、住、行等社会生活的方方面面，信息量大，很多是新材料，例如排球、红帮西服等，在丰富了关于近代前期社会生活近代化的历史知识的同时，通过问题1进行能力训练，通过问题2进行方法总结。

探究二　从微观角度入手，以家庭制度变迁看近代化

在探究二中出示材料并设计了3个问题：

材料一：大田县吴氏六世同居，男耕女织，不分彼此。福清县王荣也是六世同居，大小家人七百余口，不曾折箸争吵过，受明清两代封建王朝表彰。

——彭文宇《历史上闽台家庭与家族交往》

材料二：20世纪初，上海平均家庭人口为5.5人……一个引人瞩目的现象是，(传统)家庭制度在中国受到空前激烈的批判：一个将家庭作为组织、管理社会基础的传统社会，在现代化进程中，为了从传统之茧中蝶化，对(传统)家庭制度进行批判是必然的。

——孟宪范《家庭：百年来的三次冲击及我们的选择》

问题1：请阅读材料后回答，传统家庭制度发生了怎样的变化？

学生很容易回答出在人数上与家庭观念上的变化。本问题的设计意图在于检验探究一中所训练的提炼历史信息和历史概括能力，并为后面的设问作铺垫。

问题2：请阅读材料并结合所学，从近代化的角度分析，为什么材料二所述20世纪初的中国“对(传统)家庭制度进行批判是必然的”？

在这一问中，学生会从政治和经济近代化发展的角度，结合所学的相关知识，从政治、经济、思想方面寻找原因，思考出传统家庭制度与近代政治经济思想发展潮流所需相违背，从而总结出政治上，传统的封建家长制不利于中国政治民主化的进程；经济上，以小农经济为基础的传统家庭不利于近代工商业的发展；思想上，传统的封建家庭伦理观念阻碍了西方民主思想的传播，不利于人们的思想解放。

这一问题的设计意图，在知识上是要复习总结近代化潮流各个方面的表现，能力上注重对分析解释能力的培养，引导学生运用已学知识解释近代化发展与传统家庭制度受批判的因果关系，综合地看待历史问题。

问题3：根据上述材料信息并结合所学知识，分析推动社会生活变革的基本因素有哪些。

在问题2完成后设计了追问，形成问题3。学生自然就会根据问题2的思考，总结影响社会生活变革的政治、经济、思想文化等因素，在此基础上教师进行归纳总结：分析解释社会生活变革的原因，可以从政治、经济、文化等方面入手。政治、经济、文化影响价值和观念，再影响社会生活，而社会生活也推动价值观念的变化，进而影响一个国家的政治、经济、思想状况。这是一种规律性的总结提升，有利于锻炼学生概括能力，形成一种规律性的认识。如下图：

社会生活

⇕

价值、观念

⇕

政治、经济、文化

探究二的整体设计意图：以小见大，由微观分析到宏观总结，复习近代化诸要素，并探究近代化诸要素之间的关系，既丰富历史知识，又训练概括和解释等历史学科能力。问题2凸显了方法指导，通过问题提示学生聚焦角度，围绕主题，提炼材料的信息，归纳材料的中心思想，概括出个人的观点。

探究三　由社会生活上升到精神文明——西方精神文明成果对中国传统文化的影响

在探究三中，出示材料：

西方科技文化的传入使我们认识到了自身文化的弊端，并希望以新的文化形态完善和改变自身的传统。自鸦片战争以来，代表西方工业文明的声、光、电、化、数等物质文明成果和文艺复兴以来的人道主义、拜金主义、进化论、现实主义等精神文明成果先后涌入中国，促成了中西方文化交汇撞击。

问题：依据材料，结合所学知识举例说明在引用西方精神文明成果方面，近代中国具体是怎样“以新的文化形态完善和改变自身的传统”的？

要求学生在5分钟内完成，以检验课堂效果，构成学业评价。接着实物投影展示学生作业并进行生生点评，并由学生总结此类历史论述题应如何完成，在此基础之上教师选一份优秀的学生作品为例作总结。作品示例：

西方先进文明成果涌入中国，促成中西方文化交汇。物质文明方面，洋务运动建立电报线，近代通信逐渐形成，有利于打破封闭状况，传播新思想和促进生活方式的转变。在精神文明方面，严复借用进化论，阐明变法图强的主张，为维新变法及近代的思想解放创造了舆论条件。

依据此例总结出此类历史论述题目的思考方法与步骤：第一步：提取材料中的有效信息，如电报、进化论等；第二步：结合所学知识，综合分析“如何改变自身传统”；第三步：构思成文，总结出文中应包含的基本观点、材料依据、逻辑结论。

探究三的设计意图：提升学生对于近代化的认识，同时训练历史论述能力，可以准确选择多种资料，运用多个史实、概念、理论为历史观点辩护。

近代化的发展过程是能力训练的知识基础，而能力训练也可以深化对历史知识的认识。本课的最后再回到对于历史知识的认识。教师总结“从社会生活的角度看历史：社会生活折射出历史变迁的特征；从历史的角度看社会生活：经济基础与政治背景影响着社会生活变迁”。之后，本课的结尾引用陈旭麓《近代中国社会的新陈代谢》一书中的一段话：“它没有大炮那么可怕，但比大炮更有力量；它不像思想那么感染人心，却比思想更广泛地走到每一个人的生活里去。”以再次丰富学生对于近代化的认识。

三、总结与反思

回看本课，在设计上有如下特色：

第一，突出知识与能力相结合。通过 3 个探究：探究一总结知识，提炼信息，概括归纳；探究二丰富知识，综合分析；探究三构思成文，形成认识，锻炼论述。从知识出发，经过能力训练，更丰富了对于近代化发展历程的总体认识。

第二，充分运用图表与表格，提高学习理解效能。图表与表格，简单明确，逻辑关系清晰，学生易于理解也容易记忆。例如，探究一中的表格提供了丰富的知识，便于提炼信息；探究二中的示意图总结提升，展示近代化诸要素之间的关系，有利于思维提升训练。学生在课后普遍反映，图表与表格的知识理解和记忆的效果是最好的。

第三，内容精练，质量胜于数量。整节课的设计使学生有充足的时间思考与实践，师生互动、生生互动很充分，达到了探究与训练能力的目的。

本课的不足之处在于：以能力训练为重，在知识的讲授方面做得较少，教学方法也略显单一。探究二中出示的两则用于反映家庭变迁的材料可比性不强，如果能找到同一个地区不同时代的材料，得出的结论会更可靠一些。

结 语

基于学生核心素养的
历史学科能力研究展望

本课题主要研究历史学科能力的分类、分层，并以历史专题为单位对学生的历史学科能力表现作出具体描述。在此基础上开发学科能力测试题，通过实测评价各个学段学生历史学科能力表现水平，诊断教学问题，进行教学改进。其核心是历史学科能力的分类、分层，只有做好能力的层级结构设计，才能保证后续工作的科学性和可操作性。研究采用理论和实践相结合的原则，先通过文本研究提出历史学科能力分类、分层的理论假设，再将理论假设在教学和评价实践中运用，收集学生能力表现，然后根据学生实际表现调整历史学科能力分类、分层的理论假设。如此反复，设计出贴近教学实际的历史学科能力分类分层理论框架和内容表现标准。

本研究对于历史学科能力的分类、分层设计经历了多次修改，最主要的有 3 个版本。第一版基本参照总课题组提出的框架，只是在 9 个要素的具体描述上体现历史学科特点。

历史学科能力层级结构(第一版)

能力层级	能力要素	具体指标
A 学习理解能力	A1 感知记忆	A-1-1 能找出历史材料中的时空结构、关键史实、观点。 A-1-2 能再认、再现重要的历史事实、历史概念和历史结论。 A-1-3 能再认、再现历史阶段特征、基本线索和发展过程。
	A2 概括关联	A-2-1 能将学过的知识按一定标准归类，按时间或因果关系的顺序排列。 A-2-2 能用自己的话表述学过的知识。 A-2-3 能归纳历史事实的本质、历史发展的阶段特征。
	A3 说明论证	A-3-1 能举例说明历史概念或用概念说明史实。 A-3-2 能说出所学历史概念之间的关系。 A-3-3 能将所学历史知识与历史现象对应。
B 实践应用能力	B1 分析解释	B-1-1 能用所学历史知识解读给定历史材料所呈现的史实或观点。 B-1-2 能用所学历史知识分析解释给定历史现象之间的关系。 B-1-3 能用所学历史知识分析评价某种历史观点。
	B2 推理判断	B-2-1 能用相关历史知识推断某一历史事实所处的时代、地理环境。 B-2-2 能用相关历史知识推断某一历史现象的原因。 B-2-3 能用相关历史知识推断某一历史事实的作用或社会影响。 B-2-4 能用相关历史知识推断某一历史事物发展的趋势。
	B3 活动设计	B-3-1 能针对一个历史探究问题设计收集历史资料的方案。 B-3-2 能根据教学目标设计一个历史考察方案。 B-3-3 能设计一个小组的历史专题研究方案。
C 创新迁移能力	C1 综合性思考	C-1-1 能比较和对比不同的观念、个性、行为和制度的异同。 C-1-2 能分析历史的多种起因，如经济因素、人的作用、观念的影响。 C-1-3 从多角度评价人物、事件、制度的历史作用、影响。
	C2 发现型探究	C-2-1 能够建立各种历史材料之间的联系，整理时间与空间的背景知识和各种观点，构建合理的历史解释。 C-2-2 对现实问题，能从历史的角度进行解释，作出判断或决策。
	C3 独创性研究	C-3-1 能提出并明确表述历史问题。 C-3-2 能从多种渠道获取历史资料，并分析鉴别。 C-3-3 能运用资料解释历史问题。

第二版根据测评实践和历史学科特点，对 9 个能力要素作了调整，具体表现也相应作了修改。几次大规模区域测试，以及各区域的教学改进研究，就是以第

二版为理论基础设计实施的。

历史学科能力层级结构(第二版)

能力分类	能力要素	历史学科能力表现
A 学习理解能力。对学过的知识的理解、把握。	A1 记忆	能将重要的历史事实纳入具有史学意义的时空结构，再认或再现、判断正误。
	A2 概括	能归纳提炼历史事实的本质属性，历史阶段特征、基本线索和发展趋势；将学过的史实、概念按一定标准归类；找出两个以上史实的共性。
	A3 说明	能举例说明已学过的历史概念，将概念与史实对应。
B 实践应用能力。用已经掌握的知识学习新知识或得出简单的、直接关联的新认识。	B1 解释	利用已学知识解释历史事件、现象的原因。
	B2 推论	从已知历史事实推测其直接作用、影响；根据已知史实推断未知史实。
	B3 评价	利用已学知识对历史人物、事件、制度作出价值判断，评价其在历史进程中的地位、作用。
C 创新迁移能力。用已经掌握的知识创造新知识。	C1 叙述	选择各种相关资料、通过合理想象构建一个历史事实的完整叙述；建立多个历史事实、概念间的关系，形成对某个时段历史过程的全面叙述。
	C2 论述	选择各种相关资料，运用多个史实、概念、理论为历史观点进行辩护，或批驳历史观点。
	C3 探究	从历史材料中发现规律，并运用相关史实、概念对规律进行阐释；从历史或现实中提出新问题或新观点，并进行相关的探究或论证。

在进行了几年实践后，为进一步突出历史学科特点、便于在教学和评价中实施，对历史学科能力层级结构又作了第三次大的调整。

历史学科能力层级结构(第三版)

能力分类	能力要素	历史学科能力表现
A 学习理解能力。 对前人历史研究成果的认知。	A1 识记	识别或者复述已学的历史知识。
	A2 说明	将历史名词与其指代的具体史实对应，将历史观点与其依据的证据对应；说出历史概念的内涵和概念间的关系。
	A3 概括	从提供的信息(文字、图片、视频或口头叙述)中概括要点、所述史实的本质、历史发展的阶段特征；将史实按标准分类。
B 实践应用能力。 用已经掌握的知识学习新知识或得出简单的、直接关联的新认识。	B1 比较	比较同一历史现象在不同时期的变化与延续；比较同类史实的异同；比较对同一史实的不同看法。
	B2 解释	也可以称作分析。分析历史事件、现象发生的原因；推断历史事件对当时和后世可能产生的作用和影响；判断历史当事人作出某种决策或行为的目的。
	B3 评价	评价历史人物、事件、制度在历史进程中的地位；评析对同一史实的不同观点。
C 创新迁移能力。 用已经掌握的知识创造新知识。	C1 建构	也可以称作叙述，是从零散素材中准确选择适当材料，按照时序、因果关系等规则，通过合理想象建构对历史过程的完整叙述。
	C2 考证	也可称作论证，是对材料进行鉴别，判断其可信度、适用性；从多种材料中选择可靠证据，证明史事或论证某种历史观点。
	C3 探究	发现并清楚表述历史问题，运用恰当史实、理论解答问题；从历史的视角分析解释现实问题。

核心素养概念提出并在中学课程标准中落实以后，我们将结合历史学科素养对历史学科能力做进一步的研究，在教学和评价实践中继续调整历史学科能力的分类分层，并用这套体系对初中和高中历史课程内容标准进行细化，设计出单元教学目标，重点关注初高中历史教学目标的衔接。同时，利用设计出的单元教学目标样例进行教学和评价实践。

参考文献

[1]吴伟．2012. 历史学科能力与历史素养[J]. 历史教学—中学版(11).
[2]白月桥．1996. 习题的分类标准和类别[J]. 历史教学(4).
[3]白月桥．1997. 历史教学问题探讨[M]. 北京：教育科学出版社．
[4]陈汉忠．2002. 高中历史开放型习题的设计[J]. 历史教学(1).
[5]傅鸿智．1997.“习题设计与能力培养”课题实验体会[J]. 历史教学(12).
[6]黄牧航．2005. 历史教学与学业评价[M]. 广州：广东教育出版社．
[7]金相成．1995. 历史学科能力要求的层次性和可操作性[J]. 历史教学(3).
[8]李凤．1993. 高考能力考察趋向透视[J]. 中学历史教学参考(3).
[9]林慈淑．2015. 历史知识特质与历史教育方向[J]. 中学历史教学(12).
[10]聂幼犁．2003. 历史课程与教学论[M]. 杭州：浙江教育出版社．
[11]王雄，孙进，张忆育．2001. 历史地理教学心理学[M]. 北京：北京教育出版社．
[12]于友西，叶小兵，赵亚夫．1999. 历史学科教育学[M]. 北京：首都师范大学出版社．
[13]赵恒烈．1995. 中学历史学科能力培养中的几点看法[J]. 历史教学(11).
[14]赵恒烈．1997. 历史学科创造教育与习题设计[J]. 历史教学(9).
[15]郑林．2015. 历史课程目标及其分类的探索[J]. 中学历史教学(12).
[16]朱烁红．2002. 以人为本：高三历史习题教法新探[J]. 中学历史教学参考(7).
[17]朱煜．2000. 论中学历史教科书习题的改革[J]. 中学历史教学参考(9).
[18]朱煜．2001. 中学历史教材习题创新浅议[J]. 课程·教材·教法(1).

[19]H. И. 扎波罗热茨 . 1989. 历史学科培养能力与技巧的方式与方法[M]. 白月桥译 . 石家庄:河北教育出版社 .

[20]И. Я. 莱纳 . 1989. 历史教学中发展学生的思维能力[M]. 白月桥译 . 北京:教育科学出版社 .

[21]约翰·托什 . 2007. 史学导论[M]. 吴英译 . 北京: 北京大学出版社 .

[22]教育部 . 2012. 义务教育历史课程标准(2011 年版)[S]. 北京:北京师范大学出版社 .

[23]台湾,2014. 普通高级中学必修科目《历史》课程纲要[S].

[24]刘电芝 . 1997. 元认知学习策略[J]. 学科教育(7).

[25]张学民,林崇德,申继亮,郭德俊 . 2007. 动机定向、成就归因、自我效能感与学业成就之间的关系研究综述[J]. 教育科学研究 . (3)

[26]郝文武 . 2009. 实现三维教学目标统一的有效教学方式[J]. 教育研究(1).

[27]皇甫全,王本陆 . 2003. 现代教学论学程[M]. 北京:教育科学出版社 .

[28]周军 . 2007. 教学策略[M]. 北京:教育科学出版社:130.

[29]顾明远 . 2002. 教育大辞典(上,下)[M]. 上海:上海教育出版社 .

[30]扈中平 . 2008. 教育学原理[M]. 北京:人民教育出版社:472.

[31]李森,王天平 . 2010. 论教学方式及其变革的文化机理[J]. 教育研究(12).

[32]林慈淑 . 2010. 历史,要教什么? ——英、美历史教育的争议[M]. 台湾学生书局 .

[33]P. L. 史密斯,T. J. 雷根 . 2008. 教学设计(第三版)[M]. 庞维国等译 . 上海:华东师范大学出版社 .

[34]加涅等 . 2007. 教学设计原理(第五版)[M]. 上海:华东师范大学出版社 .

[35]郑林 . 2013. 普通高中历史课程标准(实验)实施现状调研报告[J]. 历史教学(3).

[36]戴自鹏 . 2014. 再议“开眼看世界”[J]. 历史教学(3).

[37]陈旭麓 . 1982. 论中体西用[J]. 历史研究(5).

[38]李英顺 . 2010. 中学历史课堂教学目标的设计[J]. 中小学教师培训(10).

[39]陈光裕 . 2007. “过程与方法”教学目标理解与设计指误[J]. 历史教学(12).

[40]拉尔夫·泰勒 . 1994. 课程与教学的基本原理[M]. 北京:人民教育出版社 .

[41]教育部.2003. 普通高中历史课程标准(实验)[S]. 北京:人民教育出版社.

[42]教育部.2001. 义务教育历史课程标准(实验稿)[S]. 北京:北京师范大学出版社.

[43]教育部. 2012. 义务教育历史课程标准(2011年版)[S]. 北京:北京师范大学出版社.

[44]郑林. 2013. 中学历史教材分析[M]. 北京:光明日报出版社.

[45]人民教育出版社.2007. 普通高中课程标准实验教科书·历史·必修3[S]. 北京:人民教育出版社.

[46]郑林. 2016. 促进学生历史学科能力发展的教学设计[J]. 历史教学(17).

[47]齐世荣,徐蓝.2012. 义务教育历史课程标准(2011年版)解读[M]. 北京:北京师范大学出版社.

[48]朱汉国,王斯德.2003. 普通高中历史课程标准(实验)解读[M]. 南京:江苏教育出版社.

[49]郑林. 2015. 中学生历史学科能力表现及测评初探[J]. 历史教学(9).

[50]National Center for History in the Schools,1994. National Standards for History, Basic Edition[S]. University of California, Los Angeles.

[51]The National Curriculum,2007. History-Programme of study for key stage 3 and attainment target, www. qca. org. uk/curriculum.

[52]Ben Walsh, 2001. Modern World History second edition, Hodder Murray.

[53]Jamie Byrom, 1999. Minds and Machines(Britain 1750-1900). Harlow : Longman.

[54]Bandura,A. ,1997. Self-efficacy:the exercise of control. New York: W. H. Freeman Company, p. 3.